郑州研究院丛书

主 编：蔡昉 副主编：郑秉文 杨东方 倪鹏飞 严波

The Prospects of the Cooperation between Zhengzhou and America

郑州与美洲合作前景

——“一带一路”倡议下郑州建设国家中心城市研究

岳云霞 严波 等著

中国社会科学出版社

图书在版编目（CIP）数据

郑州与美洲合作前景："一带一路"倡议下郑州建设国家中心城市研究／岳云霞等著．—北京：中国社会科学出版社，2018.10

（郑州研究院丛书）

ISBN 978-7-5203-3285-9

Ⅰ.①郑…　Ⅱ.①岳…　Ⅲ.①"一带一路"—国际合作—研究—郑州、美洲　Ⅳ.①F125.57

中国版本图书馆CIP数据核字(2018)第224987号

出 版 人　赵剑英
责任编辑　喻　苗
特约编辑　郭　枭
责任校对　周　昊
责任印制　王　超

出　　版　中国社会科学出版社
社　　址　北京鼓楼西大街甲158号
邮　　编　100720
网　　址　http://www.csspw.cn
发 行 部　010-84083685
门 市 部　010-84029450
经　　销　新华书店及其他书店

印刷装订　北京君升印刷有限公司
版　　次　2018年10月第1版
印　　次　2018年10月第1次印刷

开　　本　710×1000　1/16
印　　张　13.25
插　　页　2
字　　数　207千字
定　　价　56.00元

郑州研究院丛书序言

新时代呼唤新的郑州改革研究成果

郑州是中华文明核心发祥地，是中国八大古都之一。拥有 8000 年的裴李岗文化遗址、6000 年的大河村文化遗址、5000 年的中华人文始祖黄帝故里、3600 年的商朝都城遗址。继承先辈筚路蓝缕的开创精神，随着中原经济区、郑州航空港经济综合实验区、中国（河南）自贸试验区、国家自主创新示范区等国家战略规划和平台相继布局，郑州的政策叠加优势更加明显。特别是国家明确提出支持郑州建设国家中心城市，郑州的发展站在了新的历史起点上，开启了向全国乃至全球城市体系中更高层级城市迈进的新历程。

中国社会科学院是党中央直接领导、国务院直属的国家哲学社会科学研究的最高学术机构和综合研究中心，是党中央国务院的思想库和智囊团、哲学社会科学的最高殿堂，马克思主义理论研究坚强阵地。中国社会科学院学科齐全、人才济济，拥有一大批人文社会科学领域的顶尖专家和领军人物。正值郑州市国家中心城市建设谋篇开局的关键时期，中国社会科学院领导和河南省、郑州市领导高屋建瓴、审时度势，提出了共同合作的战略意向。2017 年 9 月 15 日，中国社会科学院与郑州市人民政府签订《战略合作框架协议》，双方决定共同成立“中国社会科学院郑州市人民政府郑州研究院”（下简称“郑州研究院”），标志着双方的战略合作进入新阶段，必将对郑州经济社会发展提供有力的智力支持和人才支撑。双方围绕郑州国家中心城市建设，进一步拓展合作领域，提升合作层次，不断推动双方合作向更高层次、更宽领域迈进。习近平总书记深刻指出，幸福都是奋斗出来的！衷心祝愿郑州研究院在双方的共同努力下，秉持奋斗理念，勇于开拓创新，积极融入郑州国家中心城市建设乃至中原城市群发展，努力开创新时代国家智库与地方实际工作部门合作的新局面！

伟大的社会变革必然产生出无愧于时代的先进理论。郑州研究院丛书的出版是在郑州市人民政府提供优质的政务服务，郑州市发展和改革委员会为郑州研究院的发展保驾护航的大背景下产生的。无限丰富的改革实践为科学正确的改革理论提供了丰厚的土壤。中原崛起，中华崛起，实现中华民族伟大复兴的中国梦，这些伟大斗争、伟大工程、伟大事业、伟大梦想，激励着我们更加实干兴邦，推动着郑州沿着原始文明、农业文明、工业文明、生态文明的历史进程，不断改造、变革与提升。这次，中国社会科学出版社捷足先行，特地将郑州研究院的最新研究成果汇集成册，按年度陆续出版系列郑州研究院丛书。这套丛书的出版，对于加强郑州改革的理论研究和舆论宣传，对于加快和深化经济文化体制的全面改革，无疑是一个很大的推动和促进。当然，任何理论都要经受历史和实践的检验。这套丛书中的许多理论观点，也需要在实践中不断充实、发展和完善。但是，这毕竟是一个良好的开端。我们希望，郑州研究院丛书中的许多一家之言和一得之见，能够迎来郑州改革理论研究百花齐放、百家争鸣的新局面。

一花引来万花开。又一个姹紫嫣红、百花争艳的春天到了。祝愿郑州改革的历程，展现在人们面前的是一番绚丽多彩的图景：不仅实践繁花似锦、争奇斗艳，而且理论之光璀璨夺目、熠熠生辉。在这改革的年代，不仅实践之林根深叶茂，理论之树也四季常青。祝愿郑州改革灿烂的实践之花，在新时代结出丰硕的理论之果。

是为序。

全国人大常委、全国人大农业与农村委员会副主任委员
中国社会科学院副院长、郑州研究院院长

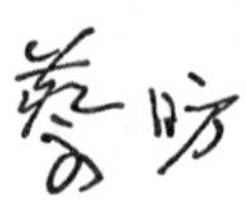

2018 年春，于北京

目　　录

导　言

党的十九大报告根据我国社会主要矛盾的变化，强调“中国特色社会主义进入新时代，我国社会主要矛盾已经转化为人民日益增长的美好生活需要和不平衡不充分的发展之间的矛盾”。区域发展失衡正是这种不平衡不充分发展的空间表现，为此，党的十九大报告中明确提出实施区域协调发展战略，对区域发展作出部署。在 2017 年年底的中央经济工作会议上，习近平总书记指出区域协调发展的路径，即“要发挥各地区比较优势，促进生产力布局优化，重点实施‘一带一路’建设、京津冀协同发展、长江经济带发展三大战略，支持革命老区、民族地区、边疆地区、贫困地区加快发展，构建连接东中西、贯通南北方的多中心、网络化、开放式的区域开发格局，不断缩小地区发展差距”。显然，中国的区域协调发展对内强调区域性中心和城市群的发展，对外则注重提升开放水平和参与“一带一路”建设。国家中心城市是中国区域协调发展的战略实施主体，对接与参与“一带一路”建设是其提升国际实力的重大机遇与重要的使命担当。

一　“一带一路”与郑州建设国家中心城市的一致性

在中国已经确立的九大国家中心城市中，郑州地处中国地理中心，自古以来就是中部地区重要的物资集散地。近年来，依托于欧亚大陆桥、“米”字形快速铁路网、中原城市群城际铁路网、高等级公路网等发达的集疏网络，郑州已经或正在形成 1 小时覆盖中原城市群的轨道交通网，2 小时覆盖全国 7 亿人口高速铁路网，以及 4 小时覆盖全国、20 小时服务全球的“航空 +”多式联运体系，其地缘中心特性和优势使其成为国际性现代化综合交通枢纽。

中国国家战略规划进一步提升了郑州的“中心”优势。2016 年年底和 2017 年年初，经国务院批复同意，国家发展和改革委员会先后正式发布《促进中部地区崛起“十三五”规划》《中原城市群发展规划》和《关于支持郑州建设国家中心城市的指导意见》，明确提出支持郑州建设国家中心城市。同时，有别于北京、天津、上海、广州、重庆、成都、武汉和西安这其他已公布的八大国家中心城市，郑州的定位是：“着力发展枢纽经济，着力提升科技创新能力，着力增强经济综合实力，努力建设具有创新活力、人文魅力、生态智慧、开放包容的国家中心城市，在引领中原城市群一体化发展、支撑中部崛起和服务全国发展大局中作出更大贡献。夯实产业基础，全面提升综合经济实力，突出改革创新，加快培育壮大新动能，发挥区位优势，打造交通和物流中枢，坚持内外联动，构筑内陆开放型经济高地，彰显人文特色，建设国际化现代都市。”①

郑州市建设国家中心城市的目标得到了省市两级政府的明确支持。中共河南省委在省十次党代会报告中提出郑州建设国家中心城市目标，中共郑州市委在十一届四次全体（扩大）会议上确定了建设时间表：近期到 2020 年，全面推进国家中心城市建设，基本确立国际枢纽地位，基本形成现代化国际化大都市的框架体系；中期到 2030 年，全面建成国家中心城市，国际枢纽地位更加突出，建成国家重要的创新创业中心，成为现代化大都市，向全球城市迈进；远期到 2049 年，建成联通全球的国际枢纽中心、世界一流的内陆商贸物流中心、国家重要的金融中心、极具活力的创新创业中心、开放包容的国际交流中心、生态多元社会公平正义的国际宜居大都市，实现由生产型城市向高端消费型城市的转变，成为在全球有影响力的世界城市。②

在从天然地理中心向国家战略下的中心城市这一质化跃升中，郑州

---

① 中华人民共和国国家发展和改革委员会：《国家发展改革委关于支持郑州建设国家中心城市的指导意见》，http：//www. ndrc. gov. cn/fzgggz/fzgh/zcfg/201701/W020170125553006426305. pdf。

② 郑州市人民政府网站：《马懿在市委十一届四次全体（扩大）会议上的讲话》，http：//www. zhengzhou. gov. cn/html/www/news1/20170816/481962. html。

的城市定位和使命正在发生调整，中心性①和国际性②成为其必备的双重特质。与之相适应，郑州已成为“一带一路”的重要节点城市，国家发展和改革委员会、外交部、商务部联合发布的《推动共建丝绸之路经济带和21世纪海上丝绸之路的愿景与行动》中，对郑州作为内陆航空港、国际陆港和开放型经济高地的定位做出清晰规划。推进“一带一路”建设工作领导小组办公室印发的《中欧班列建设发展规划（2016—2020年）》将郑州明确为内陆主要货源地节点和主要铁路枢纽节点。可以看到，“一带一路”倡议与建设国家中心城市战略规划为郑州提供了相互加持的历史性机遇，通过参与“一带一路”建设，郑州能够获取融入全球化、参与国际竞争及提升与全球主要城市相互竞合的快速通道，形成和巩固其国内和国际“中心性”；而通过全面推进国家中心城市的建设，郑州成长为具有辐射力和竞争力的权重城市，能够支撑其“一带一路”的节点地位，提升其“国际性”。由此，“一带一路”与国家中心城市的叠加效应，势必有利于推动郑州成长为“全球城市”，但也对郑州的发展提出了新的要求，加大对外开放和对外联通已经成为其未来发展的必然选择。

二　郑州对美洲合作的必要性

从现实情况来看，郑州具备对外联通的地缘与基础硬件条件支撑，然而其对外开放的水平尚有待提升。中国城市和小城镇改革发展中心在《2017国家中心城市发展报告》中选取了经济联系、门户作用、国际人才吸引力、文化交流和政治影响力五个维度评价了主要城市国际层面的功能。指标值显示，在已确定的九大国家中心城市中，郑州居于末尾（见图0－1），五个维度的分项排名也相对偏后。

---

① 依据中华人民共和国住房和城乡建设部编制的《全国城镇体系规划》，国家中心城市是处于城镇体系最高位置的城镇层级，在全国具备引领、辐射、集散功能的城市，这种功能表现在政治、经济、文化、对外交流等多方面，并且能代表国家参与国际竞争，能成为国际重要的中心城市。

② 一般认为，国家中心城市是国家参与国际分工合作和竞争的代表，是国家或国家主要经济区域内经济活动组织和资源配置的中枢，是国家科技文化创新中心，也是国家综合交通和信息网络枢纽，起着配置国家资源、主导经济社会发展和连接国内外的重要作用。

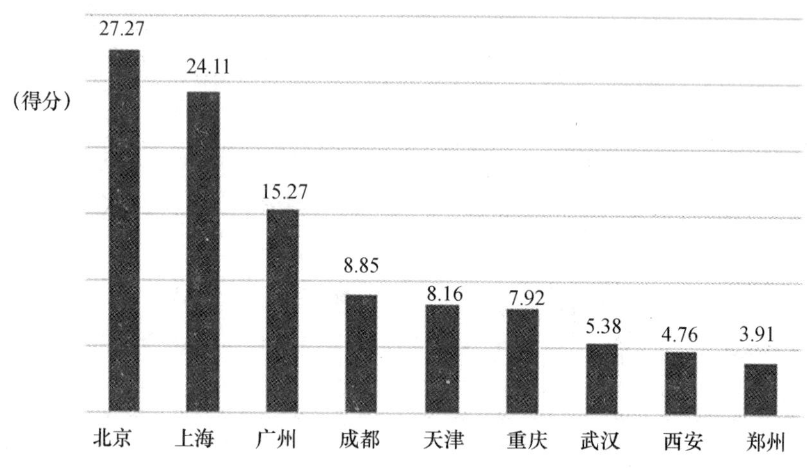

图0－1　九大国家中心城市国际层面对比

注：总分为30分。

资料来源：国家发展和改革委员会中国城市和小城镇改革发展中心：《2017国家中心城市发展报告》，第41页。

外向度和对外开放的地区分布结构提供了考察郑州综合开放水平的两个维度。在经济外向度方面，以进出口贸易、吸引外资和对外经济合作占GDP的比例衡量，郑州在贸易开放度方面处于相对领先的水平，投资和对外经济合作开放度居中（见表0－1）。在政治和文化对外交往方面，郑州近年来承办了上海合作组织成员国政府首脑（总理）理事会第十四次会议、世界城市和地方政府联合组织交通委员会全球会议、国际旅游城市市长论坛等国际性会议，接待了数十位国家首脑和政要访问，与境外11个城市建立友好关系，并规划了12平方公里领事馆区，首批引入卢森堡领事馆落地[①]。可以看到，以郑欧国际铁路货运班列（以下简称"郑欧班列"）和航空港为依托，以富士康带动的电子信息产业为基础，

① 领事馆是一国驻在他国某个城市的领事代表机关的总称，有总领事馆、领事馆、副领事馆等，负责管理当地本国侨民和其他领事事务。领事馆往往设置在经济发达、文教繁荣的国家中心城市或沿边沿海开放城市。截至2018年6月，其他国家在中国内地设立的领事馆分布为：上海（76个）、广州（62个）、成都（17个）、重庆（10个）、沈阳（8个）、昆明（8个）、南宁（6个）、武汉（5个）、西安（4个）、厦门（3个）、青岛（3个）、长沙（1个）、呼和浩特（1个）、二连浩特（1个）、呼伦贝尔（1个）、拉萨（1个）、哈尔滨（1个）、郑州（1个）。

郑州经济的外向化水平已经得到了明显的提升；同时，郑州的政治和文化对外交往也正在通过平台建设和制度设计逐步拓展。

表 0 – 1　　　九大国家中心城市外向度指标对比（2016 年）

	上海	北京	郑州	广州	天津	西安	重庆	成都	武汉
贸易/GDP	102. 25	73. 06	45. 55	43. 94	38. 12	29. 25	23. 5	22. 38	13. 25
投资/GDP	4. 58	3. 37	3. 34	1. 94	7. 96	4. 78	0. 98	6. 19	4. 75
对外经济合作/GDP	2. 79	1. 33	0. 60	1. 81	0. 98	1. 21	0. 70	2. 01	2. 57

注：1. 均为百分比指标。2. 贸易为进出口额；投资为实际外商投资额。3. 对外经济合作为工程承包额。因城市层面对外经济合作数据缺失，以省和直辖市的相应指标替代。

资料来源：笔者根据 WIND 数据核算。

在对外开放的地区分布结构方面，郑州对外交往的网络覆盖显示其存在一定的结构性失衡。就基础设施联通而言，郑欧班列和“航空 +”是郑州对外联通的两大支柱。截至 2018 年 6 月，郑欧班列已实现每周 12 班对开，集疏网络遍布欧盟、俄罗斯及中亚地区的 24 个国家 121 个城市。郑州新郑机场开通货运航线 171 条，其中全货运国际航线 30 条，居内陆第一，基本形成覆盖全国及东亚、东南亚，联通澳大利亚和美洲的航线网络；开通客运航线 193 条，其中国际地区航线 26 条，通航城市 111 个，包括国际和地区 20 个①。但是，郑州铁路和航空运输联通区域主要为亚洲和欧洲，北美仅涉及芝加哥、纽约、迈阿密和安克雷奇四大城市，尚未延及拉丁美洲和加勒比地区（以下简称“拉美”）。就贸易联通而言，郑州的进出口流向集中于北美洲②、亚洲和欧洲，而其他地区所占比例均小于全国平均水平，尤其是同拉美和非洲新兴地区之间的贸易相对偏小（见图 0 –2）。就反映政策沟通和民心相通而言的友好城市指标而言，郑州国际友好城市主要集中于欧洲和亚洲，北美、拉美和非洲各有一个友好城市（见表 0 –2）。

---

① 河南省机场集团网站，http：//www. zzairport. com/。

② 墨西哥数据计入拉丁美洲，并不计入北美洲。

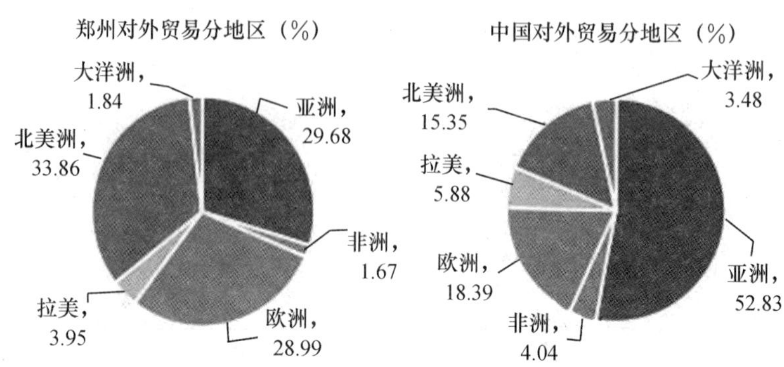

图0－2　对外贸易的地区结构：郑州与全国的比较（2016年）

资料来源：国家统计局《中国统计年鉴（2017）》；河南省统计局《郑州统计年鉴2017》。

表0－2　郑州友好城市涉及地区

地区	亚洲	北美洲	拉美	欧洲	非洲
城市数量	3	1	1	5	1

数据来源：笔者根据河南省统计局《郑州统计年鉴2017》数据整理。

对外开放的结构性失衡对郑州国际层面的功能产生了一定影响。表0－3对比了全球主要地区的发展情况，从中可以看到，美洲区域在全球经济、贸易、人口和机场国际化方面都相对领先，不仅涵盖美加两大主要经济体，还是全球新兴经济体最为集中的地区。然而，除了对外贸易外，郑州与北美地区之间的基础设施联通和政治、经济、文化交往均相对不足，而郑州与南美地区的联通和各项交往均相对滞后，这无法匹配美洲地区在世界经济和政治中的地位。显然，增强同美洲地区之间的合作能够对郑州的短板有所弥补，也更有利于促进其通过“航空＋”联通全球的目标。

表 0－3　　全球主要地区发展情况对比（2017 年）　　单位：个、%

	人口	面积	经济体数量	经济总量	贸易总量	全球机场 50 强分布
亚洲	60.0	29.4	48	35.9	36.3	15
欧洲	10.4	6.8	37	25.0	41.0	12
北美洲	8.1	16.2	37	27.9	15.3	17
南美洲	5.6	12.0	13	6.3	3.5	3
非洲	12.3	20.2	56	2.8	2.4	1
大洋洲	0.5	6.0	24	2.1	1.5	2

注：贸易总量为 2016 年数据。

数据来源：笔者根据 IMF 与 WTO 数据整理。全球机场 50 强数据来自英国 Official Airline Guide 旅游服务公司 2017 年发布的《Megahubs International Index 2017》（针对全球国际机场国际化指数的一个排行榜），http：//baijiahao. baidu. com/s？ id = 1580756979746792816&wfr = spider&for = pc。

三　分析框架与叙事逻辑

本书研究“郑州与美洲合作前景”，旨在从学理和实践两个层面弥补郑州对外开放与对外联通中的短板，为郑州与美洲国家的合作方向提出建议。本书以“一带一路”倡议和国家中心城市为两大支柱，对郑州从城市层面开展对美洲国家关系的理论动因、现实发展、未来潜力和提升方向进行分析。全书叙事逻辑将在如下八章中逐步展开。

第一章系统梳理“一带一路”倡议的理论内涵，为郑州在此倡议框架下提升对外开放水平提供理论准备。该章对“一带一路”倡议的提出及其理论演变进行了系统性梳理，认为其为国际合作在解决国际市场垄断问题、缓解国际公共物品供给不足问题、缓解“负外部性”问题、缩小国际贫富差距、构建化解非传统安全问题的国际合作机制提供了非竞争性和非排他性新理念和新模式，从而正在形成中国对外经贸合作的新格局。

第二章从城市外交理论入手，为郑州建设国家中心城市和参与“一带一路”全球合作的双重目标并进提供理论支撑。该章认为国家中心城市是国家开展对外合作的核心载体与多要素参与的“调度器”。“一带一路”框架下，城市外交具有充分的拓展空间，一方面，作为代表国家参与全球竞争与合作的群体，国家中心城市的外交职能存在提升的必然需求；另一方面，通过更为主动和创新的参与全球合作，国家中心城市能带动所属区域经济带的经济社会发展，从而更有效地体现其国家中心城市的价值。

第三章对郑州对外合作以及参与“一带一路”倡议的现状进行梳理和总结，特别选取代表性案例描述了郑州对接“一带一路”的规划与进展。该章指出，在国家和地方双重战略扶持与政策引导下，郑州全面融入“一带一路”倡议，强化向东开放，加快向西开放，发挥郑州航空港、郑欧班列、国际陆港等开放平台作用，实现了“买全球、卖全球”的重任，提升了其作为主要节点城市的辐射带动能力，促进基础设施互联互通，深化能源资源、经贸产业和人文合作交流，形成了全面开放合作新格局。

第四章对郑州对接“一带一路”倡议的比较优势进行分析，对比郑州在国家中心城市中的比较优势和政策对接红利。该章认为，郑州具有经济增长、产业结构优化、城市人口发展、科技创新等方面的发展潜力，具备对接“一带一路”倡议的区位枢纽、基础设施、现代产业体系、对外开放门户、创新驱动型发展优势，还具有对接倡议的战略与政策红利，有条件在参与“一带一路”建设中发挥重要的节点城市作用。

第五章开始转向对郑州—美洲地区合作的研究，重点考察郑州与美洲国家和地区之间合作现状，寻求双方合作的必要性。该章发现，郑州与美洲地区之间的合作并不均衡：美国在郑州对外经贸合作中比重较高，加拿大的合作形式日益呈现出多元化态势，而拉美的合作尚处于初级阶段。总体而言，郑州与美洲国家的合作水平与该地区在全球经济中地位并不匹配，应通过挖掘潜力提升整体合作水平。

第六章研究了郑州与美洲国家之间的合作潜力，探析双方合作的可行性。通过定性和定量双重方法的综合使用，该章认为，郑州与美洲地区主要国家之间均有较大的合作空间，特别是与拉美之间贸易严重不足，可充分利用航空港的运输枢纽优势，配合高铁、公路网络，加大对美洲产品的物流承运，依靠“郑州中转”品牌，填补贸易不足的现状，并可对周边城市和省份形成网络辐射效应。此外，郑州与美洲国家在人文、金融等方面也有较大的合作潜力。

第七章关注郑州与域外中心城市之间的合作问题，探讨郑州与美洲地区中心城市之间深化合作的可行性。该章创新性地参照中国国家中心城市的概念，选取了美国、加拿大和拉美可比的中心城市，提出中心城市间尚未出现全国乃至世界性影响的合作平台，建议举办“郑州世界中心城市合作论坛”，搭建郑州与美洲中心城市的合作平台，推动其成为中国与美洲、中国国家中心城市与美洲中心城市之间寻求合作、共同发展的重要桥梁。

第八章是本书的结论和建议章，针对美国、加拿大及拉美同郑州合作的潜力与诉求，提出相应的合作领域，并针对郑州对美洲的合作的现有挑战，对保障机制的完善提出建议。该章提出，美洲地区集中了发达大国和新兴国家，对中国“一带一路”倡议的态度及对华合作的诉求有明显的多元化现象。在“一带一路”框架下，郑州与美洲国家的合作，不仅能够弥补其对外开放与联通格局的短板，还能形成示范，显示中国在“一带一路”共建方面的因地制宜特性。为此，在对美洲的合作中，对美国合作重点应集中于现代服务业，对加拿大的合作应侧重农业、文化产业和高科技产业等，而对拉美的合作应以人文交流为纽带，推动贸易、金融和投资合作的全面发展。

第一章

“一带一路”倡议与中国对外合作进展

“一带一路”倡议是中国新一轮对外开放的重要标志。习近平总书记在2018年6月举行的中央外事工作会议上提出，“要坚持共商共建共享，推动‘一带一路’建设走实走深、行稳致远，推动对外开放迈上新台阶”。作为“一带一路”的重要节点城市，郑州面临着建设国家中心城市的重要机遇。本章从“一带一路”倡议的理论意义出发，研究其在中国对外开放新格局中的基础性作用，为郑州在此倡议框架下提升对外开放水平提供理论准备。

第一节 关于“一带一路”倡议的理论研究综述

2013年9—10月习近平主席在访问哈萨克斯坦和印度尼西亚时，先后提出建设丝绸之路经济带和21世纪海上丝绸之路的倡议，合称“一带一路”倡议。自提出以来，“一带一路”成为学术界的热点研究领域之一，例如在中国知网上以“一带一路”为主题搜索期刊文献，2014年1月至2018年4月的文献数量多达3.7万余篇。

一 2014—2016年的理论研究以丰富“一带一路”倡议的理论内涵为重点

学术界将“一带一路”倡议的理论内容归纳为五个主要方面。

第一，源于历史。“一带一路”倡议是继承古丝绸之路精神的基础上，中国提出的促进中国与世界开展经贸、文化、能源等多方面交流的一项重大倡议。

第二，合作平台。“一带一路”倡议是一项开放包容的促进丝路沿线国家和地区之间，互通有无、开放交流、激发经济活力的国际合作新平台。

第三，互利共赢。“一带一路”的建设能够有效化解中国在基础设施建设方面的过剩产能，促进中国经济结构的转型发展。中国的发展也能惠及沿线国家的发展，满足这些国家对中国生产技术、工业制成品等方面的需求，是实现丝路沿线国家和地区互利共赢的有效途径。

第四，海陆统筹。“一带一路”倡议是实现海陆统筹，形成海陆大连通的战略部署。

第五，平衡发展。在国内发展方面，“一带一路”倡议的提出旨在解决东西部发展不平衡问题，东部地区已经实现全面对外开放，而西部地区由于地理原因受开放型经济影响微弱，发展缓慢。在对外关系方面，面对复杂的国际政治经济格局，“一带一路”倡议是提升中国与周边国家外交关系、有所作为的重大倡议。

二 2017年以来的理论研究以阐释“一带一路”倡议的国际公共产品属性为重点

基于马克思主义的世界市场失灵理论，“一带一路”倡议的本质在于矫正世界市场失灵。矫正世界市场失灵离不开政府干预，为此，“一带一路”倡议的核心问题是把“一带一路”相关国家作为整体市场，而非一个个孤立的、分散的个体市场，完善其市场功能，解决其市场垄断问题，增加公共产品供给，缓解外部性问题，提高资源配置效率，促进落后国家经济开放开发，缩小各国发展差距，增进国际公平，实现世界经济长期稳定增长。

（一）解决国际市场垄断问题

“一带一路”倡议致力于解决国际市场垄断问题，尤其是国际资本、国际金融机构、国际市场技术三个领域的垄断。

国际资本的垄断源自发达国家对于现有国际多边金融机构的控制。配合“一带一路”倡议所建设的亚洲基础设施投资银行（简称“亚投行”）、丝路基金、金砖国家新开发银行等新兴金融机构将弥补国际金融机构缺陷，缓解现有国际金融机构不能满足广大发展中国家基础设施建设和经济社会发展中庞大的资金需求的矛盾。国际产能合作是“一带一路”倡议的重要组成部分，更是推进“一带一路”建设的重要抓手。改革开放40年来，中国积累了大量的优质产能，制造业国际竞争力大幅攀升，为中国开展国际产能合作奠定了坚实的基础。随着更多中国企业“走出去”，将先进的生产技术输送给广大发展中家，带动其技术进步，增强其自身“造血功能”，缓解国际先进技术被欧美发达国家垄断的局面。

（二）缓解国际公共物品供给不足问题

“一带一路”倡议为国际合作提供新理念和新模式。中国特色社会主义市场经济体制是最具影响力和创新性的国家发展模式之一，“一带一路”倡议为中国未来的开放型经济发展路径指明了方向。“一带一路”倡议所提出的经济走廊建设方案，从多维视角诠释了经济带理论、区域经济一体化理论、国际合作理论，是现代新型国际经贸理论的践行与延伸。“一带一路”倡议所提出的“五通”原则，将给未来的国际交流与合作带来共建、共享、共荣的新理念与新模式。基础设施互联互通是“一带一路”倡议的重要内容，包括交通、电力、信息通信与网络、能源等硬件基础设施的联通。“一带一路”倡议所倡导的基础设施互联互通建设具有很强的国际公共产品性质：一方面，增加基础设施等公共产品的供给，缓解公共产品供给不足的矛盾，打通国际贸易通道，消除设施阻塞；另一方面，帮助广大发展中国家提升基础设施建设水平，夯实经济增长基础。“一带一路”倡议主张经贸规则的“互联互通”，倡导以开放、包容的态度考虑各国的主张和诉求，以灵活务实的方法兼顾各国利益、协调各国矛盾，通过贸易投资政策的协调和规制改革，实现海关和边境管理机构现代化，加强贸易主管机构之间的协调沟通，培育透明可靠、公平竞争的国际商务环境，完善市场机制的功能，降低交易成本，提高市场效率，促进货物贸易、服务贸易、投资、物流等便利化，最终形成商品、服务和要素更加自由流动的大市场，扩大贸易投资规模，拉动相关国家经济增长。“一带一路”倡议强调加强人文交流，实现人员交往的“互联互通”，包括商务旅行、跨境教育、旅游便利化和专业技术人才流动等问题。通过广泛的人文交流与合作，增强各国文化的认同感，增强各国间的互信，减少各国政治、经济和文化等领域的分歧，消除因隔阂而人为产生的国际经济合作阻碍，完善国际市场运行规则的体制和机制建设。

（三）缓解"负外部性"问题

在落实"一带一路"倡议中，人民币将在融资贷款、本币互换、贸易结算、金融市场等领域发挥越来越大的作用，人民币区域化和国际化进程将大大提速。中国与"一带一路"沿线国家在开展贸易、投资、援助时将会更多地使用本币作为结算货币，这样不仅具有高效、安全、节约成本等优势，同时也更有利于发展中国家摆脱发达国家"负外部性"货币政策的干扰和影响，降低汇率大幅波动所带来的影响。组建多边国际金融机构，推动国际多边金融体系改革，完善国际货币体系，促进国际金融秩序更加公平和谐，关注发展中国家在国家治理和基础设施建设领域的金融需求，对现有国际多边金融机构改革形成倒逼，打破少数国家对国际货币体系的操纵和垄断，降低发达国家频繁实施"负外部性"货币政策所带来的政治和经济风险。

（四）缩小国际贫富差距

"一带一路"倡议是国际社会以"发展"为第一要务的大背景下，中国带动世界尤其是广大发展中国家共同进步的理念和行动。通过增加基础设施建设，帮助发展中国家夯实经济发展基础，提高物流效率，提升贸易便利化水平；通过建立新的国际多边金融机构，施行更为公平的国际金融秩序，为广大发展中国家发展经济提供融资平台，使其经济发展获得更大的动力；通过扩大国际产能合作，将中国改革开放以来积累的优质产能和先进生产技术转移给"一带一路"沿线国家，为其经济发展提供原动力；通过扩大双边贸易、投资合作，为沿线国家提供更多就业岗位，提升国民收入、福利水平，促进社会和谐稳定，引领其经济发展走上良性循环轨道。因此，"一带一路"倡议的着眼点和落脚点是帮助广大发展中国家提振经济发展水平，进而缩小与发达国家之间的贫富差距，从而促进国际社会的公平正义。在对待世界局部动荡和冲突问题上，中国采用了另一种思路和解决方案，即通过包容性发展带动地区经济和人民福利水平提升。这与少数发达国家一直以来借助武力打击的方式贯彻自己的价值观相比，中国倡议更符合国际社会和平发展的意愿，应更具可持续性。

（五）构建化解非传统安全问题的国际合作机制

“一带一路”倡议通过积极建立应对区域内非传统安全问题的国际合作机制，在防灾减灾、防治疾病、应对气候变化、反对恐怖主义、维护网络安全等非传统安全领域的合作，解决世界市场失灵。自然灾害和重大疾病、气候与环境、恐怖主义、全球网络建设等问题都与各国的国家经济安全相关，解决这些问题，需要在全球治理框架下各国共同行动。以“一带一路”倡议为平台，推动“一带一路”沿线国家乃至世界更多国家加强合作，为解决这些问题做出贡献。在积极参与应对全球气候变化谈判中，积极参与公约框架下有关谈判，致力于推动构建公平合理、合作共赢的全球气候治理体系；将落实 2030 年可持续发展议程与“一带一路”沿线国家发展战略有机结合，为广大发展中国家落实 2030 年可持续发展议程提供力所能及的支持和帮助，促进共同发展；反对一切形式的恐怖主义，推动“一带一路”沿线国家积极开展国际反恐合作，建立国际反恐对话机制，并深入参与联合国、亚太经合组织、全球反恐论坛等多边机制框架下的反恐合作，遏制恐怖主义滋生蔓延；促进海上丝绸之路国家积极参与海上安全对话与合作，构建多双边合作机制，努力保障国际通道安全畅通；倡议“一带一路”沿线国家深入参与网络领域相关国际进程，为维护全球网络安全做出积极贡献。构成了“一带一路”倡议的理论基础。

（六）“一带一路”倡议具有非竞争性和非排他性

“一带一路”建设秉持开放合作原则，拒绝“零和”思维。《推动共建丝绸之路经济带和 21 世纪海上丝绸之路的愿景与行动》明确指出：“‘一带一路’相关的国家基于但不限于古代丝绸之路的范围，各国和国际、地区组织均可参与，让共建成果惠及更广泛的区域。”在实践中，这一原则得到深刻体现。一方面，参与的国家和组织日益增多，已有 100 多个国家和组织表达了支持和参与，远远超出“一带一路”的预期范围，业已形成影响广泛的国际合作框架；另一方面，更多国家和组织的参与不仅未影响“一带一路”作为国际公共产品的产出，反而扩大了其成果和影响。例如，欧亚经济联盟作为一个集体和国际组织加入，使其发展战略与“一带一路”倡议有效对接，扩大了“一带一路”在中亚的影响，为合作成果更多惠及民生提供了有利条件。值得指出的是，“一带一路”倡议自提出以来，得到了沿线大部分国家的积极响应和支持，但美国、日本等国家仍对“一带一路”的目标取向存有疑虑，在实际行动中态度暧昧甚至抵制。对此，中国作为倡议发起国，一贯强调“一带一路”建设的开放原则，始终欢迎各方积极参与，体现了宽广的胸怀。

“一带一路”倡议的提出和付诸实践在许多方面都体现了国际公共产品的非排他性特征。例如，“一带一路”是新时期中国外交追求构建以合作共赢为核心的新型国际关系、打造人类命运共同体外交理念的生动实践，而这一理念的核心就是合作共赢、成果共享，促进各国共同走向和平与繁荣；“一带一路”坚持共商共建共享原则，坚持开放合作，欢迎古代丝绸之路范围内外的各国参与建设并共享成果；“一带一路”建设提升沿线国家互联互通水平，拉动经济社会发展的整体层次。在全球化时代，欧亚大陆腹地的稳定与发展，客观上会对其他国家和地区产生积极影响，其他国家和地区在不自觉间已成为“一带一路”国际公共产品的不付费消费者。

第二节 推进“一带一路”倡议的三个阶段

“一带一路”倡议的推进进程可以划分为三个阶段，即倡议阶段、欧亚非阶段、国际合作阶段。

一 “倡议阶段”（2013 年 9 月—2015 年 3 月）

（一）提出共建“丝绸之路经济带”倡议和早期“五通”概念

2013 年 9 月 7 日应邀对哈萨克斯坦进行国事访问的国家主席习近平在位于哈萨克斯坦首都阿斯塔纳的纳扎尔巴耶夫大学做了题为《弘扬人民友谊 共创美好未来》的重要演讲①，发起了共建“丝绸之路经济带”的倡议，提出了“五通”概念，即政策沟通、道路联通、贸易畅通、货币流通、民心相通。

① 习近平：《弘扬人民友谊 共创美好未来——在纳扎尔巴耶夫大学的演讲》，《人民日报》2013 年 9 月 8 日。

习近平主席在演讲中指出，两千多年前，中国汉代的张骞肩负和平友好使命，两次出使中亚，开启了中国同中亚各国友好交往的大门，开辟出一条横贯东西、连接欧亚的丝绸之路。为了使中国与欧亚各国经济联系更加紧密、相互合作更加深入、发展空间更加广阔，可以用创新的合作模式，共同建设“丝绸之路经济带”。这是一项造福沿途各国人民的大事业。我们可从以下几个方面先做起来，以点带面，从线到片，逐步形成区域大合作。

第一，加强政策沟通。各国可以就经济发展战略和对策进行充分交流，本着求同存异原则，协商制定推进区域合作的规划和措施，在政策和法律上为区域经济融合“开绿灯”。

第二，加强道路联通。上海合作组织正在协商交通便利化协定。尽快签署并落实这一文件，将打通从太平洋到波罗的海的运输大通道。在此基础上，中国愿同各方积极探讨完善跨境交通基础设施，逐步形成连接东亚、西亚、南亚的交通运输网络，为各国经济发展和人员往来提供便利。

第三，加强贸易畅通。丝绸之路经济带总人口近30亿，市场规模和潜力独一无二。各国在贸易和投资领域合作潜力巨大。各方应该就贸易和投资便利化问题进行探讨并作出适当安排，消除贸易壁垒，降低贸易和投资成本，提高区域经济循环速度和质量，实现互利共赢。

第四，加强货币流通。中国和俄罗斯等国在本币结算方面开展了良好合作，取得了可喜成果，也积累了丰富经验。这一好的做法有必要加以推广。如果各国在经常项下和资本项下实现本币兑换和结算，就可以大大降低流通成本，增强抵御金融风险能力，提高本地区经济国际竞争力。

第五，加强民心相通。国之交在于民相亲。搞好上述领域合作，必须得到各国人民支持，必须加强人民友好往来，增进相互了解和传统友谊，为开展区域合作奠定坚实民意基础和社会基础。

（二）共建“21世纪海上丝绸之路”倡议

2013年10月3日应邀对印度尼西亚进行国事访问的国家习近平在印

度尼西亚国会做了题为《携手建设中国—东盟命运共同体》的重要演讲①，发起了共建“21 世纪海上丝绸之路”的倡议。

习近平主席在演讲中指出，中国愿提高中国—东盟自由贸易区水平，争取使 2020 年双方贸易额达到 1 万亿美元。中国致力于加强同东盟国家的互联互通建设。中国倡议筹建亚洲基础设施投资银行，愿支持本地区发展中国家包括东盟国家开展基础设施互联互通建设。东南亚地区自古以来就是“海上丝绸之路”的重要枢纽，中国愿同东盟国家加强海上合作，使用好中国政府设立的中国—东盟海上合作基金，发展好海洋合作伙伴关系，共同建设 21 世纪“海上丝绸之路”。中国愿通过扩大同东盟国家各领域务实合作，互通有无、优势互补，同东盟国家共享机遇、共迎挑战，实现共同发展、共同繁荣。

（三）明确“‘一带一路’倡议”概念和“共商、共建、共享”原则

习近平主席发起共建“丝绸之路经济带”倡议和共建“21 世纪海上丝绸之路”倡议之初，国内媒体和学术期刊就将这两个倡议合称为“一带一路”。例如，2013 年 12 月 29 日由云南省委宣传部、云南省印度洋研究会主办，云南大学、云南省社科院承办的“云南参与建设丝绸之路经济带、21 世纪海上丝绸之路学术研讨会”在昆明举办，较早提出“一带一路”这一概念，并将“一带一路”看作中国的国家建设战略，重点研讨云南如何在该战略中找准定位，发挥作用。《国际商报》（报纸）和《太平洋学报》（期刊）较早刊登以“一带一路”为标题的文章。2014 年 1 月 14 日《国际商报》刊登了《“一带一路”布局全方位开放》一文②，认为“丝绸之路经济带”和“海上丝绸之路”将成为中国全方位开放格局建设的又一抓手。要推进“一带一路”建设，形成全方位开放新格局。从历史上看，中国改革开放的发端是从东南沿海省份开始的向东开放。从新时期的国家战略看，向西向南开放是全面开放的必经之路，“一带一路”建设实际上就是向西向南开放的抓手和落脚点。2014 年 2 月《太平

① 习近平：《携手建设中国—东盟命运共同体——在印度尼西亚国会的演讲》，《人民日报》2013 年 10 月 4 日。

② 闫岩：《“一带一路”布局全方位开放》，《国际商报》2014 年 1 月 14 日。

洋学报》刊登了《海陆统筹共进，构建“一带一路”》一文[①]，使用了“‘一带一路’战略”这一提法，认为“一带一路”倡议的目的是以周边为基础加快实施自由贸易区战略，“丝绸之路经济带”针对的方向是中亚及西亚、中东欧及至欧洲地区，“21 世纪海上丝绸之路”则主要通过东南亚地区辐射南亚、中东及至非洲。“一带一路”倡议也是全面落实中国西部大开发战略的重要支柱。

2014 年 2 月 25 日和 26 日《人民日报》分上、下两篇刊登了钟声的《丝路精神，贯穿古今开新篇——聚焦“一带一路”倡议的时代意义》[②]，明确了“‘一带一路’倡议”概念。文章指出，“一带一路”不是一个实体和机制，而是合作发展的理念和倡议。“一带一路”有助于实现中国与周边、与亚欧国家发展战略的对接，编织更加紧密的共同利益网络，将双方利益融合提升到更高水平。“一带一路”涵盖中国中西部和沿海省区市，紧扣中国的区域发展战略、新型城镇化战略和对外开放战略，将助推中国形成全方位开放新格局。“一带一路”是新时期中国外交特别是周边外交的亮点。“一带一路”不是中国一家的事，而是各国共同的事业；不是中国一家的利益独享地带，而是各国的利益共享地带。“一带一路”建设，包括前期研究都是开放的，中国欢迎其他国家提出建设性意见建议，不断丰富和完善“一带一路”的理念、构想和规划，集思广益，群策群力，共同谱写丝绸之路的新篇章，共同建设利益和命运共同体，共同创造美好幸福的未来。

2014 年 11 月 8 日在北京举行加强互联互通伙伴关系对话会。孟加拉国总统哈米德、柬埔寨首相洪森、老挝国家主席朱马里、蒙古国总统额勒贝格道尔吉、缅甸总统吴登盛、巴基斯坦总理谢里夫、塔吉克斯坦总统拉赫蒙以及联合国亚太经社会执行秘书阿赫塔尔、上海合作组织秘书长梅津采夫参加了对话会，习近平主席主持会议并发表了题为《联通引领发展　伙伴聚焦合作》的重要讲话。[③]

---

① 肖琳：《海陆统筹共进，构建“一带一路”》，《太平洋学报》2014 年第 2 期。

② 钟声：《丝路精神，贯穿古今开新篇——聚焦“一带一路”倡议的时代意义》，载《人民日报》2014 年 2 月 25 日。

③ 习近平：《联通引领发展　伙伴聚焦合作——在“加强互联互通伙伴关系”东道主伙伴对话会上的讲话》，《人民日报》2014 年 11 月 9 日。

习近平主席在讲话中指出，“我代表中国政府提出共同建设丝绸之路经济带和21世纪海上丝绸之路的倡议，得到国际社会特别是在座各国领导人积极回应。”针对“一带一路”进入了务实合作阶段，习近平主席对深化合作提出了五点建议。第一，以亚洲国家为重点方向，率先实现亚洲互联互通。第二，以经济走廊为依托，建立亚洲互联互通的基本框架。第三，以交通基础设施为突破，实现亚洲互联互通的早期收获。中方高度重视联通中国和巴基斯坦、孟加拉国、缅甸、老挝、柬埔寨、蒙古国、塔吉克斯坦等邻国的铁路、公路项目，将在推进“一带一路”建设中优先部署。第四，以建设融资平台为抓手，打破亚洲互联互通的瓶颈。中国将出资400亿美元成立丝路基金，为“一带一路”沿线国家基础设施、资源开发、产业合作和金融合作等与互联互通有关的项目提供投融资支持。丝路基金是开放的，可以根据地区、行业或者项目类型设立子基金，欢迎亚洲域内外的投资者积极参与。第五，以人文交流为纽带，夯实亚洲互联互通的社会根基。

对话会发布的联合新闻公报指出，我们支持丝绸之路经济带和21世纪海上丝绸之路（“一带一路”）倡议。该倡议深受历史启迪又有鲜明时代特色，与亚洲互联互通建设相辅相成，将为沿线国家增进政治互信、深化经济合作和密切民间往来及文化交流注入强大动力，具有巨大合作潜力和广阔发展前景。我们欢迎并赞赏中国宣布成立丝路基金，为亚洲国家参与互联互通合作提供投融资支持。我们致力于共商、共建、共享“一带一路”。“一带一路”源于亚洲，应以亚洲国家为重点方向，优先关注和实现亚洲的互联互通；以陆路经济走廊和海上经济合作为依托，建立亚洲互联互通基本框架；以交通基础设施为突破，实现亚洲互联互通早期收获；以人文交流为纽带，夯实亚洲互联互通的社会根基。①

二 “欧亚非阶段”（2015年3月—2017年5月）

2013年9月至2015年3月，中国政府积极推动“一带一路”建设取得了一系列重要成果，例如，习近平主席、李克强总理等国家领导人先后出访20多个国家，深入阐释“一带一路”的深刻内涵和积极意义，就

① 《加强互联互通伙伴关系对话会联合新闻公报》，《人民日报》2014年11月9日。

共建“一带一路”达成广泛共识；与部分国家签署了共建“一带一路”合作备忘录，等等。在这些成果的基础上，经国务院授权，2015 年 3 月国家发展改革委、外交部、商务部联合发布了《推动共建丝绸之路经济带和 21 世纪海上丝绸之路的愿景与行动》[①]，简称《共建“一带一路”愿景和行动》文件。这份文件有以下几方面的主要内容。

第一，共建“一带一路”致力于亚欧非大陆及附近海洋的互联互通。《共建“一带一路”愿景和行动》文件提出了“一带一路”建设的五个重点方向和六大经济走廊。在五个重点方向中，丝绸之路经济带有三个，即中国经中亚、俄罗斯至欧洲（波罗的海）；中国经中亚、西亚至波斯湾、地中海；中国至东南亚、南亚、印度洋。21 世纪海上丝绸之路有两条，即从中国沿海港口过南海到印度洋，延伸至欧洲；从中国沿海港口过南海到南太平洋。六大经济走廊是新亚欧大陆桥、中蒙俄、中国—中亚—西亚、中国—中南半岛、中巴、孟中印缅。

第二，“五通”为重点内容。

“五通”是指“政策沟通、设施联通、贸易畅通、资金融通、民心相通”。

政策沟通。加强政策沟通是“一带一路”建设的重要保障。加强政府间合作，积极构建多层次政府间宏观政策沟通交流机制，就经济发展战略和对策进行充分交流对接，共同制定推进区域合作的规划和措施。

设施联通。交通、能源、通信等基础设施互联互通是“一带一路”建设的优先领域。抓住交通基础设施的关键通道、关键节点和重点工程，优先打通缺失路段，畅通瓶颈路段，提升道路通达水平。加强能源基础设施互联互通合作，共同维护输油、输气管道等运输通道安全，推进跨境电力与输电通道建设，积极开展区域电网升级改造合作。共同推进跨境光缆等通信干线网络建设，提高国际通信互联互通水平，畅通信息丝绸之路。

贸易畅通。投资贸易合作是“一带一路”建设的重点内容。把投资

① 中华人民共和国国家发展和改革委员会、中华人民共和国外交部、中华人民共和国商务部：《推动共建丝绸之路经济带和 21 世纪海上丝绸之路的愿景与行动》，《人民日报》2015 年 3 月 29 日。

和贸易有机结合起来，以投资带动贸易发展。在贸易方面，提高贸易自由化和便利化水平，拓宽贸易领域，优化贸易结构，挖掘贸易新增长点，促进贸易平衡。在投资方面，提高投资便利化水平，加强双边投资保护协定、避免双重征税协定磋商，保护投资者的合法权益。

资金融通。资金融通是“一带一路”建设的重要支撑。深化金融合作，推进亚洲货币稳定体系、投融资体系和信用体系建设。扩大沿线国家双边本币互换、结算的范围和规模。推动亚洲债券市场的开放和发展。共同推进亚洲基础设施投资银行、金砖国家新开发银行筹建。加快丝路基金组建运营。支持沿线国家政府和信用等级较高的企业以及金融机构在中国境内发行人民币债券。符合条件的中国境内金融机构和企业可以在境外发行人民币债券和外币债券，鼓励在沿线国家使用所筹资金。加强金融监管合作，推动签署双边监管合作谅解备忘录，逐步在区域内建立高效监管协调机制。

民心相通。民心相通是“一带一路”建设的社会根基。传承和弘扬丝绸之路友好合作精神，广泛开展文化交流、学术往来、人才交流合作、媒体合作、青年和妇女交往、志愿者服务等，为深化双多边合作奠定坚实的民意基础。

第三，确认“‘一带一路’沿线国家”概念。

《21世纪经济报道》《人民日报》等媒体较早提及“‘一带一路’沿线国家”，例如2014年12月10日前者刊登了《对外援助资金将向“一带一路”沿线和周边国家倾斜》一文[①]，12月27日后者刊登了《开发性金融助力“一带一路”沿线国家》一文[②]。

《共建“一带一路”愿景和行动》文件采用了“‘一带一路’沿线国家”这一概念，但没有明确国家数量和国家名单。不过，从学界来看公丕萍等国内学者发表的论文较早提出了64个“‘一带一路’沿线国家”的观点。[③]

① 张梦洁、鲍涵：《对外援助资金将向“一带一路”沿线和周边国家倾斜》，《21世纪经济报道》2014年12月10日。

② 郑言：《开发性金融助力“一带一路”沿线国家》，《人民日报》2014年12月27日。

③ 公丕萍、宋周莺、刘卫东：《中国与“一带一路”沿线国家贸易的商品格局》，《地理科学进展》2015年第5期。

第四，规划国内各地区在“一带一路”建设中的地位和作用。

例如，位于西北地区的新疆要发挥独特的区位优势和向西开放重要窗口作用，打造丝绸之路经济带核心区。位于西南地区的广西要发挥与东盟国家陆海相邻的独特优势，构建面向东盟区域的国际通道，打造西南、中南地区开放发展新的战略支点。位于东南沿海地区的福建要建设21世纪海上丝绸之路核心区。对于内陆地区，推动区域互动合作和产业集聚发展，打造重庆西部开发开放重要支撑和成都、郑州、武汉、长沙、南昌、合肥等内陆开放型经济高地；建立中欧通道铁路运输、口岸通关协调机制，打造“中欧班列”品牌，建设沟通境内外、连接东中西的运输通道；支持郑州、西安等内陆城市建设航空港、国际陆港，加强内陆口岸与沿海、沿边口岸通关合作，开展跨境贸易电子商务服务试点；优化海关特殊监管区域布局，创新加工贸易模式，深化与沿线国家的产业合作，等等。

三 “国际合作阶段”（2017年5月以来）

2017年5月14—15日首届“‘一带一路’国际合作高峰论坛”在北京召开，30个国家总统或当选总统、总理和最高领导人以及联合国秘书长、世界银行行长、国际货币基金组织总裁出席了由习近平主席主持的论坛圆桌峰会，并发表了《“一带一路”国际合作高峰论坛圆桌峰会联合公报》（简称“联合公报”）。①

（一）联合公报确认“一带一路”为国际倡议，强调该倡议对非洲、拉美开放

联合公报指出，“‘丝绸之路经济带’和‘21世纪海上丝绸之路’（‘一带一路’倡议）能够在挑战和变革中创造机遇，我们欢迎并支持‘一带一路’倡议。该倡议加强亚欧互联互通，同时对非洲、拉美等其他地区开放。‘一带一路’作为一项重要的国际倡议，为各国深化合作提供了重要机遇，取得了积极成果，未来将为各方带来更多福祉。”“我们重申，在‘一带一路’倡议等框架下，共同致力于建设开放型经济、确保自由包容性贸易、反对一切形式的保护主义。”“我们携手推

① 《“一带一路”国际合作高峰论坛圆桌峰会联合公报》，《人民日报》2017年5月16日。

进‘一带一路’建设和加强互联互通倡议对接的努力，为国际合作提供了新机遇、注入了新动力，有助于推动实现开放、包容和普惠的全球化。”

(二) 习近平主席提出了“一带一路”国际合作基本思想和基本规划

2017年5月14日习近平主席在“一带一路”国际合作高峰论坛开幕式上以《携手推进“一带一路”建设》为题发表了主旨演讲，重申了以和平合作、开放包容、互学互鉴、互利共赢为核心的丝路精神，总结了“一带一路”建设取得的成就，提出了“一带一路”参与国概念和“一带一路”国际合作新规划。①

第一，从“五通”角度总结“一带一路”建设成就。

在政策沟通方面，中国同有关国家协调政策，包括俄罗斯提出的欧亚经济联盟、东盟提出的互联互通总体规划、哈萨克斯坦提出的“光明之路”、土耳其提出的“中间走廊”、蒙古国提出的“发展之路”、越南提出的“两廊一圈”、英国提出的“英格兰北方经济中心”、波兰提出的“琥珀之路”等。中国同老挝、柬埔寨、缅甸、匈牙利等国的规划对接工作也全面展开。中国同40多个国家和国际组织签署了合作协议，同30多个国家开展机制化产能合作。

在设施联通方面，中国和相关国家一道共同加速推进雅万高铁、中老铁路、亚吉铁路、匈塞铁路等项目，建设瓜达尔港、比雷埃夫斯港等港口，规划实施一大批互联互通项目。以中巴、中蒙俄、新亚欧大陆桥等经济走廊为引领，以陆海空通道和信息高速路为骨架，以铁路、港口、管网等重大工程为依托，一个复合型的基础设施网络正在形成。

在贸易畅通方面，中国同“一带一路”参与国大力推动贸易和投资便利化，不断改善营商环境。2014—2016年中国同“一带一路”沿线国家贸易总额超过3万亿美元。中国对“一带一路”沿线国家投资累计超过500亿美元。中国企业已经在20多个国家建设56个经贸合作区，为有关国家创造近11亿美元税收和18万个就业岗位。

---

① 习近平:《携手推进“一带一路”建设——在“一带一路”国际合作高峰论坛开幕式上的演讲》,《人民日报》2017年5月15日。

在资金融通方面，中国同“一带一路”建设参与国和组织开展了多种形式的金融合作。亚洲基础设施投资银行已经为“一带一路”建设参与国的9个项目提供17亿美元贷款，“丝路基金”投资达40亿美元，中国同中东欧“16+1”金融控股公司正式成立。

在民心相通方面，中国政府每年向相关国家提供1万个政府奖学金名额，地方政府也设立了丝绸之路专项奖学金，鼓励国际文教交流。各类丝绸之路文化年、旅游年、艺术节、影视桥、研讨会、智库对话等人文合作项目百花纷呈，人们往来频繁。

第二，“一带一路”国际合作的基本思想是在和平共处五项原则基础上，发展同所有“一带一路”建设参与国的友好合作。

中国愿同世界各国分享发展经验，但不会干涉他国内政，不会输出社会制度和发展模式，更不会强加于人。

我们推进“一带一路”建设不会重复地缘博弈的老套路，而将开创合作共赢的新模式；不会形成破坏稳定的小集团，而将建设和谐共存的大家庭。

第三，基本规划有五项重要内容。

1. 中国将加大对“一带一路”建设资金支持，向“丝路基金”新增资金1000亿元人民币，鼓励金融机构开展人民币海外基金业务，规模预计约3000亿元人民币。中国国家开发银行、进出口银行将分别提供2500亿元和1300亿元等值人民币专项贷款，用于支持“一带一路”基础设施建设、产能、金融合作。我们还将同亚洲基础设施投资银行、金砖国家新开发银行、世界银行及其他多边开发机构合作支持“一带一路”项目，同有关各方共同制定“一带一路”融资指导原则。

2. 中国将积极同“一带一路”建设参与国发展互利共赢的经贸伙伴关系，促进同各相关国家贸易和投资便利化，建设“一带一路”自由贸易网络。中国将从2018年起举办中国国际进口博览会。

3. 中国愿同各国加强创新合作，启动“一带一路”科技创新行动计划，开展科技人文交流、共建联合实验室、科技园区合作、技术转移4项行动。中国将在未来5年内安排2500人次青年科学家来华从事短期科研工作，培训5000人次科学技术和管理人员，投入运行

50家联合实验室。中国将设立生态环保大数据服务平台，倡议建立“一带一路”绿色发展国际联盟，并为相关国家应对气候变化提供援助。

4. 中国将在未来3年向参与“一带一路”建设的发展中国家和国际组织提供600亿元人民币援助，建设更多民生项目。中国将向“一带一路”沿线发展中国家提供20亿元人民币紧急粮食援助，向南南合作援助基金增资10亿美元，在沿线国家实施100个“幸福家园”、100个“爱心助困”、100个“康复助医”等项目。中国将向有关国际组织提供10亿美元落实一批惠及沿线国家的合作项目。

5. 中国将设立“一带一路”国际合作高峰论坛后续联络机制，成立“一带一路”财经发展研究中心、“一带一路”建设促进中心，同多边开发银行共同设立多边开发融资合作中心，同国际货币基金组织合作建立能力建设中心。中国将建设丝绸之路沿线民间组织合作网络，打造新闻合作联盟、音乐教育联盟以及其他人文合作新平台。

第三节 “一带一路”倡议下中国对外合作进展

一 中国三层次推进“一带一路”建设与国际合作

2013年以来，中国推进和开展“一带一路”建设的实践可以归纳为三个层次，以“政策沟通”和“设施联通”为例简要归纳如下。

（一）中国先行开放与建设

为了便于“政策沟通”，中国全面推进改革开放。例如2013—2017年中国形成了“1+3+7”的11个自由贸易试验区（简称“自贸试验区”）格局，这些自贸试验区是中国全面推进改革开放的“试验田”，不仅在沿海、中部和西部布局，而且遍及中国的东西南北中。作为“1”的上海自贸试验区，其负面清单目录从最初的190项缩减到95项。自2018年起，中国“有序放宽市场准入，全面实行准入前国民待遇加负面清单管理模式，继续精简负面清单”。

为了提高“设施联通”能力，中国全面展开国内“一带一路”建设，提高国内“互联互通”水平。围绕“一带一路”，中国正在执行一系列的专项“十三五”基础设施规划，例如《铁路“十三五”发展规划》《全国海洋经济发展“十三五”规划》①，等等。铁路“十三五”规划的目标是到2020年全国铁路营业里程达到15万千米，其中高速铁路3万千米，复线率和电气化率分别达到60%和70%左右。“一带一路”建设是海洋经济发展“十三五”规划的主要依据之一，围绕“一带一路”，北部海洋经济圈着力打造现代港口集群，东部海洋经济圈是“一带一路”建设与长江经济带发展战略的交汇区域，南部海洋经济圈是“21世纪海上丝绸之路”重要枢纽，等等。

各省、自治区、直辖市全力参与“一带一路”建设，例如位于中部的河南省着力拓展郑州—卢森堡“空中丝绸之路”，并将之延伸至拉美地区，等等。新华社2018年2月8日报道，2017年郑州—卢森堡“空中丝绸之路”航线累计执飞航班789班，新增亚特兰大、伦敦、阿拉木图等6个通航点，通航点总数达到14个。2017年货运量达到14.7万吨，使郑州机场在2017年首次跻身全球货运机场前50强。②

（二）次区域互联互通

其重点是中国同周边国家（地区）以及亚洲地区的互联互通，海、陆、空、石油、天然气、电力、通信、信息九大领域的一批项目正在建设，中蒙俄、新亚欧大陆桥、中国—中亚—西亚、中国—中南半岛、中巴、孟中印缅六大经济走廊的规划日渐成熟，其中中国境内、中国与周边国家的部分项目正在实施。

（三）洲际互联互通

截至2008年，亚欧大陆仍是重点。中欧班列（China Railway Express，缩写为“CR express”）是亚欧大陆互联互通的一个缩影，2011年3月至2018年6月累计开行班列9000列，运行线路近60条，覆盖中国城市48个和欧洲（14国）城市42个，运送货物累计近80万标箱。

---

① 中华人民共和国国家发展和改革委员会、中华人民共和国国家海洋局：《全国海洋经济发展“十三五”规划》，http：//dqs. ndrc. gov. cn/gzdt/201705/P020170516531871838125. pdf。

② 《郑州—卢森堡“空中丝绸之路”迎来开门红》，http：//news. sina. com. cn/o/2018－02－08/doc-ifyrkzqr0021422. shtml。

在非洲大陆众多的“一带一路”建设项目中，肯尼亚的蒙巴萨—内罗毕铁路（Mombasa-Nairobi Railway）是2017年度的“旗舰项目”之一，铁路长度约472千米，总投资约38亿美元，建设期三年半，累计创造3万多个就业机会，其中90%左右是当地劳动力。肯尼亚政府计划修建3500千米的铁路，将肯尼亚、乌干达、南苏丹、埃塞俄比亚4国连接起来，蒙巴萨—内罗毕铁路是实施该计划的第一步。

二 “一带一路”相关国家（地区）已达113个

2018年7月9日国务院办公厅转发了商务部、外交部、国家发展改革委等20个部、委、局《关于扩大进口促进对外贸易平衡发展意见的通知》（国办发〔2018〕53号），明确提出将“一带一路”相关国家作为重点开拓的进口来源地。

关于“一带一路”沿线国家、“一带一路”建设参与国、“一带一路”相关国家等概念，学术界存在一定程度的争议和分歧。随着“一带一路”倡议进入国际合作阶段，欧亚大陆和非洲部分国家已进入大规模的“一带一路”建设时期，拉美、大洋洲等地区的国家开始对接“一带一路”倡议，因此，“‘一带一路’相关国家”这一概念较为准确地反映了“一带一路”国际合作实际，这一概念包含“‘一带一路’沿线国家”和“‘一带一路’建设参与国”。

（一）“一带一路”相关国家遍及世界各大洲

加入亚洲基础设施投资银行或与中国签署“一带一路”合作文件的国家均可作为“‘一带一路’相关国家”。如表1-1所示，截至2018年6月底，包括中国与中国香港特别行政区在内，“一带一路”相关国家（地区）已达113个，其中亚洲基础设施投资银行（简称“亚投行”）的成员国（地区）和准成员国（意向成员国）有87个，与中国签署“一带一路”建设谅解备忘录等合作文件的国家有26个。这些国家（地区）成为“一带一路”相关国家（地区）的方式有三种，第二种是既加入亚投行又签署“一带一路”合作文件，第一种是只加入了亚投行，第三种是只签署了“一带一路”合作文件。

如果不考虑中国香港特别行政区，“一带一路”相关国家数量达到

112 个，其中亚洲有 47 个国家（地区），欧洲有 40 个国家，大洋洲有 8 个国家，非洲有 7 个国家。美洲地区以巴拿马为界分为北美洲和南美洲，有 35 个国家，其中除加拿大、美国外，其他 33 个国家为拉美国家。表 1 -1 中的北美洲仅指加拿大和美国，拉美已有 10 个“一带一路”相关国家，因此，美洲地区已有 11 个“一带一路”相关国家。

表 1 -1 “一带一路”合作伙伴国（截至 2018 年 6 月底）

	亚洲基础设施投资分行成员国（地区）和准成员国		“一带一路”合作文件签署国		合计
	数量	国家（地区）	数量	国家（地区）	
亚洲	40	中国、中国香港、阿富汗、阿联酋、阿曼、阿塞拜疆、巴基斯坦、巴林、东帝汶、菲律宾、格鲁吉亚、哈萨克斯坦、韩国、吉尔吉斯斯坦、柬埔寨、卡塔尔、科威特、老挝、黎巴嫩、马尔代夫、马来西亚、蒙古、孟加拉国、缅甸、尼泊尔、沙特阿拉伯、斯里兰卡、塔吉克斯坦、泰国、土耳其、文莱、乌兹别克斯坦、亚美尼亚、新加坡、伊朗、以色列、印度、印度尼西亚、约旦、越南	7	巴勒斯坦、不丹、吉尔吉斯斯坦、土库曼斯坦、叙利亚、也门、伊拉克	47
欧洲	25	爱尔兰、奥地利、白俄罗斯、比利时、冰岛、波兰、丹麦、德国、俄罗斯、法国、芬兰、荷兰、卢森堡、罗马尼亚、马耳他、挪威、葡萄牙、瑞典、瑞士、塞浦路斯、西班牙、希腊、匈牙利、意大利、英国	15	阿尔巴尼亚、爱沙尼亚、保加利亚、波黑、黑山、捷克、克罗地亚、拉脱维亚、立陶宛、马其顿、摩尔多瓦、塞尔维亚、斯洛伐克、斯洛文尼亚、乌克兰	40

续表

	亚洲基础设施投资分行成员国（地区）和准成员国		"一带一路"合作文件签署国		合计
	数量	国家（地区）	数量	国家（地区）	
拉美	7	阿根廷、玻利维亚、巴西、智利、厄瓜多尔、秘鲁、委内瑞拉	5	巴拿马、特立尼达和多巴哥、安提瓜和巴布达、多米尼加、玻利维亚	12
大洋洲	8	澳大利亚、新西兰、巴布亚新几内亚、库克群岛、萨摩亚、汤加、瓦努阿图、斐济			8
非洲	6	埃及、埃塞俄比亚、马达加斯加、肯尼亚、南非、苏丹	1	摩洛哥	7
北美洲	1	加拿大			1
合计	87		28		115

注：既加入亚投行又签署"一带一路"合作文件的国家（地区）只列为亚投行成员国（地区）和准成员国。

资料来源：（1）"亚洲基础设施投资银行成员国（地区）和准成员国"名单来源为亚洲基础设施投资银行官网（截至2018年6月30日）；

（2）"'一带一路'合作文件签署国"名单来源为中国"一带一路"官网（截至2018年6月30日）。

（二）"一带一路"沿线国家均为"一带一路"相关国家

尽管学者们对"一带一路"沿线国家的定义、数量和名单存有争议，但主流意见认为有64个国家属于"一带一路"沿线国家，按地域属性大致划分为六大板块：

1. 蒙俄两国，即蒙古国、俄罗斯。

2. 中亚五国，即哈萨克斯坦、吉尔吉斯斯坦、塔吉克斯坦、乌兹别克斯坦、土库曼斯坦。

3. 东南亚十一国，即越南、老挝、柬埔寨、泰国、马来西亚、新加坡、印度尼西亚、文莱、菲律宾、缅甸、东帝汶。

4. 南亚八国，即印度、巴基斯坦、孟加拉国、阿富汗、尼泊尔、不丹、斯里兰卡、马尔代夫。

5. 中东欧十九国，即波兰、捷克、斯洛伐克、匈牙利、斯洛文尼亚、克罗地亚、罗马尼亚、保加利亚、塞尔维亚、黑山、马其顿、波黑、阿尔巴尼亚、爱沙尼亚、立陶宛、拉脱维亚、乌克兰、白俄罗斯、摩尔多瓦。

6. 中东与高加索地区十九国，即土耳其、伊朗、叙利亚、伊拉克、阿联酋、沙特阿拉伯、卡塔尔、巴林、科威特、黎巴嫩、阿曼、也门、约旦、以色列、巴勒斯坦、亚美尼亚、格鲁吉亚、阿塞拜疆、埃及。

（三）推进次区域“一带一路”国际合作

“一带一路”中的次区域国际合作中的典型地区主要有以下几个。

1. 东南亚。中国与老挝、越南、缅甸、泰国、柬埔寨五国共同打造“澜沧江—湄公河合作”（以下简称“澜湄合作”），五国均为“一带一路”沿线国家。2016 年 3 月澜湄合作首次领导人会议在海南三亚举行。六国一致同意推进澜湄合作与“一带一路”倡议、《东盟互联互通总体规划 2025》、联合国 2030 年可持续发展议程和各国发展战略对接，打造澜湄流域经济发展带，建设澜湄国家命运共同体。2018 年 1 月澜沧江—湄公河合作第二次领导人会议在柬埔寨首都金边举行，宣布了《澜沧江—湄公河合作五年行动计划（2018—2022)》，确认和重申了合作与发展目标，其中包括对接“一带一路”倡议、《东盟 2025：携手前行》《东盟互联互通总体规划 2025》和其他湄公河次区域合作机制愿景等。在互联互通领域，编制“澜湄国家互联互通规划”，对接《东盟互联互通总体规划 2025》和其他次区域规划，促进澜湄国家全面互联互通，探索建立澜湄合作走廊。推动铁路、公路、水运、港口、电网、信息网络、航空等基础设施建设与升级。增加包括北斗系统在内的全球卫星导航系统在澜湄国家基础设施建设、交通、物流、旅游、农业等领域的应用。推进签证、通关、运输便利化，讨论实施“单一窗口”口岸通关模式。加强区域电网规划、建设和升级改造合作，推动澜湄国家电力互联互通和电力贸易，打造区域统一电力市场。制定澜湄国家宽带发展战略和计划，积极推进跨境陆缆和国际海缆建设和扩容。探索跨多国陆缆合作新模式，提高现有区域网络利用效率，持续提升澜湄国家间网络互联互通水平。加强数字电视、智能手机、智能硬件和其他相关产品创新发展的合作。加强标准和资质互认、发展经验分享和能力建设合作。

2. 俄罗斯、中亚。通过上海合作组织（简称“上合组织”）促进“一带一路”建设。上合组织现有八个成员国，即中国、印度、哈萨克斯坦、吉尔吉斯斯坦、巴基斯坦、塔吉克斯坦、乌兹别克斯坦、俄罗斯。七国均为“一带一路”沿线国家。2018 年 6 月上合组织在中国青岛举行元首理事会会议，发布了《上海合作组织成员国元首理事会青岛宣言》。关于“一带一路”倡议，该宣言强调指出，哈萨克斯坦共和国、吉尔吉斯斯坦共和国、巴基斯坦伊斯兰共和国、俄罗斯联邦、塔吉克斯坦共和国和乌兹别克斯坦共和国重申支持中华人民共和国提出的“一带一路”倡议，肯定各方为共同实施“一带一路”倡议，包括为促进“一带一路”和欧亚经济联盟对接所做的工作。

3. 西亚、北非。通过中国—阿拉伯国家合作论坛（简称“中阿论坛”）推进该方向的“一带一路”国际合作。中阿论坛创立于 2004 年。2018 年 7 月，中阿论坛第八届部长级会议在北京举行，王毅国务委员兼外交部部长同 21 个阿拉伯国家的外长、部长围绕中阿携手推进“一带一路”建设，增进战略互信、实现复兴梦想、实现互利共赢、促进包容互鉴进行深入探讨，达成了 100 多项共识，签署了《北京宣言》《2018 年至 2020 年行动执行计划》和《中阿合作共建“一带一路”行动宣言》三份重要成果文件。《中阿合作共建“一带一路”行动宣言》突出“一带一路”建设的引领作用，并就推进“一带一路”建设的重点领域、优先方向、行动举措等达成共识。

4. 中东。通过中国—中东欧国家合作（简称“‘16 +1’合作”），推进中国与 16 个中东欧国家的“一带一路”建设合作。2018 年 7 月第七次中国—中东欧国家领导人会晤在保加利亚索非亚举行，发布了《中国—中东欧国家合作索非亚纲要》，各方强调，“‘16 +1’合作”是中欧关系的重要组成部分和有益补充，各方愿根据各自国情和既有承诺，以“‘16 +1’合作”为依托，共同促进中欧关系持续均衡发展。各方愿积极落实业已签署的“一带一路”建设合作文件，基于市场规则和国际准则推动取得更多合作成果，保持合作的开放性。中东欧国家中的欧盟成员国将推动合作为相关欧盟政策和项目提供补充。在“深化经贸投资、互联互通等领域务实合作”领域，规划内容的要点包括：推进中欧班列和多式联运务实合作，支持加强中欧陆海快线通关便利化合作，提升跨境运营效率，缩短跨境等候时间；更好使用中东欧国家既有的运输能力，在班列增多的情况下保证货运通畅；推进中欧陆海快线务实合作；支持“一带一路”建设同中欧互联互通平台、泛欧交通网络西巴尔干延长线以及相关周边合作倡议相对接；拓展中国和中东欧国家之间的航线；等等。

5. 拉美。通过中国—拉共体论坛（简称“中拉论坛”）推进中国与拉美的“一带一路”国际合作。2018 年 1 月，中拉论坛第二届部长级会议在智利首都圣地亚哥召开，达成了《中国—拉共体论坛第二届部长级会议圣地亚哥宣言》（简称《圣地亚哥宣言》）、《中国与拉共体成员国优先领域合作共同行动计划（2019—2021）》（简称《共同行动计划（2019—2021）》）、《中国—拉共体论坛第二届部长级会议关于“一带一路”倡议的特别声明》（简称《中拉“一带一路”特别声明》）三份重要文件。《圣地亚哥宣言》第三条（中方介绍了“一带一路”国际合作倡议）指出，中国政府提出的“一带一路”倡议将为有关国家加强发展合作提供重要机遇。《共同行动计划（2019—2021）》强调指出，“一带一路”倡议所带来的机遇是制订该计划的主要考虑因素之一。《中拉“一带一路”特别声明》明确确认，拉共体国家外长对中国外长关于“一带一路”倡议的介绍表示欢迎和支持，认为该倡议可以成为深化中国与拉美和加勒比国家经济、贸易、投资、文化、旅游等领域合作的重要途径。

三 “一带一路”正在形成中国对外经贸合作新格局

如表 1 - 2 所示，中国近六成的商品进出口贸易集中在 108 个“一带一路”相关国家，2012—2017 年中国与这些国家的商品进出口总额由 21807 亿美元增至 23746 亿美元，占中国商品进出口总额的比重由 56.4% 提高至 57.8%。

自“一带一路”倡议提出以来，欧亚大陆和北非地区在中国对外贸易合作中的地位明显提高。2012—2017 年中国与欧亚大陆和北非地区 85 个“一带一路”相关国家的商品贸易总额由 17384 亿美元增至 19417 亿美元，占中国商品进出口总额的比重由 44.9% 提到至 47.3%。这意味着，随着“一带一路”建设在欧亚大陆和北非地区推进和展开，中国对外贸易将有一半集中在这些地区。

中国与韩国、东盟10国、欧洲、南亚之间的贸易以工业制成品为主，因此，近几年来双边贸易额稳步增长，2017年的贸易额明显高于2012年的贸易额。与此同时，中国与中亚5国、欧亚地区7国、西亚和北非18国、美洲11国、非洲4国之间的商品贸易，以中国出口工业制成品、进口初级产品为主，近年来初级产品国际市场价格较为低迷，使中国与这几组国家之间的贸易额出现了不同程度的减少。

表1-2　2012年、2017年中国与108个"一带一路"相关国家的商品进出口总额

		进出口额（亿美元）		占中国进出口总额的比重（%）	
		2012年	2017年	2012年	2017年
欧亚大陆和北非（85国）	东北亚2国	2629	2867	6.8	7.0
	东盟10国	4001	5148	10.3	12.5
	中亚5国	459	360	1.2	0.9
	欧亚地区7国	1024	954	2.6	2.3
	欧洲36国	5802	6600	15.0	16.1
	西亚、北非18国	2543	2226	6.6	5.4
	南亚7国	926	1262	2.4	3.1
	小计	17384	19417	44.9	47.3
美洲	11国	2432	2301	6.3	5.6
大洋洲	8国	1337	1541	3.5	3.8
非洲	4国	653	486	1.7	1.2
合计		21807	23746	56.4	57.8

注：1. 东北亚2国为：韩国、蒙古国。

2. 东盟10国为：越南、老挝、柬埔寨、泰国、马来西亚、新加坡、印度尼西亚、文莱、菲律宾、缅甸。

3. 中亚5国为：哈萨克斯坦、吉尔吉斯斯坦、塔吉克斯坦、乌兹别克斯坦、土库曼斯坦。

4. 欧亚地区7国为：俄罗斯、白俄罗斯、乌克兰、格鲁吉亚、亚美尼亚、阿塞拜疆、摩尔多瓦。

5. 欧洲36国为：丹麦、瑞典、挪威、芬兰、冰岛、德国、瑞士、奥地利、英国、法国、荷兰、爱尔兰、比利时、卢森堡、摩纳哥、捷克、斯洛伐克、保加利亚、波兰、匈牙利、罗马尼亚、立陶宛、爱沙尼亚、拉脱维亚、意大利、西班牙、葡萄牙、马耳他、希腊、塞尔维亚、克罗地亚、斯洛文尼亚、波黑、黑山、马其顿、阿尔巴尼亚。

6. 西亚、北非 18 国为：巴林、伊朗、伊拉克、约旦、科威特、黎巴嫩、阿曼、巴勒斯坦、卡塔尔、沙特阿拉伯、叙利亚、阿联酋、也门、埃及、利比亚、阿尔及利亚、摩洛哥、苏丹。

7. 南亚 7 国为：印度、巴基斯坦、孟加拉国、尼泊尔、不丹、斯里兰卡、马尔代夫。

8. 美洲 11 国为：加拿大、阿根廷、玻利维亚、巴西、智利、厄瓜多尔、秘鲁、委内瑞拉、巴拿马、特立尼达和多巴哥、安提瓜和巴布达。

9. 大洋洲 8 国为：澳大利亚、新西兰、巴布亚新几内亚、库克群岛、萨摩亚、汤加、瓦努阿图、斐济。

10. 非洲 4 国为：埃塞俄比亚、马达加斯加、肯尼亚、南非。

资料来源：Wind 资讯。

第二章

国家中心城市与“一带一路”倡议

国家中心城市肩负国家重要的战略使命，要发挥政治、经济、文化等方面的辐射带动作用。“一带一路”倡议与中国外交的基本理念相通，对国家中心城市的国际性功能和外交职能提出了要求。本章基于城市外交理论，为郑州建设国家中心城市和参与“一带一路”全球合作的双重目标并进提供理论支撑。

第一节 国家中心城市及其对外合作定位

一 国家中心城市的概念及布局

“国家中心城市”是由国家层面提出来的概念。2007 年，由原建设部上报国务院的《全国城镇体系规划（2006—2020 年)》中明确指出，“国家中心城市”是全国城镇体系的核心城市，在中国的金融、管理、文化和交通等方面都发挥着重要的中心和枢纽作用，在推动国际经济发展和文化交流方面也发挥着重要的门户作用，表现为全国层次的中心性和一定范围的国际性两大基本特征。

2010 年，住房和城乡建设部发布的《全国城镇体系规划（2010—2020 年)》明确提出五大国家中心城市（北京、天津、上海、广州、重庆）的规划和定位。北京、天津、上海和广州，这些城市对应中国社会经济最发达的京津冀、长江三角洲、珠江三角洲三个城镇密集地区，是中国参与全球竞争的核心地域，是国际交往的国家门户，同时也对所在区域（跨省地区）具有强大的辐射影响力。

2016 年 4 月，国家发展改革委、住房和城乡建设部联合印发《成渝城市群发展规划的通知》，明确提出，重庆、成都要以建设国家中心城市为目标。其中，对重庆的核心功能定位是：围绕建成国家中心城市，强化重庆大都市区西部开发开放战略支撑和长江经济带西部中心枢纽载体功能，充分发挥长江上游地区经济中心、金融中心、商贸物流中心、科技创新中心、航运中心的作用，构筑具有国际影响力的现代化大都市区。对成都核心功能定位为：以建设国家中心城市为目标，增强成都西部地区重要的经济中心、科技中心、文创中心、对外交往中心和综合交通枢纽功能，共同打造带动四川、辐射西南、具有国际影响力的现代化都市圈。

2016 年 12 月 14 日，国家发展改革委向湖北省政府正式发出《关于支持武汉建设国家中心城市的复函》，原则同意武汉建设国家中心城市。并制定了《国家发改委关于支持武汉建设国家中心城市的指导意见》。12 月 26 日，经国务院正式批复，国家发展改革委发布的《促进中部地区崛起“十三五”规划》，支持武汉建设国家中心城市的提法。

2017 年 1 月 22 日，国家发展改革委正式批复了河南省政府《关于恳请支持郑州建设国家中心城市的函》，明确郑州作为中原城市群核心城市，根据《促进中部地区崛起“十三五”规划》和《中原城市群发展规划》有关要求，加快推进郑州国家中心城市建设。另外，还专门制定了《国家发展改革委关于支持郑州建设国家中心城市的指导意见》，对郑州国家中心城市建设给予指导支持。明确要求郑州努力建设具有创新活力、人文魅力、生态智慧、开放包容的国家中心城市，强化对外开放门户功能，提升综合交通枢纽、现代物流中心功能，集聚高端产业，完善综合服务，全面增强国内辐射力、国内外资源整合力，在引领中原城市群一体化发展、支撑中部崛起和服务全国发展大局中作出更大贡献。此外，也明确提出郑州建设国家中心城市的五大核心任务，分别是夯实产业基础，全面提升综合经济实力；突出改革创新，加快培育壮大新动能；发挥区位优势，打造交通和物流中枢；坚持内外联动，构筑内陆开放型经济高地；彰显人文特色，建设国际化现代都市。并围绕核心任务从壮大先进制造业集群、提升服务业发展水平等 18 个重点领域发力。

2018年2月7日，国家发展改革委发布了《关中平原城市群发展规划》，其中提出“建设西安国家中心城市”，宣布西安正式成为全国第九个国家中心城市。该《规划》明确指出西安要“强化面向西北地区的综合服务和对外交往门户功能，提升维护西北繁荣稳定的战略功能，打造西部地区重要的经济中心、对外交往中心、丝路科创中心、丝路文化高地、内陆开放高地、国家综合交通枢纽”。至此，中国完成了九个国家中心城市的建设规划。除此之外，沈阳、南京、杭州、青岛、深圳、厦门等城市也提出了建设国家中心城市的目标，但目前尚处在等待批复的过程。

二　国家中心城市在对外合作中的定位

学术界对于“国家中心城市”功能的解读主要有三种：第一种解读侧重于“国家中心城市”的国内作用，认为指代的是一国综合实力最强、集聚和辐射能力最大的城市①；第二种解读侧重于国内和国际的双重作用，认为“国家中心城市”是一国城市发展水平的最高代表，是联系国内外的重要门户，是代表国家参与国际竞争与合作的重要载体。② 第三种解读认为，“国家中心城市”是在政治、经济、文化和社会等领域有着全国性的重要影响，并能代表国家参与国际竞争与交流的主要城市。③ 在国内层面，国家中心城市是全国经济、政治、文化等综合发展水平的最高代表；在国际层面，国家中心城市是全球资源配置和产业分工体系的重要功能节点，是国家对外开放的重要载体。

对外合作的参与主体可以分为很多不同属性种类，除了中央政府作为统筹规划和资源配置的主导角色外，按照参与主体行政属性来分，可以包括省、直辖市二级政府、市区县等三级及以下行政单位；按照企业参与主体的经济属性来分，可以包括国有企业、私营企业两大类型；公

① 路洪卫：《推动武汉建设国家中心城市的战略突破口研究》，《湖北社会科学》2012年第4期。

② 姚华松：《论建设国家中心城市的五大关系》，《城市观察》2009年第2期。

③ 朱小丹：《论建设国家中心城市——从国家战略层面全面提升广州科学发展实力的研究》，《城市观察》2009年第2期。

共外交的层面来看，参与主体又可以细分为政府、企业、智库、学术机构、非政府组织、媒体以及普通公众等多种类型。但是，不管从哪个层面来分析，作为在政治、经济、文化和社会领域综合竞争力最强的国家中心城市不仅是支撑中国开展国际合作的核心载体，也是调动各种要素参与到国际合作中的“调度器”。

（一）国家中心城市是国家开展对外合作的核心载体

国际合作的涵盖面很广，包含政治、经济、社会、文化等各个领域的双、多边合作。自20世纪90年代以来，随着中国改革开放步伐的加快、全球化和全球治理的深入发展，中国地方政府在参与国际合作方面体现出强烈的“走出去”意识，通过多渠道的对外合作，为地方经济社会发展寻求更多的外部资源。与此同时，地方政府也成为中国融入全球化、联通世界的重要平台。从综合实力、集聚和辐射能力来看，国家中心城市是地方政府中最具核心竞争力的群体，因此，毫无疑问也应该成为地方政府群体中角色和功能体现与发挥方面最为核心的组成部分。正因为如此，国家中心城市被明确赋予了“代表国家参与国际竞争与合作的重要载体”的功能。

从对外合作的整体战略来看，国家中心城市可以为中外合作战略对接发挥重要的平台作用。从国际合作战略体系具有多样化的维度，既包含与全球不同地区之间的跨区域合作的宏观框架（比如丝绸之路经济带建设、中非合作、中拉整体合作），也包含由具体产业为核心合作内容的中观框架（比如农业、科技合作），还存在以具体议题开展的对外合作规划（比如环境、网络空间）。在这种立体交叉的国际合作整体战略规划下，国家中心城市可以依靠自身在产业聚集和地域辐射等方面的优势，在国际合作的具体开展过程中发挥核心的载体作用。比如，郑州可利用本省较强的农业竞争力深度参与中国与其他国家的农业合作，也可利用自身在国内交通物流方面的枢纽优势，进一步深挖外贸陆、空港集散平台的潜力，着力打造郑州在“一带一路”国际合作中的“枢纽”和“节点”功能，在《郑州建设国家中心城市行动纲要（2017—2035年）》中就明确提出“以航空线网为引领，积极推进‘开美、稳欧、拓非、连亚’，打造贯通全球的航空运输通道”的远景目标。北京、上海可利用在科技产业上的领先优势，承担中国开展国际科技合作的主力载体和平台。成都、重庆可以利用其地理区位优势在中国与东南亚地区的合作中强化纽带和平台作用，西安可利用其“丝绸之路起点”的身份打造成中国与“一带一路”沿线国家全方位合作的对接平台。

（二）国家中心城市是国际合作多要素参与的“调度器”

国家中心城市在经济规模、产业基础、全产业链、科创能力、文化底蕴、教育智库建设等方面具有较为明显的优势，这决定了它们在开展国际合作方面具有更大的可行性和便利性，而且也决定了国家中心城市在参与国际合作过程中不仅可以做到合作参与主体的多元性，还可以实现合作路径、模式的多样配合。换句话说，在代表国家参与全球竞争和合作的过程中，国家中心城市在合作行为体选择、政策空间以及合作路径多样性方面都具备其他城市难以比拟的优势。在具体的国际合作中，国家中心城市决策部门可以根据全球不同地域或国家的特征、需求制定有针对性的合作规划，形成不同的政府机构、企业、非政府组织、教育智库单位等要素配合，并根据客观的可行性研究判断，采取不同的合作思路，形成更有效的对外合作政策组合。从这个角度来看，作为国家参与国际合作的重要代表群体，国家中心城市具备更加充分的调度能力和空间。

针对国际合作方式的多样化，《郑州建设国家中心城市行动纲要(2017—2035 年)》体现出了郑州在国际合作要素调度配置上的创新思维，比如明确提出，郑州将加强与“一带一路”沿线国家和世界发达国家交流合作，强化与国际友好城市和国际组织交往，研究规划领事馆区建设，积极引进国际组织（机构）入郑，坚持走出去设立办事机构，宣传、推广郑州。持续提高郑州免签中转便利化水平，实现 72—144 小时过境免签和落地签，等等。

第二节 “一带一路”框架下中国的城市外交

一 城市外交及其在“一带一路”框架下的定位

城市外交是城市或地方政府为了代表城市或地区和代表该地区的利

益，在国际政治舞台上发展与其他行为体的关系的制度和过程。① 从具体的功能上看，中国的城市外交不但推动了中外城市之间的交流与合作，而且不断服务于国家总体外交，成为国家总体外交的有益补充。作为一种新型外交形式，城市外交在国家层面与经济外交、文化外交等外交方式一起作为国家总体外交的一种渠道。城市外交通过与经济外交的互动来实现对一国硬实力增长的促进，而通过与国家文化外交的互动促进国家软实力的增强。② 城市外交的必要性主要体现在两个方面：其一，全球化和改革开放已使城市不可回避地融入到了国际合作的各个层面，在享受全球融合所带来的经济社会“红利”的同时，各个城市也面临传统与非传统安全方面的挑战，这促使城市建设并完善其外交职能，实现更有效地参与到全球化浪潮中；其二，权力下放使得城市拥有了处理涉外事务的自主权，具备了进行城市外交的实际能力，在权限、规划、人力和预算均到位的情况下，城市外交职能有了飞速发展。国内有学者指出，城市对外交往通常分为三个阶段：旅游推广主要服务于短期旅行居住，印象也较为肤浅；经济文化交往，城市开始实现整体性多层次立体化的对外交往；以塑造话语权为核心，城市在一些领域开始引领国际潮流，成为全球性创新和文化活动的策源地。③

从所包含的“五通”（政策沟通、设施联通、贸易畅通、资金融通、民心相通）内容来看，“一带一路”倡议实际上非常充分地呈现出了中国对外经济合作的整个政策框架，甚至从某种意义上说，“一带一路”倡议是当前中国经济外交最直接的体现。从概念的产生到内容的涵盖分析，“一带一路”倡议是从历史上中外联通的贸易路线的基础上形成的一个多层次、多维度、多平台立体交叉的合作网络，而在这张合作网络图中，大的交叉点体现为各个参与到“一带一路”倡议中的国家主体，而在微观的视图中，则体现为不同参与国的核心城市，这充分说明了城市实际

---

① Rogier van der Pluijm and Jan Melissen, “City Diplomacy: The Expanding Role of Cities in International Politics”, Clingendael Diplomacy Papers, No. 10, The Hague, Netherlands Institute of International Relations Clingendael, 2007. 转引自汤伟《“一带一路”与城市外交》，《国际问题研究》2015 年第 4 期。

② 杨毅：《全球视野下的中国城市外交》，《国际视野》2015 年第 8 期。

③ 周鑫宇：《“城市外交”的特殊作用》，《世界知识》2015 年第 7 期。

上是中国推进和落实“一带一路”国际合作的重要实践者。[①] 党的十八大以来，国家赋予了城市明确的外交功能，习近平总书记指出：“更好推进民间外交、城市外交、公共外交，不断为中国民间对外友好工作作出新的更大的贡献……要大力开展中国国际友好城市工作，促进中外地方政府交流，推动实现资源共享、优势互补、合作共赢。”[②] “一带一路”倡议是当前中国外交的重要抓手，作为外交的重要参与主体，城市（尤其是国家中心城市）需要进一步强化其外交职能，形成对国家深化国际合作的重要支撑的同时，通过更广泛的国际交流与合作，提升城市的国际影响力和竞争力，争取为城市及其辐射地区的经济社会发展获得更多的外部资源。

二　“一带一路”框架下城市外交的空间拓展

“一带一路”倡议的实施不仅有利于增进中国与世界各国之间的相互认知和合作水平，提升中国在世界经济政治事务中的话语权和影响力，同时也为中国城市更加充分地利用国外市场和国外资源，促进人民友好、拓展发展空间以及推动全球经济，带来积极的影响。从“一带一路”倡议所涉及政策、设施、贸易、资金和民心这五个核心议题来看，城市外交可以拓展的空间主要体现在以下几个方面。

第一，友好城市机制是城市外交的核心支柱。

国际友好城市机制是国际城市之间实现直接交流合作的制度安排，也是中国城市外交中较为核心的内容，更是中国城市作为个体走向世界并更广泛地参与全球合作最为直接的渠道，在促进中国城市和地区经济社会发展、服务总体外交等方面都发挥了举足轻重的作用。在“一带一路”的合作框架下，中国城市可以通过友好城市机制更加深入地参与到“五通”建设之中。截至2018年4月22日，中国有31个省、自治区、直辖市（不包括台湾地区及港、澳特别行政区）和482个城市与五大洲136个国家的526个省（州、县、大区、道等）和1630个城市建立了2532对

---

① 赵可金：《中国城市外交的若干理论问题》，《国际展望》2016年第1期。

② 习近平：《在对外友好协会成立60周年纪念活动讲话》，http：//www.xinhuanet.com/politics/2014-05/15/c_ 1110712488.htm。

友好城市（省州）关系。其中，江苏以312对友城数量排名全国首位，广东、山东、广西、浙江分列第2—5位。河南以98对友城数量列居全国第6位。郑州作为独立城市单位已与11个国家的11个城市建立了友好城市，在除直辖市以外的省会城市中，郑州的排名属于最末行列，尚不及排名首位（广州、哈尔滨都为35对友城）的1/3，甚至比一些东南地区的三线城市，如徐州（21）、扬州（18对）、南通（16对）要少。因此，郑州在友好城市建设方面还具有较大拓展空间，根据自身的产业发展基础和生产网络有针对性地构建友好城市。以珠海为例，该市与巴基斯坦瓜达尔市已确定友好城市和港口的关系，围绕商贸物流开辟海上物流通道，珠海港还拟在瓜达尔港自贸区建设“珠海—瓜达尔跨境经济合作区”，并逐步导入产业。①

表2-1　　郑州的国际友好城市统计

序号	友好城市	国家	建立时间
1	埼玉市	日本	1981年10月21日
2	里士满市	美国	1994年9月14日
3	克卢日·纳波卡市	罗马尼亚	1995年5月6日
4	晋州市	韩国	2000年7月25日
5	马林塔尔市	纳米比亚	2001年8月27日
6	伊尔比德市	约旦	2002年4月11日
7	萨马拉市	俄罗斯	2002年4月11日
8	若茵维莱市	巴西	2003年11月17日
9	什未林市	德国	2006年4月12日
10	舒门市	保加利亚	2007年4月27日
11	莫吉廖夫市	白俄罗斯	2014年6月12日

资料来源：中国国际友好城市联合会。

第二，经贸合作是城市外交的优先内容。

经贸合作是“一带一路”倡议的核心主题，同时也应该成为城市外交的优先领域。经贸合作的主体是企业，而城市（尤其是国家中心城市）

① 汤伟：《“一带一路”与城市外交》，《国际问题研究》2015年第4期。

是一个国家产业的重要载体，正因为如此，城市能够在中国对外经贸合作体系中发挥其特有的作用。在对外经贸合作方面，沿海城市具有很明显的先天优势，但是在国家统筹规划以及各地区有针对性的政策安排下，内陆城市同样面临深化国际合作的机遇。在国家发展改革委、外交部、商务部联合发布的《推动共建丝绸之路经济带和21世纪海上丝绸之路的愿景与行动》的第六部分"中国各地方开放态势"中，指出要"利用内陆纵深广阔、人力资源丰富、产业基础较好优势"，打造"内陆开放型经济高地"。[①]

不管是沿海开放城市还是内陆城市，首先，各个城市可以基于自身的产业基础、产业优势以及发展规划，在主动对接国家发展战略的同时，为促进城市经济社会发展主动寻求外部资源，直接促进自身的产业升级、产业结构转型与调整。"一带一路"倡议提出以后，国内各沿线城市纷纷根据国家总体战略布局制订相应的实施方案，力图发挥城市的节点作用；其次，各个城市可以进一步优化制度设计，创新制度安排，利用自身的口岸、自贸区等对外经济合作机制安排，丰富国际经贸合作的内容，提高经贸合作的效率。以西安为例，基于本市与中亚地区产业优势互补原则，西安与中亚国家在智能制造、航空、汽车、能源、金融等方面开展了渗入广泛的合作；建立面向中亚乃至欧洲的自贸园区，打造丝绸之路经济带金融中心[②]；积极推进"国际陆港"建设，为企业提供信息、通关、仓储、物流配送等一体化服务的现代物流中心；搭建覆盖多样领域的合作平台，如接待各国政要，召开国际会议，举办品牌展会，等等。[③]郑州在《郑州建设国家中心城市行动纲要（2017—2035年）》中同样也提出了建设"国际物流中心"的发展思路，围绕"买全球、卖全球"目标，构建空中、陆上、海上、网上丝绸之路，大力实施大口岸、大通关、

① 中华人民共和国国家发展和改革委员会、中华人民共和国外交部、中华人民共和国商务部：《推动共建丝绸之路经济带和21世纪海上丝绸之路的愿景与行动》，http://news.xinhuanet.com/gangao/2015-06/08/c_127890670.htm。

② 参见贺小巍、李龙飞《畅想丝绸之路经济带：起点城市西安三大诉求》，《陕西日报》2013年10月30日。

③ 陈维、赵可金：《城市外交的内陆模式——以"一带一路"中的中国内陆城市为例》，《国际观察》2017年第1期。

大物流战略，强化物流基础设施和配套服务设施建设，加快国际国内物流通道和集疏网络建设，积极发展多式联运和特色物流，努力建成制度优、成本低、时效强、集疏便捷、运转高效的国际物流中心。与此同时，大力发展转口贸易，依托航空物流、中欧班列、海关特殊监管区，促进商贸和物流深度互动，积极发展离岸贸易、高端消费。

第三，文化交流是城市外交的重要功能。

文化是城市的品牌、标识、资源，而城市则是文化的重要载体，城市外交不仅是开展对外文化交流的重要平台，同时也是中国文化走向世界的重要渠道。事实上，要实现“一带一路”规划中提出的“五通”效果，民心相通是至关重要的基础工程，而要做到民心相通，以城市为主体的外交可以发挥重要的作用。中国城市不仅具有各具特色的文化名片，同时也拥有诸如文化社团、教育研究机构等重要的文化载体。另外，文化也是关系到一个城市“软实力”和国际影响力的重要内容。因此，塑造城市文化名片是城市外交最为关键的基础，而这种文化名片不仅基于各个城市的历史文化传统，而且还需要与全球性议题保持较好的衔接，这样才能够使得城市的文化内涵与价值具有全球影响力。在这一方面，中国和世界上的一些城市提供较好的借鉴经验，比如丹麦的哥本哈根在气候变化议题中的角色、土耳其的伊斯坦布尔在“伊斯坦布尔水共识”倡议中的角色、中国扬州在“世界运河历史文化城市合作组织”倡议中的角色、西安在“丝绸之路经济带”中支点城市角色、郑州打造“天地之中、华夏之源”的郑州文旅品牌形象，等等。

在开展城市文化外交的过程中，各个城市可以调动本市的文化载体的参与主动性，在推动本市文化品牌走出去的同时，强化以教育科研机构为核心的国际文化交流的常态化，通过教育合作的途径加强与世界其他国家之间的文化联系，从而提升城市的文化影响力及竞争力。比如巴西的里约热内卢，为改变城市单一的旅游名城的局限，里约热内卢市政府在 2009 年与里约热内卢天主教大学国际关系研究院联合建立了“金砖政策研究中心”（BRICS Policy Center），着力增加城市在智库研究方面的功能，通过一系列的政策鼓励以及该中心积极的国际学术合作，该中心自 2011 年以来连续入围“全球最具影响力的大学智库”，而里约热内卢也成为全球关于“金砖国家”研究的主要基地。那么，对于中国城市而言，同样具备进一步打造城市文化商标的充足条件。比如，上海可以进一步强化其全球金融中心的身份，西安可挖掘其"丝绸之路"起点城市的角色，乌鲁木齐可做实"亚欧大陆桥"的内涵，郑州可着力打造"华夏文明之根"的文化标签，等等。

三 城市外交的现实挑战

近年来，中国城市外交的步伐呈现明显加速的趋势，并且也取得了一些不错的成效，使国外对中国城市的认知突破以前局限在北、上、广、深等主要一线城市的局面，让一大批中小城市获得了较高的国际知名度。但是，在现实的城市外交过程中依然面临诸多的挑战和困难。

第一，城市发展水平的不平衡使得城市外交仍多集中在大城市群体，中小城市和内陆城市在开展城市外交中缺乏主动性、创新性和走出去的决心，政策的灵活性也限制了这些城市拓宽国际合作的步伐。

第二，中国城市外交多以发达国家为主，并且在友好城市建设方面，存在多个中国城市争取同一个他国城市的局面，友好城市的建立并不是严格基于对自身城市发展规划以及友城优势互补等客观评估，而更多是基于他国城市的国际知名度。

第三，中央、地方在城市外交方面存在责权不清晰的问题。城市外交一般被纳入公共外交范畴，是各地区贯彻对外开放政策、开展对外交流与合作的一条重要渠道。但是，在现有外事管理体制下，包括城市在内的地方政府在开展对外合作过程中存在比较明显的自主权不足问题。

第四，城市外交缺乏切实有效的合作内容支撑。有些城市开展的城市外交活动形式大于内容，缺乏实际合作内容的持续推进，甚至有些城市对已经建立起的友好城市疏于联络，导致友城之间往来陷于停滞，最终不得不终止友好关系，给相关城市造成了不良的国际影响。

第三节 国家中心城市在"一带一路"框架下的定位

"一带一路"倡议是中国外交转型具有标志性的政策框架，体现出了中国参与全球化方式的重要变化：从接受和学习国际规则向主动参与全球规则制定的转变；从被动地参与发达国家主导的地区和全球产业价值链，向“自主构建中国企业主导的全球价值链和跨境产业链”[①] 的转变。“一带一路”倡议的核心合作理念是和平合作、开放包容、互学互鉴、互利共赢，这也与中国外交新理念所倡导的共商、共建、共享、共赢存在高度的契合。在这种全新的外交局面下，国家中心城市也需要进行身份和角色的重新定位。一方面，作为代表国家参与全球竞争与合作的群体，国家中心城市的外交职能存在提升的必然需求；另一方面，通过更为主动和创新的参与全球合作，国家中心城市不仅能直接有助于城市自身的发展和全球影响力的提升，而且也能同时带动所属经济带的经济社会发展，从而更有效地体现其国家中心城市的价值。

一　探索在政策沟通方面的创造性参与

政策沟通是“一带一路”框架的重要保障，也是实现互利共赢合作局面的充分前提，其重点在于加强政府间合作，通过政府间沟通与协调，共同协商解决合作中的问题。政策沟通作为一种对话、协调方式，具有参与主体多元性和沟通层次多样性的特征。从参与主体来看，作为对外交往最核心的个体，政府在政策沟通方面无疑起到了主导作用，国家之间通过政府层面的沟通既可以制定短、中、长期合作规划，也可以针对具体合作项目、重要地区和国际事务进行磋商协调。截至 2018 年，中国与“一带一路”倡议参与国之间建立了一系列双边、多边合作机制，这些合作机制多采取定期的会议机制、专业性分论坛等形式，这就为中国具有代表性的城市提供了直接参与到政府层面的政策沟通之中，在这一方面，北京、上海这两个国家中心城市较多地承担了这种职能。比如，北京承担了“中非合作论坛”所有在华召开的三届部长级会议，上海和北京分别在 2001 年和 2014 年承担了在华举行的 APEC 会议。最近几年来，越来越多的城市开始积极地参与到国家层面的“峰会外交”之中。比如，2010 年，天津承办了“中国—阿拉伯国家合作论坛”第四届部长级会议，2015 年，郑州承办了上海合作组织成员国政府首脑理事会第十四次会议，这也是除北京以外第二个承办该会议的中国城市，三亚和厦

---

① 《让经济全球化更具包容性》，《人民日报》2016 年 11 月 21 日。

门分别在2011年和2017年承办了“金砖国家峰会”，杭州在2016年承办了20国集团峰会，西安在2017年承办了“第二届丝绸之路工商领导人峰会暨丝绸之路国际文化周”，等等。

除政府在政策沟通中的主导角色外，城市、社会组织、企业、个人等主体在政策沟通中同样也可以发挥着不可忽视的作用，尤其国家中心城市可以相对独立经济体的身份参与到“一带一路”框架下的政策沟通环节。比如，除国家间合作的宏观规划以外，城市可以作为微观经济体身份（有别于国家经济体身份）加强与其他国家、地方政府之间的政策沟通，在“走出去”和“引进来”方面发挥更大的主动性，为打造微观层面的共商、共建、共享、共赢合作局面营造有利的政策环境。尤其是在城市发展的核心议题上，中国城市完全可以强化与其他国家之间的政策沟通，相互借鉴发展经验，实现城市之间的共享发展。作为中国城市最具竞争力的代表，国家中心城市可以寻求在政策沟通中更具创造性的参与。截至2018年，“一带一路”倡议得到100多个国际组织响应；与50多个国家签署合作协议；同20多个国家开展国际产能合作；在沿线20多个国家建立56个经贸合作区。这些多边合作机制、沿线各国区域和次区域相关平台，都为国家中心城市提供了很好的政策沟通实践经验。比如，北京可以针对首都职能疏解等问题借鉴其他国家首都的规划政策，郑州、西安、武汉可借鉴其他国家在内陆城市建设方面的政策安排，等等。

二　发挥在设施联通方面的“枢纽”功能

设施联通是“一带一路”倡议的优先合作领域，也是评估“一带一路”建设成效最为直观的内容。基础设施落后是制约“一带一路”沿线国家经济社会发展的主要瓶颈，也是制约地区一体化、区域经济整合、跨区域经济有效联动的关键障碍。通过实现设施上的联通后，国家内部、国家之间、地区范畴就具备促成资源、生产、市场、技术更加有效对接的条件，克服不同国家面临的发展困境，比如内陆国家可以破除“内陆锁定”，海洋国家可以做到经济活力的纵深延伸，地区经济合作可以得到更优的产业链配置。在设施联通的蓝图设计中，最直观的体现是国家与国家之间直接的陆、海、空设施贯通，但是在点对点的联通线路来看，城市实际上才是真正意义上的设施联通中的“节点”，而国家中心城市则更是体现出特有的节点枢纽功能。

2016年3月，国家“十三五”规划纲要提出，构建横贯东西、纵贯南北、内畅外通的综合运输大通道，加强进出疆、出入藏通道建设，构建西北、西南、东北对外交通走廊和海上丝绸之路走廊。打造高品质的快速网络，加快推进高速铁路成网，完善国家高速公路网络，适度建设地方高速公路，增强枢纽机场和干支线机场功能。完善广覆盖的基础网络，加快中西部铁路建设，推进普通国省道提质改造和瓶颈路段建设，提升沿海和内河水运设施专业化水平，加强农村公路、通用机场建设，推进油气管道区域互联。提升邮政网络服务水平，加强快递基础设施建设。尤其强调了优化枢纽空间布局，建设北京、上海、广州等国际性综合交通枢纽，提升全国性、区域性和地区性综合交通枢纽水平，加强中西部重要枢纽建设，推进沿边重要口岸枢纽建设，提升枢纽内外辐射能力。2017年2月，国务院印发的《“十三五”现代综合交通运输体系发展规划》针对“一带一路”倡议下的设施联通，提出了打造丝绸之路经济带国际运输走廊，推进21世纪海上丝绸之路国际通道建设，加强“一带一路”通道与港澳台地区的交通衔接等主要思路。尤其强调，积极推进与周边国家和地区铁路、公路、水运、管道连通项目建设，发挥民航网络灵活性优势，率先实现与周边国家和地区互联互通。提升沿海港口服务能力，加强港口与综合运输大通道衔接，拓展航空国际支撑功能，完善海外战略支点布局，构建连通内陆、辐射全球的21世纪海上丝绸之路国际运输通道。

从上述两个规划纲要可以看出，国家中心城市在中国交通运输体系、国际互联互通建设中具有核心枢纽作用，在基础设施互联互通方面要发挥排头兵的作用，重点打通衔接一体的全链条交通物流体系，以互联网为纽带，构筑资源共享的交通物流平台，创新发展模式，实现资源高效利用，推动交通与物流一体化、集装化、网络化、社会化、智能化发展。目前，中国与“一带一路”沿线国家签署130多个双边和区域运输协定，涉及铁路、公路、海运、航空和邮政等各个领域。利用73个水路和公路口岸与相关国家开通356条国际道路客货运输线路；海上运输服务已覆盖“一带一路”沿线所有国家；与43个沿线国家实现空中直航，每周航班约4200个。北京、天津、上海、广州作为第一批入围国家中心城市的成员，可以继续发挥在“一带一路”倡议设施联通方面的综合优势，加强在陆、海、空、网设施联通方面的核心驱动作用。重庆、成都可以利用其地理区位特点着重打通与东南亚之间的交通网络，努力建设成为“一带一路”框架下的重要交通枢纽、信息通信节点、数据中心、物流中心和国际信息港。武汉、郑州、西安可以打造“内陆发动机”，利用这些城市在国内的交通辐射优势，利用中欧班列、经济走廊等渠道开拓与周边国家之间的铁路贯通，探索国际航线网络的建设，促进交通信息化的发展，加快建设国际空港枢纽、国际性铁路枢纽、国家级高速公路枢纽，构建通达全球、衔接高效、功能完善的国际性综合交通枢纽。

三　强化在贸易畅通、资金融通方面的“加速器”角色

贸易畅通是“一带一路”倡议建设的重要内容，2017年“一带一路”国际合作高峰论坛高级别会议“推进贸易畅通”平行主题会议发布了《推进“一带一路”贸易畅通合作倡议》，明确了促进贸易增长、振兴相互投资、促进包容可持续发展等主要政策思路，也提出了推进贸易便利化、发展新业态、促进服务贸易合作；继续扩大市场开放，实施积极进口政策，从2018年起举办中国国际进口博览会，与感兴趣的国家和地区商建自由贸易区；加强投资与贸易的联动，以投资带动贸易，开展国际产能合作，共建经贸产业合作区；为沿线国家和地区提供1万个来华研修和培训名额等具体措施，并做出了“未来5年，中国将从沿线国家和地区进口2万亿美元的商品，中方对沿线国家和地区的投资预计将达到1500亿美元”的预期目标。

从政策规划思路来看，国家中心城市可以在贸易畅通、资金融通方面发挥“加速器”的带动作用。在贸易层面，国家中心城市是当前中国自贸试验区建设的核心所在，在已获批的十一个自贸试验区中，以国家中心城市为依托的省、直辖市就占到了八个，除了北京以外，其他八个国家中心城市都进入了自贸试验区建设范畴。因此，在“一带一路”框架下的贸易畅通层面，国家中心城市作为自贸区建设的核心力量将成为未来引领中国对外贸易的龙头和引擎。尤其是第三批自贸区更是紧密结合“一带一路”倡议做出的政策规划，着重强调制度创新，突破内陆城

市在对外经贸合作中存在的天然缺陷，建设国际合作新枢纽和新平台，从而提升全国对外开放的新格局。根据中央的规划，河南自贸区的重点是加快建设贯通南北、连接东西的现代立体交通体系和现代物流体系的要求，着力建设服务于“一带一路”建设的现代综合交通枢纽。湖北自贸区致力于中部地区有序承接产业转移、建设一批战略性新兴产业和高技术产业基地的要求，发挥其在实施中部崛起战略和推进长江经济带建设中的示范作用。重庆自贸区优先发挥重庆战略支点和连接点重要作用、加大西部地区门户城市开放力度的要求，带动西部大开发战略深入实施。四川自贸区则强调加大西部地区门户城市开放力度及建设内陆开放战略支撑带的要求，打造内陆开放型经济高地，实现与沿海沿边沿江协同开放。陕西省主要是落实中央关于更好发挥“一带一路”建设对西部大开发带动作用、加大西部地区门户城市开放力度的要求，打造内陆型改革开放新高地，探索内陆与“一带一路”沿线国家经济合作和人文交流新模式。

四 建设在民心相通方面的“主力军”角色

民心相通是“一带一路”倡议落实的民心基础，同时也是“一带一路”建设的重要目标，即通过政策沟通、设施联通、贸易畅通、资金融通等途径促进中国与世界相互之间的了解、信任与友谊，实现真正意义上的“命运共同体”。从民心相通的主体来看，既包括社会精英，如各级官员、媒体人士、专家学者、企业家，也包括普通民众，人人都是友谊的传播者。“一带一路”框架下的民心相通除了加深了解、增进友谊等基本内容外，还要有“一带一路”属性。因此，民心相通的最低目标是对“一带一路”倡议形成共识，最高目标是认可“和平合作、开放包容、互学互鉴、互利共赢”的丝绸之路精神，让共同体意识深入人心。①

国家中心城市是“一带一路”建设的中坚力量，自然也承担着促进民心相通的重要职能，在参与政策沟通、设施联通、贸易畅通、资金融通的过程中，实际上就能在民心相通中发挥“主力军”的作用。另外，

---

① 李自国：《“一带一路”愿景下民心相通的交融点》，《新疆师范大学学报》（哲学社会科学版）2016 年第 3 期。

作为中华民族文化的重要载体、文化交流主体聚集地，国家中心城市在国际文化交流方面能够发挥重要的依托作用，可以通过积极调动地方政府、企业、民间团体和智库等要素，构建多样化的公共外交、民间外交体系。尤其是在教育合作方面，作为全国高校资源最充足的城市群体，国家中心城市存在非常广阔的开拓空间。2016 年 7 月，教育部印发《推进共建“一带一路”教育行动》，强调“一带一路”沿线国家教育加强合作、共同行动，既是共建“一带一路”的重要组成部分，又为共建“一带一路”提供人才支撑。提出了构建“一带一路”教育共同体的愿景目标，制定了“丝绸之路”留学推进计划、“丝绸之路”合作办学推进计划、“丝绸之路”师资培训推进计划、“丝绸之路”人才联合培养推进计划，逐步疏通教育合作交流政策性瓶颈，实现学分互认、学位互授联授，举办沿线国家校长论坛，建立产学研用结合的国际合作联合实验室（研究中心）、国际技术转移中心，支持在共同区域、有合作基础、具备相同专业背景的学校组建联盟，等等。并且将地方作为重点推进的抓手，突出地方推进共建“一带一路”的主体性、支撑性和落地性，要求各地发挥区位优势和地方特色，抓紧制定本地教育和经济携手走出去行动计划，紧密对接国家总体布局。有序与沿线国家地方政府建立“友好省州”“姊妹城市”关系，做好做实彼此间人文交流。充分利用地方调配资源优势，积极搭建海内外平台，促进校企优势互补、良性合作、共同发展。目前，教育部已与 46 个国家和地区签署学历学位互认协议，其中“一带一路”国家 24 个。2017 年 1 月，文化部发布《文化部“一带一路”文化发展行动计划（2016—2020 年）》，提出健全“一带一路”文化交流合作机制，打造知名交流品牌，促进文化贸易的大方针，同时提出“丝绸之路”文化之旅计划、“丝绸之路”文化使者计划、“一带一路”艺术创作扶持计划、“一带一路”文化遗产长廊建设计划等。通过这些政策引导，国家中心城市能够在民心相通方面释放出更强的带动和引领动能。

第三章

“一带一路”框架下郑州对外合作进展

在国家重点支持以及省市两级地方政策引导下，郑州对外合作水平自“十二五”以来不断提高。“一带一路”倡议提出后，郑州市抢抓机遇，利用“空中丝绸之路”和中欧班列（郑州）两条通道，打造辐射东中西的物流通道枢纽，实现“买全球、卖全球”的重任。各个区域结合自身定位，积极融入“一带一路”倡议，提升对外开放水平，促进郑州市开放型经济加快发展。本章将对郑州对外合作以及参与“一带一路”倡议的总体情况进行梳理和总结，选取有代表性的区域重点分析对接“一带一路”的规划与进展。

第一节　郑州对外合作基本情况

郑州市全面贯彻“创新、协调、绿色、开放、共享”五大发展理念，紧紧围绕建设国家中心城市这一目标，以郑州航空港经济综合实验区建设为引领，以开放创新为动力，大力推进自贸区、跨境电商综合试验区建设，深度融入国家“一带一路”倡议，进一步完善开放平台、提升招商品质、拓宽开放领域、推动国际产能合作、优化国际营商环境，已经成为国际化内陆开放高地。

一　基本规划与政策

（一）“国字号”战略平台

郑州的国家政策叠加优势在全国城市中屈指可数，中国（郑州）跨境电子商务综合试验区、郑洛新国家自主创新示范区、中国（河南）自贸区、国家大数据综合试验区、国家通用航空产业综合示范区、国家综合交通枢纽示范城市等国家战略规划和平台相继落地，为支持郑州建设国家中心城市创造更大的便利。以三大“国字号”对外合作战略为依托，郑州市对外合作自2016年以来取得突破（见表3－1）。

表3－1　　郑州市对外合作“国字号”战略平台

时间	名称	主要内容	批准部门
2016年1月	中国（郑州）跨境电子商务综合试验区	探索构建中国特色跨境电子商务发展新模式、新规则	国务院
2016年8月	中国（河南）自由贸易试验区	加快建设贯通南北、连接东西的现代立体交通体系和现代物流体系	中共中央、国务院
2016年12月	国家中心城市	国际商贸物流中心、国际高端产业集聚中心、国际交流中心	国务院、国家发展改革委

资料来源：笔者整理。

一是中国（河南）自由贸易试验区。2016年8月31日，国务院决定设立中国（河南）自由贸易试验区［China（He'nan）Pilot Free Trade Zone］，位于河南省郑州市、开封市、洛阳市境内。2017年4月1日，中国（河南）自由贸易试验区正式挂牌成立，实施范围119.77平方公里，涵盖郑州、洛阳和开封三个片区。其中，郑州片区73.17平方公里，占比61%，是自由贸易试验区的中心片区。自贸区的战略定位是加快建设贯通南北、连接东西的现代立体交通体系和现代物流体系，将河南自贸区建设成为服务于“一带一路”建设的现代综合交通枢纽、全面改革开放试验田和内陆开放型经济示范区。

二是国家中心城市。2016年12月，国家发展改革委出台《促进中部地区崛起“十三五”规划》，明确表示支持郑州建设国家中心城市，郑州成为拥有国家中心城市建设资格的九城之一。中共河南省委把郑州建设国家中心城市写入河南省十次党代会报告。根据国务院对郑州市建设国家中心城市的总体要求，郑州市将其定位为国际综合枢纽、国际物流中心、国家重要的经济增长中心、国家极具活力的创新创业中心、国家内陆地区对外开放门户和华夏历史文明传承创新中心。

三是中国（郑州）跨境电子商务综合试验区。2016 年 1 月 6 日，中国（郑州）跨境电子商务综合试验区获得国务院批复。试验区将着力在跨境电子商务企业的技术标准、业务流程、监管模式和信息化建设等方面先行先试，为推动全国跨境电子商务健康发展创造更多可复制推广的经验，以更加便捷高效的新模式释放市场活力，促进新业态成长，增加就业，支撑外贸优进优出、升级发展。

（二）政策对接

随着三大“国字号”战略平台的建立和运行，郑州市进一步完善相关政策，制定相关方案、规划和指导意见，支持对外合作，打造中部地区对外合作“第一城”。早在 2003 年，中共郑州市委、市政府就出台了招商引资、积极承接产业转移、加快发展开放型经济的意见，之后又分别在 2009 年和 2014 年进行了修改完善。郑州市财政每年安排 5000 万元招商引资专项资金，对承接产业转移项目给予奖励，各县市区也安排专项资金支持承接产业转移项目落户。郑州市政府还设立了对外贸易奖励资金，每年市财政预算安排 7000 万元，对外贸出口先进单位和企业进行奖励。[①] 根据《郑州市进一步扩大对外开放全面提升国际化水平三年行动计划（2016—2018 年）》，郑州提出建设“三大中心”——国际商贸物流中心、国际高端产业集聚中心、国际交流中心和明确六项重点任务——开放平台国际化、口岸通关国际化、经济贸易国际化、城市服务国际化、人才科技国际化、生活配套国际化，以此为契机，深度融入“一带一路”，以自贸区建设为统领，加快航空港实验区、跨境电子商务综合试验区、海关特殊监管区等开放载体平台建设，创新完善与国际接轨的商事制度和管理服务体系，推动形成投资自由化、贸易便利化、监管法治化的国际化营商环境，打造内陆地区对外开放门户。

跨境电子商务成为郑州市对外开放的重点。2015 年，《郑州市关于加快跨境贸易电子商务发展的意见》对全市跨境电子商务发展提出指导意见，并出台了相关资金支持政策，揭开了郑州市打造全国跨境电子商务中心的序幕。2018 年，郑州市连续出台了《郑州市人民政府关于印发郑

---

① 郑州市人民政府官网，http：//www. zhengzhou. gov. cn/html/www/news11/20170503/422509. html。

州市跨境电子商务综合试验区发展规划（2018—2020年）的通知》《郑州市人民政府关于加快推进跨境电子商务发展的实施意见》和《郑州市人民政府关于印发郑州市跨境电子商务综合试验区发展实施方案》三个文件，编制跨境电子商务综合试验区发展规划，扶持跨境电商产业发展，全力打造跨境电商“三中心一高地”，助力郑州朝着“买全球、卖全球”目标迈进。根据《郑州市跨境电子商务综合试验区发展实施方案》，郑州市明确围绕建设国家中心城市、国际商都和“一带一路”重要节点城市的发展目标，大力培育跨境电子商务新兴产业，建设和完善跨境电子商务综合服务体系，带动传统优势产业转型升级，扩大跨境电子商务出口、做强跨境电子商务进口，打造跨境电子商务完整的产业链和生态圈，促进外贸优进优出及进出口平衡发展，激发“大众创业、万众创新”活力，塑造内陆开放型经济新模式。

二 具体实践与亮点

郑州全面融入“一带一路”倡议，强化向东开放，加快向西开放，发挥郑州航空港、郑欧班列、国际陆港等开放平台作用，提升郑州主要节点城市辐射带动能力，密切与丝绸之路经济带沿线中心城市和海上丝绸之路战略节点的联系，促进基础设施互联互通，深化能源资源、经贸产业和人文合作交流，形成了全面开放合作新格局。2017年，郑州市对外贸易实现增长，投资增速下降。对外贸易进出口总额596.4亿美元，比上年增长8.4%；其中进口250.7亿美元，增长7.5%；出口345.6亿美元，增长9%。在出口总额中，一般贸易出口51.7亿美元，增长32.8%；加工贸易出口290.9亿美元，增长5.5%；机电产品出口317亿美元，增长8.1%；高新技术产品出口298.9亿美元，增长8.1%。全年新批外资企业79个，比上年增加7个，增长9.7%。合同利用外资额35.2亿美元，下降17.5%；实际利用外商直接投资40.5亿美元，增长0.4%；引进境内域外资金1878.8亿元，增长7.8%。全年境外投资额4.6亿美元，比上年增长67.4%。[①] 2017年郑州市共有660家外商投资企业参加联合

① 郑州市统计局：《2017年郑州市国民经济和社会发展统计公报》，http://tjj.zhengzhou.gov.cn/tjgb/715921.jhtml。

年报，占全省参检外商投资企业数的 34.4%。全市外商投资企业投资总额 286.7 亿美元，注册资本 153.9 亿美元，营业收入 3915 亿元，利润总额 134.2 亿元，纳税 89.2 亿元，就业人数 324891 人，其中新增就业 86914 人。①

郑州市通过强化开放平台载体建设及推进贸易便利化，重点打造跨境电子商务综合试验区，突出其在航空运输领域的有利位置。2016 年，中国（郑州）跨境电子商务综合试验区、郑洛新国家自主创新示范区、中国（河南）自由贸易试验区相继获批，提升了郑州市在全国区域发展中的战略地位。

首先，作为河南省对外开放的平台载体，郑州市大力推进贸易便利化。一是不断完善口岸功能。近年来，汽车整车进口口岸、药品进口口岸和粮食与肉类等指定口岸、多式联运海关监管中心先后获批，河南省的口岸功能不断完善。尤其是郑州铁路集装箱中心站海关监管场所正式封关运作，实现了航空、铁路和汽车运输在口岸的无缝对接。二是继续加大通关便利化改革。丝绸之路经济带海关区域通关一体化改革顺利实施，涉及进出口岸 33 个。通关作业无纸化率稳步提升，无纸化率达 99%。三是积极推动海关特殊监管区域优化整合。推进河南省海关特殊监管区域及保税监管场所申建和优化整合，郑州出口加工区 B 区顺利验收，郑州经开综保区整合得到国务院批复。四是支持邮政口岸功能拓展。加强与邮政公司的联系沟通，支持邮政口岸建设，邮件通关更加高效便捷。

其次，中国（郑州）跨境电子商务综合试验区成立后，跨境电商成为郑州市实现“买全球、卖全球”格局。的渠道。2017 年，郑州市跨境电子贸易走货量 7345 万包，货值 99 亿元，增长 58.8%；海关共监管跨境电商进出口清单 9128.7 万票，同比增长 59.1%，货值 113.9 亿元，同比增长 71.7%。郑州作为“国际物流通道枢纽”和“买全球、卖全球”全球网购商品集散分拨中心被越来越多的人所熟知。目前，郑州跨境电商平台已搭建了“网上丝绸之路”，在俄罗斯、比利时、美国、匈牙利、

① 《2017 郑州市外商投资企业年报情况》，郑州市政府服务网，http：//public. zhengzhou. gov. cn/02JB/721129. jhtml。

澳大利亚、德国6个国家建设海外仓，吸引入驻备案企业共1359家，进出口单量近1.5亿单，货物通关效率达到每秒500单，进口保税模式走货量全国第一。[①] 郑州机场已拥有进口水果、冰鲜水产品、食用水生动物、冰鲜肉类、澳洲活牛、国际邮件经转6个指定口岸和跨境电商业务，成为国内进口指定口岸数量最多、种类最全的内陆机场。郑州进口生鲜业务发展迅猛。[②]

最后，利用空、铁、公、海“四港一体”多式联运，郑州市逐步建立了口岸大通关体系。铁路一类口岸完成迁转并通过验收后，郑州成为全国第三家、中部首家多式联运海关监管中心。2016年，郑州国际陆港完成货运吞吐量13万标箱，位居全国前三位，已成为丝绸之路经济带上最活跃的物流通道枢纽。为了确保进出口货物快速到达，郑州机场有效开展了多式联运。截至2018年，在郑州机场开展业务的卡车公司30余家，运输网络覆盖全国70余座大中型城市，2016年，郑州机场完成卡车航班量3万余班，平均每月完成卡车航班量2500余班。[③] 以郑州机场为中心，郑州市已成为中国空运进口水果、海鲜产品、肉类主要集散地和分拨中心之一。过去进口水果到达郑州机场后，不拆封就转运到省内外，而位于郑州机场核心区域的华中冷鲜库2015年年底启用后，采用冷链库分装模式，可以根据用户的需求，对大箱水果进行二次精致小分装，将每箱中的水果再挑选分类。2016年进口的2000多吨水果中，有六成进行了这样的二次分装，进一步提升了郑州机场航空冷链物流的品质和附加值。[④]

第二节 郑州参与“一带一路”倡议的总体情况

郑州作为“一带一路”重要节点城市和新欧亚大陆桥的战略支点城市，被国家赋予建成连通境内外、辐射东中西的物流通道枢纽，实现

---

① 郑州市人民政府：《郑州在“一带一路”上阔步前行》，http://www.zhengzhou.gov.cn/html/www/news1/20170515/428994.html。

② 同上。

③ 同上。

④ 同上。

“买全球、卖全球”的重任。郑州航空港、郑州国际陆港、中欧班列（郑州）、郑州跨境电商、综合性大口岸等开放平台体系和河南自贸区、中原城市群、国家中心城市等一系列国家战略，让郑州在丝绸之路经济带上的城市名片越发亮丽。

一 政策保障

河南省和郑州市提出了努力融入“一带一路”建设，推动中原腹地走向开放前沿的战略定位。2015 年 2 月，时任河南省省长谢伏瞻在河南省政府工作报告中提出构建联通欧亚地区便捷的运输通道。强化郑州、洛阳节点城市的辐射带动作用，建设亚欧大宗商品商贸物流中心、丝绸之路文化交流中心、能源储运交易中心。

第一，积极开拓“一带一路”沿线国家市场。即时发布沿线国家和地区博览会、专业展会信息，支持企业利用展会平台开拓市场，抢抓信息和订单。组织企业参加广交会、华交会、东盟博览会等展会，扩大郑州市商品市场份额；通过郑州市商务局网站及其他平台发布国际展会信息，帮助企业开拓市场。鼓励企业在阳县重点地区和重要节点城市加快建立营销和售后服务网络。

第二，推动“走出去”便利化。实行企业境外投资以备案为主的管理模式，切实落实企业对外投资自主权。协调外汇管理部门进一步简化外汇核销手续。加强各部门协作，凝聚各职能部门力量，形成合力，优化“走出去”环境。加强研究“走出去”目标国家和地区的法律、法规和政策，为企业提供政策支持与境外市场需求、投资环境等信息。

第三，加强宣传推介。执行“一带一路”宣传方案，利用各种媒体，宣传郑州参与“一带一路”的历史渊源、现实基础和未来蓝图，营造全社会关心的良好氛围。

第四，提升基础设施互联互通水平。加快推进郑州市国家级互联网骨干直联点建设，积极争取建设区域互联网交换中心和连接国际通信出入口局的高速通道，统筹信息资源开发利用，建设信息网络安全保障体系，构建对外开放的数据高地。扩大郑州国际陆港影响力，促进陆海相通，推进跨区域一体化通关。

二 郑州参与“一带一路”经贸合作现状

郑州市准确把握全球经济一体化的发展趋势，抢抓“一带一路”建设机遇，不断巩固扩大“区位 + 枢纽 + 开放”比较优势，抢占内陆对外开放高地。利用航空、铁路、公路“三网融合”，郑州市打造了“一单制”多式联运体系，形成以航空为引领、货运以公铁集疏为主、客运以高铁集疏为主的空陆无缝衔接的综合枢纽优势，郑州枢纽在国内外的服务辐射能级提升。郑州—卢森堡“空中丝绸之路”、郑欧班列“陆上丝绸之路”、E 贸易“网上丝绸之路”使郑州在“买全球、卖全球”商贸体系中凸显了优势。

（一）贸易是主要合作方式

2014 年，河南省同“一带一路”沿线国家贸易总额为 703.4 亿元人民币，2016 年增至 801.8 亿元人民币。其中，对捷克、保加利亚、柬埔寨等 9 个沿线国家出口增长 1 倍以上。2017 年，河南省对“一带一路”沿线国家进出口总额达 965 亿元人民币，同比增长 20.2%。2018 年 1 月，河南省对“一带一路”沿线国家进出口总值达 106.2 亿元人民币，较 2017 年同期增长 38.1%，占同期河南省外贸进出口总值的 19.8%。其中，出口 67.4 亿元人民币，增长 15.6%，占同期全省出口总值的 21.9%；进口 38.8 亿元人民币，增长 1.1 倍，占同期全省进口总值的 17%。①

河南省与“一带一路”沿线国家对外贸易结构呈现四个特点：首先，加工贸易进出口增长迅速，占比超六成；其次，对东盟进出口占比过半，对欧盟和新加坡进出口快速增长；再次，机电产品出口占主导，农产品出口快速增长；最后，机电产品进口大幅增长。②

（二）双边投资发展迅速

2015 年，河南省对外直接投资涉及“一带一路”沿线 15 个国家，中方协议投资 4.5 亿美元，占河南省对外投资总额的 19.3%，同比增长

---

① 《河南对“一带一路”沿线国家进出口保持增长，比去年增近四成》，https://www.henandaily.cn/content/fzhan/2018/0302/90409.html。

② http://www.ha.xinhuanet.com/news/2018-03/02/c_1122474282.htm.

224%；新签500万美元以上的对外承包工程项目22个，新签合同额14.9亿美元，增长69.3%；完成营业额5.8亿美元，增长4.1%。河南省在“一带一路”沿线投资的国家主要包括中亚的塔吉克斯坦、吉尔吉斯斯坦、乌兹别克斯坦、哈萨克斯坦，东盟的印度尼西亚、越南、新加坡、老挝以及俄罗斯。投资行业主要涉及农业和矿产资源开发等。2015年，河南省向“一带一路”沿线国家劳务派出15413人次。① 2016年，河南省对“一带一路”沿线64个国家（地区）中的14个国家协议投资额为4.33亿美元，占投资总额的9.9%，同比下降6.7%；新签500万美元以上对外承包工程项目18个，新签合同额为10.66亿美元，同比下降27.5%，完成营业额6亿美元，增长4.4%。2017年，河南省在“一带一路”沿线国家承包工程完成营业额17.3亿美元，增长16.2%；对“一带一路”沿线国家投资7.6亿美元，增长75.5%，占对外投资总额的43.2%。②

河南省与“一带一路”沿线国家对外投资与承包工程中，龙头企业带动作用明显。河南省美景集团头衔公司美国穆尼航空项目，河南国基实业集团有限公司莫桑比克、赞比亚等国公务员住宅项目，河南省经研银海种业有限公司塔吉克斯坦“农业科技示范园”等境外投资重点项目在2016年都取得了实质性进展。③

2015年，“一带一路”沿线国家在河南省共设立12个外资项目，合同外资3.6亿美元，实际到位资金7.1亿美元。项目主要集中在新加坡、泰国两个国家，新批6个项目，合同外资1.9亿美元，实际到位资金5.4亿美元。泰国在河南省投资主要是正大集团和万浦集团，以农业和矿产项目为主。“一带一路”沿线自取境外投资主要来自中国台湾、中国香港、中国澳门、英属维尔京群岛，其中台湾地区在河南省设立企业33

① 高燚、曾瑛：《河南省与“一带一路”沿线国家经贸合作研究》，载焦锦淼、穆荣国主编《河南商务发展报告（2016）》，社会科学文献出版社2016年版，第137页。

② 参见河南省商务厅，http：//www.hncom.gov.cn/newsopen/209/1.aspx。

③ 李宏伟：《2016—2017年郑州市商务发展回顾与展望》，载焦锦淼、穆荣国主编《河南商务发展报告（2017）》，社会科学文献出版社2017年版，第243页。

家，合同资金 60394 万美元，实际吸收资金 82548 万美元。[①] 2016 年，“一带一路”沿线国家在河南省新设外商投资企业 10 家，实际到位资金 15 亿美元，同比增长 111%。其中，新加坡新设项目、合同外资、实际吸收资金最多，分别为 6 个、0.5 亿美元和 11.5 亿美元。2017 年，郑州市共有 660 家外商投资企业参加联合年报，占全省参检外商投资企业数的 34.4%。全市外商投资企业投资总额 286.7 亿美元，注册资本 153.9 亿美元，营业收入 3915 亿元人民币，利润总额 134.2 亿元人民币，纳税 89.2 亿元人民币，就业人数 324891 人，其中新增就业 86914 人。[②]

以富士康为代表的台资企业是郑州市吸收境外直接投资的主要来源之一。根据 2017 年年报数据显示，境外投资实际来源地为台湾地区的境外投资企业共 61 家，比 2016 年同期增加 3 家企业，占全市境外投资企业总数的 9.2%，其中，制造业 32 家，占比 52.5%；房地产业 2 家，占比 3.3%；批发零售、住宿餐饮业 8 家，占比 13.1%。61 家企业投资总额 2.4 亿美元，注册资本 1.3 亿美元，实现营业收入 20.4 亿元人民币、纳税总额 2.1 亿元人民币，利润总额 1.7 亿元人民币。郑州市境外 500 强企业 74 家，台湾地区两家，台塑集团投资的南亚塑胶工业郑州有限公司，注册在经济技术开发区；台湾润泰集团投资的郑州大润发商业有限公司，注册在管城区。[③]

三 郑州品牌：中欧班列

2013 年 7 月 18 日，搭载 41 标箱的 80601 次郑欧首发专列从郑州铁路集装箱中心站发车，亚欧国际铁路物流大通道由此开启。中欧班列（郑州）从郑州市经济技术开发区出发，向西过阿拉山口，进入哈萨克斯坦，再经过俄罗斯、白俄罗斯、波兰，最后到达德国的汉堡，全程 10214 公里，为推动古丝绸之路焕发新的生机和活力做出了贡献。

《中欧班列建设发展规划（2016—2020 年）》将郑州定位为内陆主要

---

① 高燚、曾瑛：《河南省与“一带一路”沿线国家经贸合作研究》，载焦锦森、穆荣国主编《河南商务发展报告（2016）》，社会科学文献出版社 2016 年版，第 138 页。

② 郑州市商务局：《2017 郑州市外商投资企业年报情况》，http：//swj. zhengzhou. gov. cn/swdt/660439. jhtml。

③ 《郑州市台资企业情况》，http：//public. zhengzhou. gov. cn/02JB/721143. jhtm。

货源地节点和铁路枢纽节点的双节点城市，凭借遍布境内外的集疏网络，中欧班列（郑州）去回程满载率达到100%以上。截至2018年，中欧班列（郑州）是国内开行中欧班列中唯一双出入境口岸、双通道（阿拉山口西通道、二连浩特中通道）常态往返运行且均衡对开的班列。全国12个中欧班列的起点城市中，中欧班列（郑州）的运输目的地最多，且有5个城市只有郑州班列覆盖（见表3-2）。

表3-2 中欧国际班列线路

中国起点	运输目的地
成都	德国纽伦堡；荷兰蒂尔堡；波兰罗兹、马拉；法国杜尔日；俄罗斯莫斯科
重庆	德国杜伊斯堡；波兰马拉
武汉	德国汉堡、杜伊斯堡、慕尼黑；波兰马拉、波兹南；法国里昂
西安	德国汉堡、杜伊斯堡；波兰马拉
长沙	德国汉堡、杜伊斯堡；波兰马拉；白俄罗斯明斯克；匈牙利布达佩斯
厦门	俄罗斯莫斯科；德国汉堡；波兰波兹南
义乌	西班牙马德里
天津	蒙古国乌兰巴托
沈阳	波兰马拉；德国汉堡
广州石龙	德国汉堡
苏州	德国汉堡；波兰华沙
郑州	德国汉堡、慕尼黑、杜伊斯堡；波兰马拉、华沙；匈牙利布达佩斯；捷克布拉格；法国巴黎；意大利米兰；俄罗斯莫斯科、圣彼得堡；白俄罗斯明斯克、布列斯特

资料来源：中欧国际铁路运输网，http：//www. srtrains. com/page106？product_ id =10&menu_ id =115。

截至2017年上半年，中欧班列（郑州）已经覆盖了中国3/4的省（自治区、直辖市），从河南省外集聚到郑州的货物占80%，向东与沿海港口对接，并通过空海运与韩国、日本、中国台湾、中国香港等亚太国家和地区实现空铁、海铁联运，形成以郑州为中心的境内枢纽；在境外向西形成以汉堡为枢纽，以巴黎、米兰、布拉格、华沙、马拉舍维奇、布列斯特、阿拉木图、扎门马德等欧洲和中亚城市为二级集疏中心，网络遍布欧盟和俄罗斯及中亚多数国家（见表3－3）。在实现郑州—卢森堡“双枢纽”战略跨越式发展的基础上，郑州航空港经济综合试验区增开与“一带一路”沿线相关的国际国内客货运航线，发展多式联运，构建横贯东西、连接南北的对外经济走廊，已经初步形成支撑丝绸之路经济带建设的国际航空物流中心、内陆地区对外开放的重要门户。

依托中欧班列（郑州）物流通道，郑州大力发展汽车整车、进境粮食、国际邮政等特色口岸经济。2014 年 7 月，国务院正式批准在郑州设立汽车整车进口口岸，自 2014 年 10 月以来，中欧班列（郑州）每班回程都有进口汽车搭载，业务量稳定提升。2016 年 9 月，郑州进境粮食指定口岸开建，该口岸运营后，国外优质粮食可直接在郑州完成进口，助力河南省粮食产业无缝衔接国际产业链，加快郑州深度融入国家“一带一路”建设。

表3－3　　中欧班列（郑州）产业带分布

<table>
<tr><th>线路</th><th>国家和地区</th><th>主要节点城市</th><th>主要产品</th></tr>
<tr><td rowspan="3">丝绸之路经济带</td><td>蒙古国</td><td>乌兰巴托</td><td>矿物原材料、农牧产品、肉类</td></tr>
<tr><td>欧亚国家</td><td>阿拉木图、莫斯科、比什凯克</td><td>机电产品、家居用品、农副产品、酒类</td></tr>
<tr><td>欧盟</td><td>卢森堡、汉堡</td><td>汽车及零部件、机电产品、家居用品、食品饮料、母婴用品、IT 产品、高端材料</td></tr>
<tr><td>21 世纪海上丝绸之路</td><td>日本、韩国</td><td>首尔、东京</td><td>化妆品、家居用品、日用消费品、食品</td></tr>
</table>

资料来源：参见张占仓主编《河南工业发展报告（2017）：建设先进制造业强省》，社会科学文献出版社 2017 年版，第 13 页。

第三节　郑州分区域对接“一带一路”规划与进展

一　郑东新区

2000 年 6 月，时任河南省省长李克强提出加快开发郑东新区。2003

年1月20日，以郑州国际会展中心开工为标志，郑东新区开发建设拉开序幕。郑东新区规划建设的重点是增强商务服务、会议展览、文教科研、旅游休闲、人口居住等功能和提升城市品位形象。其中，加快郑州经济技术开发区、郑州出口加工区两大片区建设是总体发展规划中的主要内容。郑东新区坚持“金融立区”，2016年完成金融业增加值149亿元人民币，累计入驻金融机构达288家。传统金融业态保持快速增长，基金、信托、融资租赁等新兴业态快速发展，“金融豫军”实力不断壮大，多层次资本市场建设不断完善，金融基金岛集聚效应不断增强。持续以高端服务业引领经济转型，加快吸引国内外区域性总部和功能性总部，大力发展高层次会计、律师、咨询评估等专业服务，积极培育以营销和支付结算为特征的电商业态，加快金融智谷、中原智慧等一批创新创业综合体和专业楼宇建设，打造一批高端商业街区，开工建设一批高星级酒店，做大做强会展旅游业，建设中部时尚消费中心。金水区块积极谋划战略转型，加快推进规划调整、招商引资等工作。①

2014年6月，卢森堡国际货运航空公司开通卢森堡至郑州货运航线，当年货运量仅为1.5万吨，而到2016年货运量突破10万吨。2017年，郑州—卢森堡航线货运量14.7万吨，同比增长近四成，成为近年来中欧贸易往来的主要“空中丝绸之路”。从四年前刚开通时的每周2架次，发展加密到如今的每周18架次，郑州—卢森堡“空中丝绸之路”已实现全货机满负荷运行，货物覆盖卢森堡、德国、英国、比利时等欧洲国家的重要区域。传统上地处内陆的中原地区，依靠持续不断的探索，创造出“不沿海不沿边，对外开放靠蓝天”的开放型经济发展模式。②

2017年6月14日，国家主席习近平在会见卢森堡首相贝泰尔时强调，要深化双方在“一带一路”建设框架内金融和产能等合作，中方支持建设；要加强文化、教育、体育等人文交流，提高人员往来便利化水平。河南省据此制定并加快实施郑州—卢森堡“空中丝绸之路”建设的专项规划与工作方案，将“空中丝绸之路”作为河南参与“一带一路”

---

① 《程志明在市委经济工作会议上的讲话》，2017年1月10日。

② 河南省人民政府：《让“空中丝绸之路”越飞越广——聚焦“卢森堡旅游签证（郑州）便捷服务平台”访谈录》，http://www.henan.gov.cn/jrhn/system/2018/04/17/010777751.shtml。

建设的重要支撑统筹规划。推动建立了卢森堡旅游签证（郑州）便捷服务平台。2018 年 4 月 16 日，卢森堡旅游签证（郑州）便捷服务平台在郑州市郑东新区揭牌运营，这是河南省第一个签证服务平台。此举标志着郑州成为除北京、上海之外，国内第三个能够办理卢森堡签证的城市，实现了河南省办理签证业务“零”的突破。而郑州—卢森堡“空中丝绸之路”一端是活跃的东亚经济圈，一端是发达的欧洲经济圈，成为郑州对接“一带一路”的经典举措。

二 郑州航空港经济综合实验区（新郑综合保税区）

2007 年 10 月，为加快郑州国际航空枢纽建设，河南省委、省政府批准设立郑州航空港区。2010 年 10 月 24 日，经国务院批准正式设立郑州新郑综合保税区。2011 年 4 月，根据中央编办批复精神，经河南省委、省政府批准设立郑州新郑综合保税区（郑州航空港区）管理委员会，为省政府派出机构。2012 年 11 月 17 日，国务院批准《中原经济区规划》，提出以郑州航空港为主体，以综合保税区和关联产业园区为载体，以综合交通枢纽为依托，以发展航空货运为突破口，建设郑州航空港经济综合实验区。2013 年 3 月 7 日，郑州航空港经济综合实验区获国务院批复，以郑州新郑国际机场为核心的郑州航空经济综合实验区成为中国唯一一个国家级航空港经济综合实验区。航空港区作为郑州新区总体规划的一个重要组成部分，其战略定位是国际航空物流中心、以航空经济为引领的现代产业基地、内陆地区对外开放的重要门户、现代航空都市和中原经济区核心增长极。郑州航空港物流园区的定位以上海浦东机场为标杆，目标是突出快速、全方位和增值服务，建成世界级高效率、一体化、全方位的航空物流园区。①建设目标是到 2025 年，建成富有生机活力、彰显竞争优势、具有国际影响力的实验区。国际航空货运集散中心地位显著提升，航空货邮吞吐量达到 300 万吨左右，跻身全国前列；形成创新驱动、高端引领、国际合作的产业发展格局，与航空关联的高端制造业主营业务收入超过 10000 亿元人民币；建成现代化航空都市，营商环境与国

① 郑秀峰等：《临空产业生态建设与健康管理研究：以郑州航空经济综合实验区为例》，社会科学文献出版社 2016 年版，第 71 页。

际全面接轨，进出口总额达到 2000 亿美元，成为引领中原经济区发展、服务全国、连通世界的开放高地。①

秉承“建设大枢纽、发展大物流、培育大产业、塑造大都市”的发展思路，郑州航空港经济综合实验区充分利用高效快捷的航空物流体系助推产业集群式发展，智能终端制造产业领跑全球。同时，全区围绕电子商务、航空制造维修、航空物流、精密机械、生物医药、电子信息、商贸会展等产业集群，加强招商引资工作，先后引入一批世界 500 强和行业领军企业，实现由单一品牌向多个品牌、单一生产向全产业链发展、加速由港区制造向港区创造转变。

近年来，航空港实验区加快建设。机场二期全面建成投用，开通客运航线 186 条、全货机航线 34 条。旅客吞吐量首次突破 2000 万，达到 2070 万人次，居国内机场第 15 位。货运量 45 万吨、跃居国内机场第 7 位；以智能终端等产业集群为抓手，手机总产量 2.5 亿部，全球重要的智能终端（手机）研发制造基地初具规模；成功获批国家“双创”示范基地；通航“郑州制造”渐成品牌，通航产业发展基地逐步形成。② 2017 年，航空港实验区地区生产总值完成 700.1 亿元人民币，是 2012 年的 3.4 倍，年均增长 19.4%；规模以上工业增加值完成 295.3 亿元人民币，是 2012 年的 4.1 倍，年均增长 22.2%；一般公共预算收入完成 36.3 亿元人民币，是 2012 年的 5 倍，年均增长 37.9%；固定资产投资完成 680.5 亿元人民币，是 2012 年的 5.9 倍，年均增长 42.4%；手机产量 2.99 亿部，是 2012 年的 4.4 倍，年均增长约 4000 万部，占全球出货量的 1/7；外贸进出口总额完成 498.1 亿美元，是 2012 年的 1.8 倍，年均增长 12.2%，全省、全市占比分别达到 65.1%、83.5%；航空客运完成 2430 万人次，是 2012 年的 2.1 倍，年均增长 15.8%；航空货运完成 50.3 万吨，是 2012 年的 3.3 倍，年均增长 27.2%。③

2011 年 11 月 4 日，新郑综合保税区正式封关运行，这是中国中部地

① 《郑州航空港经济综合实验区发展规划（2013—2025 年）》，http://www.ndrc.gov.cn/zcfb/zcfbghwb/201304/W020140221372408841861.pdf。

② 《程志明在市委经济工作会议上的讲话》，2017 年 1 月 10 日。

③ 郑州航空港经济综合实验区（郑州新郑综合保税区）管理委员会，http://www.zzhkgq.gov.cn/general.jhtml?#l_1。

区第一家综合保税区。工单核销、境内外维修、分送集报、智能卡口等监管创新制度陆续推出，为企业减负增效，大幅提升通关速度，综合保税区业务拓展到维修、研发、物流等各个方面，成为苹果手机全球重要的生产基地和维修中心。新建口岸作业区使综合保税区同时具备保税功能和口岸功能，区内成品手机全部在货站打板后直接进入机场停机坪，实现综合保税区与航空港、公路港、铁路港、海港的联动发展，物流集聚分拨能力大幅提升。2011—2016 年，新郑综合保税区不断发展壮大，进出口值快速增长，成为河南省对外开放的重要平台。2012—2015 年，新郑综合保税区进出口值连续 4 年居全国综合保税区第二位，2016 年，进出口值达 3161.15 亿美元，占河南省进出口值的 67.1%，超越江苏昆山成为全国综合保税区第一位。

三 郑州跨境电子商务综合试验区

2016 年 1 月，郑州跨境电子商务综合试验区获批，成为河南省开放型经济发展的新增长点。试验区的规划是积极推进跨境电商特色化发展，创新"特种商品口岸 + 跨境电商"业务模式，依托粮食、汽车、水果、肉类等指定口岸功能，开展相关进口业务；鼓励建立全球网购商品集疏分拨中心，推动进口"海外仓"内移，鼓励出口"海外仓"建设；开展跨境电商产业链补链、延链、强链工作，积极发展采购、推广、电子商务代运营、网站设计等跨境电商配套产业。

郑州跨境电子商务综合试验区在全国首次提出基于保税模式的监管方案，通过实行简化申报要素、分送集报、两单一报、电子审单、分类通关税款汇总申报、简化归类等跨境通关的便捷流程，实现智能化高效通关，利用"互联网 + 外贸"实现优进优出，带动仓储、物流等上下游产业快速发展。目前，除首家开展业务的河南保税物流中心现场外，郑州机场、新郑综合保税区、郑州铁路东站等现场先后开展不同模式的跨境电商业务。2016 年，试验区共验放跨境电子商务进出境物品 5741.46 万单，同比增长 13.3%；商品金额 66.47 亿元，同比增长 63.9%；征收税款 6.72 亿元，同比增长 4.87 倍。新增商品备案 9.17 万项，企业备案 509 家，其中电子商务企业 462 家，服务消费者遍及全国，验放清单及货值在全国范围内保持领先地位。[①]

四 郑州经济技术开发区

郑州经济技术开发区（经开区）成立于1993年4月，2000年2月获批为河南省首个国家级经济技术开发区。经过十几年的发展，利用优越的区位优势和便捷的交通网络，经开区已形成汽车、装备制造和现代物流三大主导产业和国际陆港、郑欧班列、跨境贸易、电子商务等省、市重点开放平台。

作为河南自贸区的核心区域，郑州经开区抢抓国家“一带一路”倡议机遇，深度融入郑州航空港经济综合实验区建设，现已经成为内陆地区对外开放的重要窗口。截至2018年，经开区集聚企业14000余家，其中外商投资企业98家，世界和国内500强企业87家，规模以上企业581家。先后荣获国家新型工业化（装备制造）产业示范基地、国家级生态工业示范园区等荣誉。2014年、2015年、2016年连续三年被评为河南省六星级产业集聚区。

经开区的具体规划是加快布局汽车、装备等生产制造和配套企业，以及国际物流仓储等业态，成为全省现代物流产业发展先导区和联通国际的重要物流枢纽。为此，经开区推动了如下工作重点。

一是优化承接环境，培育产业大集群。经开区依托辖区内制造业、物流业等优势产业，科学制定产业发展规划，不断优化承接产业转移环境，产业发展明显加快。按照“引进一个项目，带动一个产业链”[②] 的思路，以装备制造业、战略性新兴产业为重点，坚持引资、引智、引技术和引平台相结合，实施大项目引领带动。截至2018年，区内已经初步形成了“汽车及零部件、装备制造、现代物流”三大主导产业集群。谋划实施制造业“3366”工程和现代物流“10个百亿元”工程，[③]

---

① 王世炎主编：《2017年河南经济形势分析及预测》，社会科学文献出版社2017年版，第75页。

② 例如，经开区引进的富士康液晶面板项目总投资380亿元，将建设全球最先进的第六代低温多晶硅生产线，批量生产后将打破日韩垄断，并带动上下游产业链集聚，形成光电产业集聚地。

③ “3366”工程，即制造业领域3个超500亿元、3个超300亿元、6个超100亿元和6个超50亿元的项目或园区；“10个百亿元”工程，即10个年营业收入超100亿元的现代物流项目或园区。

主导产业发展链条不断完善，产业规模不断向“千亿元级”目标迈进。

二是发挥区位优势，构筑开放大平台。经开区依托辖区内铁路集装箱中心站、保税物流中心、出口加工区等区域，谋划推动了郑州国际陆港、中欧班列（郑州）、中国（郑州）跨境电子商务综合试验区等一系列开放平台。当前，经开区已经形成了多层次、全覆盖的开放平台支撑体系。第一，郑州国际陆港规划建设快速推进。郑州国际陆港“四港一体”的多式联运物流体系基本建立，初步发挥了“联通境内外、辐射东中西”的物流通道枢纽作用，实现了与郑州航空港的一体联动和相互补充。第二，中欧班列（郑州）保持全国领先。中欧班列（郑州）的总载货量、境内集货辐射地域、境外分拨范围均居中欧班列首位，成为“一带一路”上最活跃的铁路物流载体和陆上贸易通道。第三，跨境电子商务领跑全国。经开区跨境电子商务的总业务量和总出口量在近几年中均取得突破。阿里巴巴 1688 进口货源平台、中油集团等知名企业与商务平台在区内落地或开展战略合作，搭建了较为完善的跨境电子商务产业链和生态链，物流成本持续降低。同时，首创 O2O 体验中心，线上线下交易融合实现了现场自提服务功能，为顾客带来了全新的购物体验。

第四章

郑州对接“一带一路”倡议的比较优势

当前及今后一个时期郑州的城市现代化发展面临两个重大历史机遇——全面建设国家中心城市和深入融入“一带一路”建设。对内而言，全面建设国家中心城市是决胜全面建成小康社会、全面建设社会主义现代化的战略载体和目标统揽。2016 年 12 月 20 日，国家在《促进中部地区崛起“十三五”规划》① 中明确提出“支持郑州建设国家中心城市”，标志着郑州迈入了向全国城镇体系第一方阵跨越的历史新阶段，对郑州的发展具有重要的里程碑意义。2016 年 12 月 29 日，国家在《中原城市群发展规划》② 中指出，“推动中原城市群发展，对于加快促进中部地区崛起、推进新型城镇化建设、拓展中国经济发展新空间具有重要战略意义”。2017 年 1 月 22 日，国家发展改革委正式发布《关于支持郑州建设国家中心城市的指导意见》③，从产业基础、改革创新、区位优势、对外开放、人文特色五个方面，对建设的目标任务做出安排。

对外而言，深入融入“一带一路”建设是构建全方位对外开放新格局、促进区域繁荣发展的重大机遇。2015 年 12 月 1 日，《河南省参与建设丝绸之路经济带和 21 世纪海上丝绸之路的实施方案》正式发布。④ 方案明确了河南省参与“一带一路”建设的战略定位：“一带一路”重要的综合交通枢纽和商贸物流中心、新亚欧大陆桥经济走廊区域互动合作的战略平台、内陆对外开放高地。而《关于支持郑州建设国家中心城市的

---

① http：//www. ndrc. gov. cn/zcfb/zcfbtz/201612/t20161226_ 832527. html。

② http：//www. ndrc. gov. cn/gzdt/201701/t20170105_ 834454. html。

③ http：//www. fdi. gov. cn/1800000121_ 23_ 73649_ 0_ 7. html。

④ http：//www. henan. gov. cn/jrhn/system/2015/12/01/010603882. shtml。

指导意见》指出，“郑州是新亚欧大陆桥经济走廊主要节点城市，是中国重要综合交通枢纽、商贸物流中心和内陆进出口大市，具有打造内陆开放型经济高地的先天优势”。简言之，对于郑州而言，作为总目标的全面建设国家中心城市与作为新机遇的深入融入“一带一路”建设，两者相辅相成，互相促进。前者为后者奠定城市综合发展实力和培养竞争优势，后者为前者拓展对外合作空间和提高国际影响力。

本章对郑州对接“一带一路”倡议的比较优势进行分析，通过对比部析郑州在九大国家中心城市中的比较优势和政策对接红利。

第一节　郑州建设国家中心城市的基础条件与比较优势

2010 年以来，中国先后确定了北京、天津、上海、广州、重庆、成都、武汉、郑州和西安九大国家中心城市。本节将从宏观角度通过经济、社会、科教、城建等方面比较这九大国家中心城市的基础条件，以衡量郑州在其中的综合发展地位，从而为确定郑州全面建设国家中心城市的功能定位奠定基础。①

一　经济方面

经济规模相对较弱，发展趋势良好。从经济总量来看，郑州近五年经济规模相对较小，仅高于西安，位居九大中心城市倒数第二。其中，2013—2017 年郑州 GDP 分别实现 6201.85 亿元人民币、6776.99 亿元人民币、7311.52 亿元人民币、8025.31 亿元人民币 9130.2 亿元人民币。与武汉和成都相比仍存在较大差距，近五年来郑州与武汉经济规模差距由 2849.42 亿元人民币增加至 4280.14 亿元人民币，而与成都经济规模差距则由 2907.04 亿元人民币扩大至 4759.19 亿元人民币（见图 4 - 1）。

但从其自身发展速度来看，郑州经济增长率位居九大中心城市前列，并在 2015 年（9.99%）和 2017 年（8.2%）仅次于重庆，位列第二，郑州未来经济发展存在较大潜力（见图 4 - 2）。

---

① 本节数据均来源于各城市相关年份统计公报、统计年鉴。

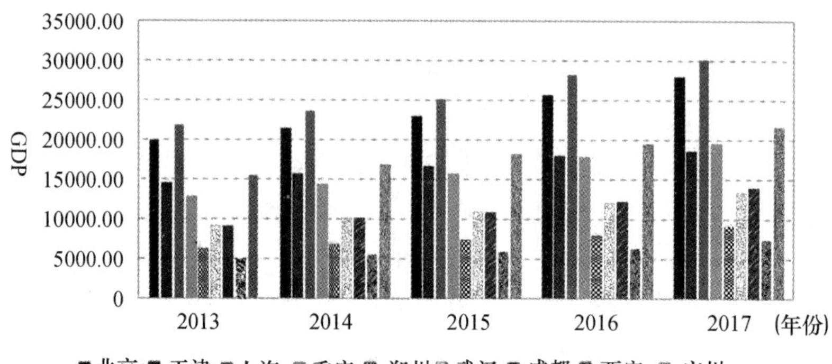

图4－1 近2013—2017年九大国家中心城市GDP总量比较（亿元）

资料来源：各城市2013—2017年统计公报、统计年鉴。

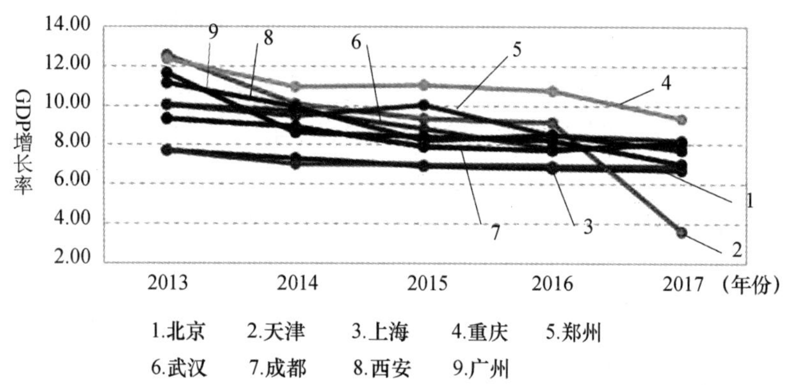

图4－2 近2013—2017年九大国家中心城市GDP增长速度比较（%）

资料来源：各城市2013—2017年统计公报、统计年鉴。

人均GDP水平处于中等水平，增幅也较为明显。近五年郑州人均GDP水平一直居于对标城市中等位置，位于广州、北京、上海、天津、武汉之后，高于成都、西安等城市。从增量来看，郑州市人均GDP由2013年的68070元人民币增长至2017年的93143元人民币，增幅25073元人民币，高于同期成都、西安、重庆以及天津。同时郑州近五年增速较为显著，年均增长8%，仅低于重庆和武汉，位居第三（见图4－3）。

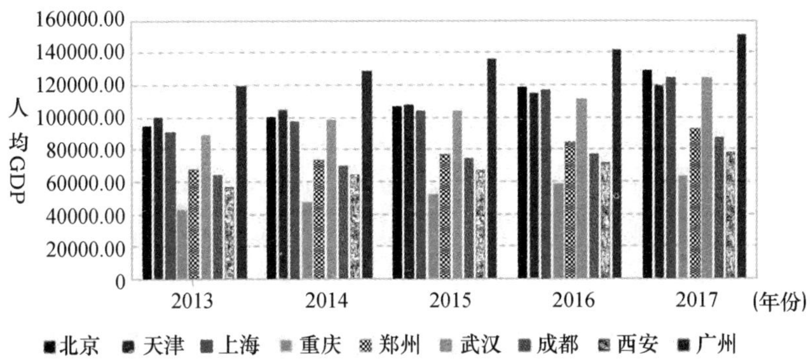

图 4-3　2013—2017 年九大国家中心城市人均 GDP 比较（元/人）

资料来源：各城市 2013—2017 年统计公报、统计年鉴。

郑州产业结构优化升级，服务业比重超过工业，实现由"二三一"向"三二一"格局以及工业中战略新兴产业比重超过高耗能产业的两大历史性转型。一方面，与其他中心城市产业结构相比，郑州市仍存在一定差距（见表 4-1）。但近五年郑州市产业结构调整取得较大成效，第三产业对经济的支撑作用凸显，第三产业比重已超过第二产业，特别是第三产业占比较 2013 年提升 10 个百分点。

表 4-1　2013—2017 年九大国家中心城市产业结构比较　单位：%

		2013 年	2014 年	2015 年	2016 年	2017 年
郑州	第一产业	2.40	2.20	2.10	2.00	1.74
	第二产业	56.00	51.50	49.30	47.30	46.52
	第三产业	41.60	46.40	48.60	50.80	51.74
武汉	第一产业	3.70	3.50	3.30	3.30	3.00
	第二产业	48.60	47.50	45.68	43.90	43.70
	第三产业	47.70	49.00	51.02	52.80	53.30
西安	第一产业	4.07	3.91	3.79	3.70	3.80
	第二产业	40.59	39.96	37.27	35.10	34.70
	第三产业	55.34	56.13	58.94	61.20	61.50

续表

		2013 年	2014 年	2015 年	2016 年	2017 年
广州	第一产业	1.48	1.31	1.25	1.20	1.09
	第二产业	33.90	33.46	31.64	29.40	27.97
	第三产业	64.62	65.23	67.11	69.40	70.94
成都	第一产业	3.90	3.60	3.50	3.90	3.60
	第二产业	45.90	44.80	43.70	43.00	43.20
	第三产业	50.20	51.60	52.80	53.10	53.20
北京	第一产业	0.80	0.75	0.61	0.51	0.40
	第二产业	21.70	21.31	19.74	19.26	19.00
	第三产业	77.50	77.95	79.65	80.23	80.60
上海	第一产业	0.60	0.53	0.44	0.39	0.30
	第二产业	37.20	34.66	31.81	29.83	30.70
	第三产业	62.20	64.82	67.76	69.78	69.00
天津	第一产业	1.30	1.27	1.26	1.23	1.20
	第二产业	50.60	49.16	46.58	42.33	40.80
	第三产业	48.10	49.57	52.15	56.44	58.00
重庆	第一产业	7.80	7.40	7.32	7.35	6.90
	第二产业	45.50	45.80	44.98	44.52	44.10
	第三产业	46.70	46.80	47.70	48.13	49.00

资料来源：各城市 2013—2017 年统计公报、统计年鉴。

另一方面，郑州工业结构得到进一步优化，近五年郑州规模以上工业企业增加值年均增长 2.8%。其中高新技术产业完成增加值从 2013 年的 310.6 亿元人民币增长至 2017 年的 407.1 亿元人民币，年均增长 7%，占比从 10.87% 上涨至 12.76%；七大主导产业完成增加值从 2013 年 1932.1 亿元人民币增长至 2263.1 亿元人民币，年均增长 4%，占比从 67.61% 上涨至 70.91%。值得注意的是，2014 年以汽车装备、电子信息、新材料和生物医药为代表的四大战略新兴产业比重达到 46.8%，比 2013 年提高 2.9 个百分点；六大高耗能行业比重为 42.2%，比 2013 年下降 2.6 个百分点，战略性新兴产业比重首次超过高耗能产业，标志着郑州工业结构调整实现重大突破（见表 4－2）。

表 4-2　　2013—2017 年郑州规模以上工业企业相关统计　单位：亿元、%

	2013 年	2014 年	2015 年	2016 年	2017 年
规模以上工业企业增加值	2857.7	3094	3312.3	3215.4	3191.3
其中：高技术产业完成增加值	310.6	409.1	514.5	449.8	407.1
占比	10.87	13.22	15.53	13.99	12.76
其中：七大主导产业完成增加值	1932.1	2155.3	2375.6	2294.9	2263.1
占比	67.61	69.66	71.72	71.37	70.91
战略性产业占规模以上工业增加值比重	43.9	46.8	49.4	—	—
六大高耗能行业占规模以上工业增加值比重	44.8	42.2	40.2	—	—

注：战略性产业包括汽车及装备制造、电子信息、新材料、生物及医药；高耗能行业是指在生产过程中，所消耗的一次能源或二次能源比重比较高、能源成本在产值中占比较高的产业，也可称为消耗能源密集型的产业，其包括煤炭开采和洗选业，化学原料和化学制品制造业，非金属矿物制品业，黑色金属冶炼和压延加工业，有色金属冶炼和压延加工业，电力、热力生产和供应业。

资料来源：各城市 2013—2017 年统计公报、统计年鉴。

郑州实际利用外资水平相对较低，增长速度居于中等水平。2017 年郑州市实际利用外资（FDI）40.5 亿美元，与九大中心城市相比，利用外资规模只有同期最高水平（北京）的 1/8，排名仅位于重庆（22.2 亿美元）前面。从年均增长速度来看，郑州市近几年 FDI 增速较快，近五年 FDI 从 33.2 亿美元增长至 40.5 亿美元，年均增长 5.1%，高于上海（0.34%）、天津（-10.9%）、重庆（-14.4%）以及成都（3.5%）（见图 4-4）。

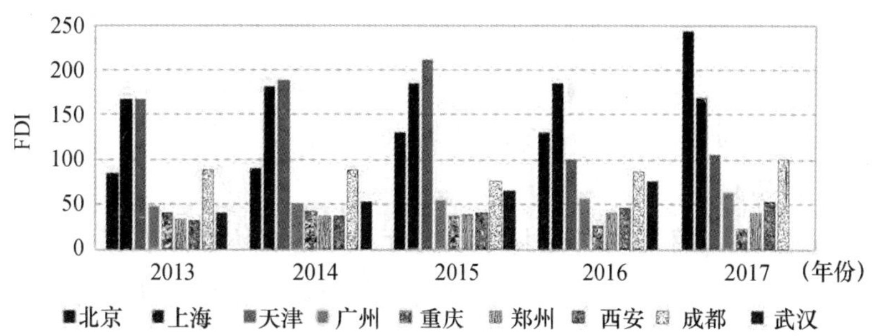

图 4-4　2013—2017 年九大国家中心城市 FDI 比较（亿美元）

资料来源：各城市 2013—2017 年统计公报、统计年鉴。

固定资产投资总额增幅较大，年均增速领先。2013 年郑州固定资产投资总额仅 4400. 21 亿元人民币，位列九大中心城市末位。到 2017 年，郑州固定资产投资总额增长至 7573. 4 亿元人民币，分别超越广州、西安和上海，跃居九个城市第六位。同时，郑州近五年固定资产投资总额增幅仅低于重庆，位居对标城市第二位；实现 15% 的年均增长，位居对标城市之首（见图 4 –5）。

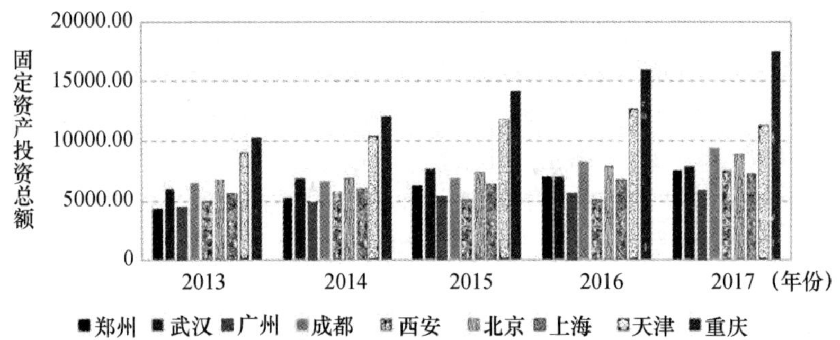

图 4 –5　2013—2017 年九大国家中心城市固定资产投资总额比较（亿元）

资料来源：各城市 2013—2017 年统计公报、统计年鉴。

对外贸易增长显著，对外依存度相对稳定且较高。除北上广津等特大城市或直辖市外，与武汉、成都以及西安相比，郑州对外贸易居于前列，并在 2015 年超越上述三个城市。从增量来看，郑州 2017 年较 2013 年对外贸易总额增长近 170 亿美元，增幅仅低于上海、广州和西安，居于第四位；对比对外贸易增长速度，郑州 2013—2017 年对外贸易年均增长为 9%，位居九大中心城市第二，次于西安（增速为 20%）（见图 4 –6）。

近几年郑州不仅对外贸易增长速度显著，对外贸易依存度也持续高于 40%，居于北上广三市之后。郑州对外贸易依存度近几年虽然呈现波动，但总体持稳，2017 年贸易依存度达到 44. 09%。与其他城市相比，2017 年郑州对外贸易依存度分别高于西安和成都 10 个和 15 个百分点，是武汉对外贸易依存度的 3 倍（见图 4 –7），对外贸易在郑州经济增长中占据关键作用，对进出口贸易依赖程度相对较大，作为“一带一路”的关键节点，继续推进对外开放十分必要。

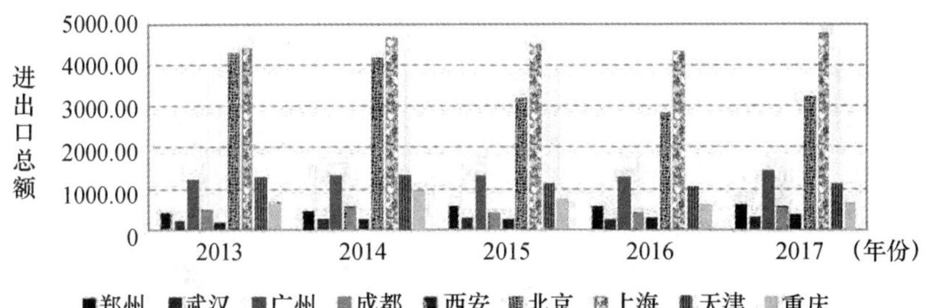

图4－6　2013—2017年九大国家中心城市进出口贸易总额比较（亿美元）

资料来源：各城市2013—2017年统计公报、统计年鉴。

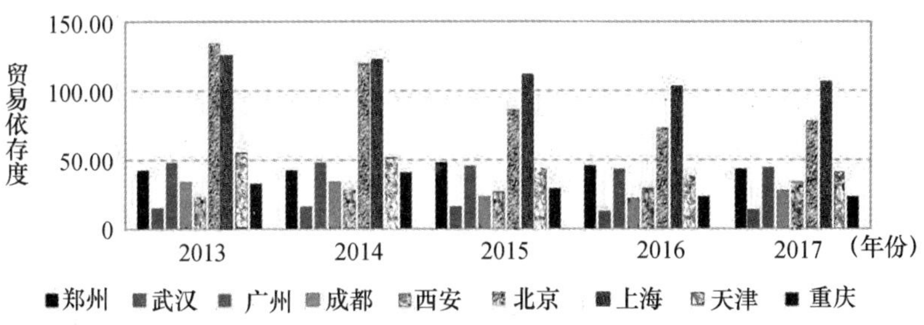

图4－7　2013—2017年九大国家中心城市贸易依存度比较（%）

资料来源：各城市2013—2017年统计公报、统计年鉴。

二　社会方面

城镇化发展速度增长缓慢，未来城市人口发展空间大。2013年郑州城镇化率为67.14%，高于同期成都、西安和重庆，略低于武汉。到2017年，郑州城镇化率仅增加5个百分点，不仅远远低于北上广津等城市，而且被成都和西安赶超。从增长速度来看，郑州近五年城镇化年均增长速度为2%，而同期武汉、成都以及西安的年均增长速度分别为4%、4%和10%（见图4－8）。河南作为中部地区人口大省，同时郑州作为中原地区人口净流入的典型城市，未来将有更多外来流动人口以及农村人口转移进来，加之《郑州市城市总体规划（2010—2020年）》（2017年修订）明确要求2020年城镇化水平达到82%左右，因此未来郑州城镇化建设将迎来新一轮的扩大。

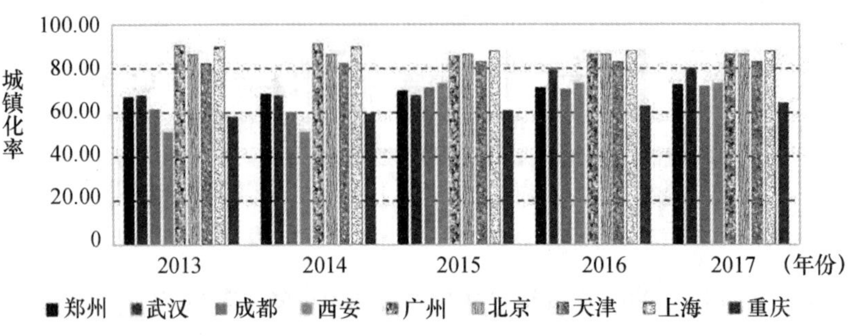

图4-8 2013—2017年九大国家中心城市城镇化率比较（%）

资料来源：各城市2013—2017年统计公报、统计年鉴。

劳动力市场失业率较低，就业相对充分。郑州近五年城镇登记失业率总体较低。自2013年城镇失业率2.2%下降至2014年最低点1.37%后，2017年又提高至近2013年水平。与其他城市相比而言，郑州城镇失业率仅高于北京，位居第二低位，而同期武汉、成都以及西安城镇登记失业率基本均处于3%以上（见图4-9）。可见，郑州近几年劳动力市场就业相对充分，加之郑州人口规模巨大，这将有力推动未来经济发展。

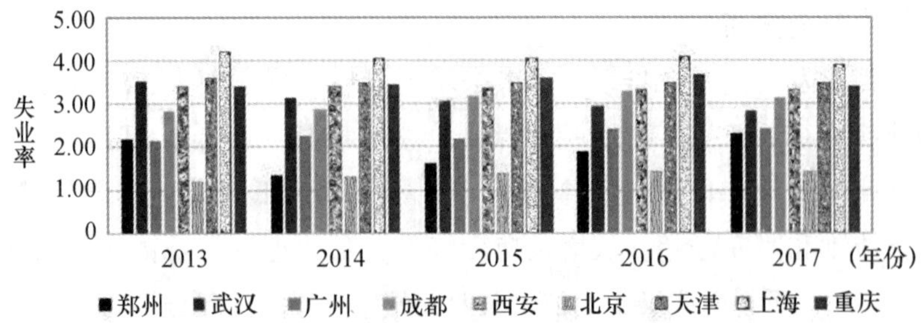

图4-9 2013—2017年九大国家中心城市城镇登记失业率比较（%）

资料来源：各城市2013—2017年统计公报、统计年鉴。

城乡居民收入增幅显著，增速明显。2013—2017 年郑州城镇居民人均可支配收入由 26615 元人民币增长至 36050 元人民币，增幅 9435 元人民币，年均增长速度为 8%，实现了郑州城镇居民人均可支配收入持续稳定增长。但与其他城市相比，郑州城镇人均可支配收入水平在对标城市中并无明显优势，仅高于重庆。比较增长幅度和增长速度，郑州城镇居民可支配收入均则表现出一定的发展基础和优势。其中郑州城镇居民可支配收入增幅高于同期成都、西安和重庆，位列对标城市第六；而增长速度则高于广州、成都和西安，同样位列对标城市第六（见图 4－10）。

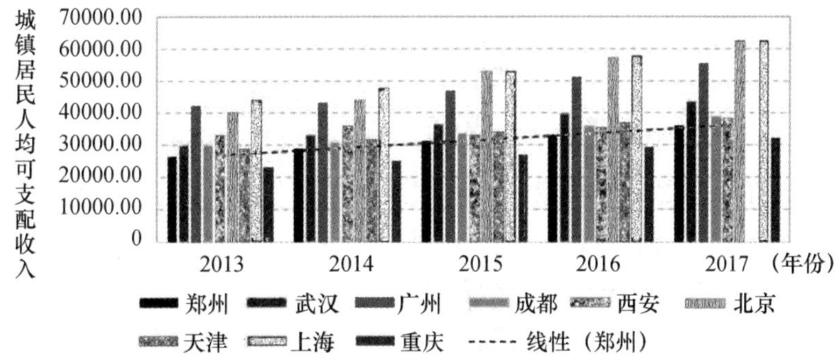

图4－10　2013—2017 年九大国家中心城市城镇居民人均可支配收入比较（元）

注：2017 年天津数据缺失。

资料来源：各城市 2013—2017 年统计公报、统计年鉴。

从农村居民人均可支配收入来看，郑州自 2013 年的 14009 元人民币增长至 2017 年的 19974 元人民币，增幅 5965 元人民币，年均增长 9%，高于同期城镇居民人均可支配收入增长速度。与对标城市相比，尽管郑州农村居民人均可支配收入仅高于重庆，但其增幅分别高于广州、西安和重庆，而增速则分别高于广州和西安，与同期北京增速一致，体现出郑州未来收入水平具备潜在发展优势（见图 4－11）。

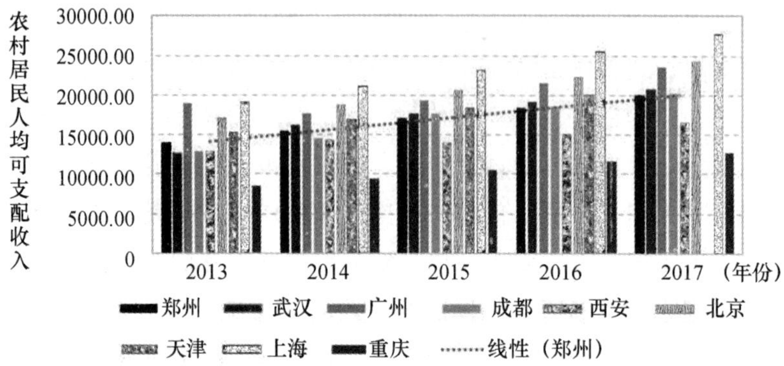

图4－11　2013—2017年九大国家中心城市农村居民人均可支配收入比较（元）

注：2017年天津数据缺失。

资料来源：各城市2013—2017年统计公报、统计年鉴。

城乡收入差距不断缩小，收入分配改善。2013—2017年，由于郑州城镇居民和农村居民人均可支配收入均显著提高，并且得益于农村居民增长速度快于城镇居民，郑州城乡收入差距不断缩小。其中2013年郑州城乡收入比为1.9，而到2017年城乡收入比降为1.8。与其他中心城市相比，2017年郑州城乡收入比最低，成都次之，其余城市均高于2（见图4－12）。

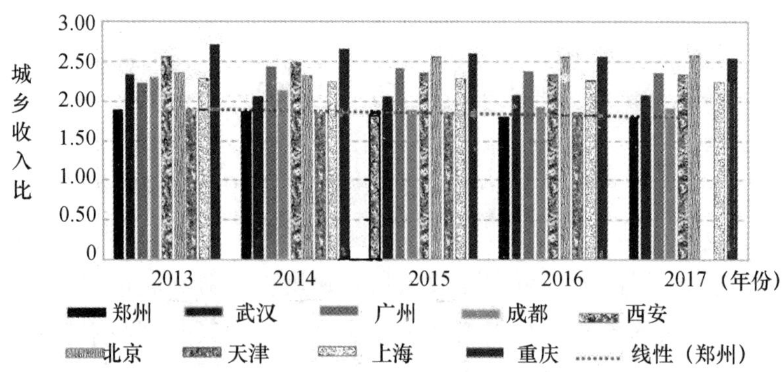

图4－12　2013—2017年九大国家中心城市城乡收入比比较

注：2017年天津数据缺失。

资料来源：各城市2013—2017年统计公报、统计年鉴。

三　科教和城市建设方面

科技创新能力显著增强。如果分别以专利申请量、专利授权量以及技术合同成交额来衡量科技创新能力，郑州 2013—2017 年科技创新能力增长明显。其中专利申请量从 2013 年的 20259 个增长至 2017 年的 50544 个，增长近一倍，年均增长 26%；专利授权量从 2013 年的 10372 个增加至 2017 年的 21249 个，增长一倍多，年均增长 20%；技术合同成交额从 2013 年的 909 亿元人民币增长至 2017 年的 162 亿元人民币，年均增长 16%。与对标城市相比，郑州科技创新能力同样表现出强劲增长态势。其中专利申请量年均增长率仅低于广州和西安，位居第三位；专利授权量尽管总量排名靠后，但增长趋势位列前茅，仅低于广州和西安，位居第三；技术合同成交额以及其年均增长率则相对较低（见表 4－3）。

表 4－3　　2013—2017 年九大国家中心城市科技创新相关统计

		2013 年	2014 年	2015 年	2016 年	2017 年	年均增长率（%）
郑州	专利申请量（个）	20259	24307	26406	37411	50544	26
	专利授权量（个）	10372	12316	16125	17884	21249	20
	技术合同成交额（亿元人民币）	90.9	110.9	130.1	150.2	162	16
武汉	专利申请量（个）	25680	27802	33620	44826	49726	18
	专利授权量（个）	15901	16335	21740	22967	25528	13
	技术合同成交额（亿元人民币）	220	309.23	405.3	504.21	603.2	29
广州	专利申请量（个）	39751	46330	63296	99070	118332	31
	专利授权量（个）	26156	28137	39834	31850	60201	23
	技术合同成交额（亿元人民币）	—	—	—	—	—	—
成都	专利申请量（个）	59370	64957	77538	98251	—	18
	专利授权量（个）	33256	31935	44852	41309	—	7
	技术合同成交额（亿元人民币）	—	—	—	—	—	—

续表

		2013 年	2014 年	2015 年	2016 年	2017 年	年均增长率（%）
西安	专利申请量（个）	23534	47134	60986	46103	81110	36
	专利授权量（个）	3708	16723	25103	38279	25042	61
	技术合同成交额（亿元人民币）	415.67	530.53	657.44	711.77	809	18
北京	专利申请量（个）	123336	138111	156312	104643	186000	11
	专利授权量（个）	62671	74661	94031	40602	107000	14
	技术合同成交额（亿元人民币）	2851.2	3136	3452.6	3940.8	4485.3	12
天津	专利申请量（个）	—	—	80000	106500	87000	4
	专利授权量（个）	—	—	37300	39700	41700	6
	技术合同成交额（亿元人民币）	300.68	418.11	539.18	602.32	658	22
上海	专利申请量（个）	86450	81664	100006	119937	131746	11
	专利授权量（个）	48680	50488	60623	64230	70464	10
	技术合同成交额（亿元人民币）	620.87	667.99	707.99	822.86	867.53	9
重庆	专利申请量（个）	47800	55300	82800	59500	65000	8
	专利授权量（个）	24800	24300	38900	42700	35000	9
	技术合同成交额（亿元人民币）	167.98	175.35	145.70	257.4	121.7	-8

资料来源：各城市 2013—2017 年统计公报、统计年鉴。

教育规模不断壮大。2013—2017 年郑州高等学校在校学生数从 74.76 万人增长至 93.5 万人，位居第三（与第二位武汉相差仅 1.3 万人），增幅 18.74 万人，年均增长 6%，增幅及年均增长率均居 9 大中心城市之首。而近五年其他对标城市高等学校在校生数变化不明显，增长最为显著的是重庆，年均增长仅为郑州的一半（见图 4-13）。

市辖区开发强度高。通过用市辖区建成区面积与市辖区土地面积的比值来衡量市辖区开发强度可以发现，郑州 2013—2017 年市辖区开发强度呈现明显增长趋势。其中 2013 年郑州市辖区开发强度为 36.93%，而 2017 年增长至 45.25%，增幅近 10 个百分点。相比于其他国家中心城市，郑州市辖区开发强度水平处于明显领先地位，不仅高于北京、天津、重庆等直辖市，而且与广州、武汉、成都、西安等地相比优势也十分显著（见图4－14）。

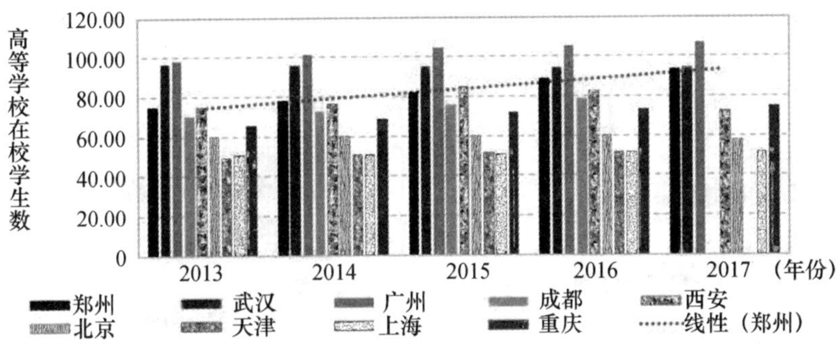

图4－13　2013—2017年九大国家中心城市高等学校在校学生数比较（万人）

注：2017年成都、天津数据缺失。

资料来源：各城市2013—2017年统计公报、统计年鉴。

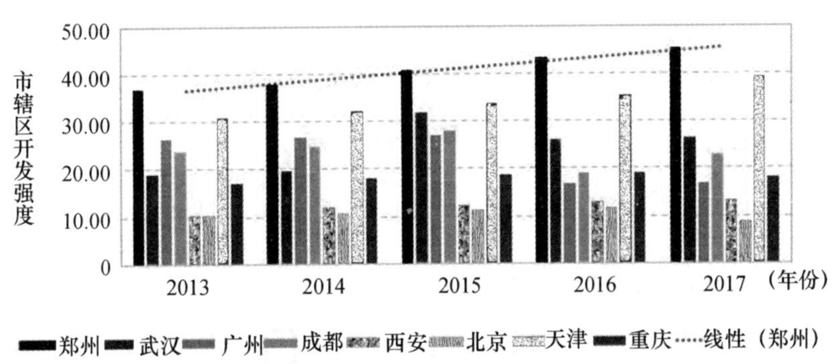

图4－14　2013—2017年九大国家中心城市市辖区开发强度比较（%）

注：上海建成区面积数据缺失，图中不涉及上海数据。

资料来源：各城市2013—2017年统计公报、统计年鉴。

人口密度最大，外围市县具备承载中心区要素疏解的潜力大。不论是市辖区人口密度还是全市人口密度，郑州都处于全国前列。河南作为外出务工大省，省会郑州是18个省辖市中唯一出现人口持续净流入的地区。数据显示，郑州全市常住人口从2011年的885.7万增加到2015年末的956.9万。同时，郑州市的人口密度始终位居各大城市之首。图4－15显示，郑州2012—2015年市辖区人口密度和全市人口密度尽管均呈现下降趋势，但仍居对标城市之前列（2015年全市人口密度低于广州，位列第二）。

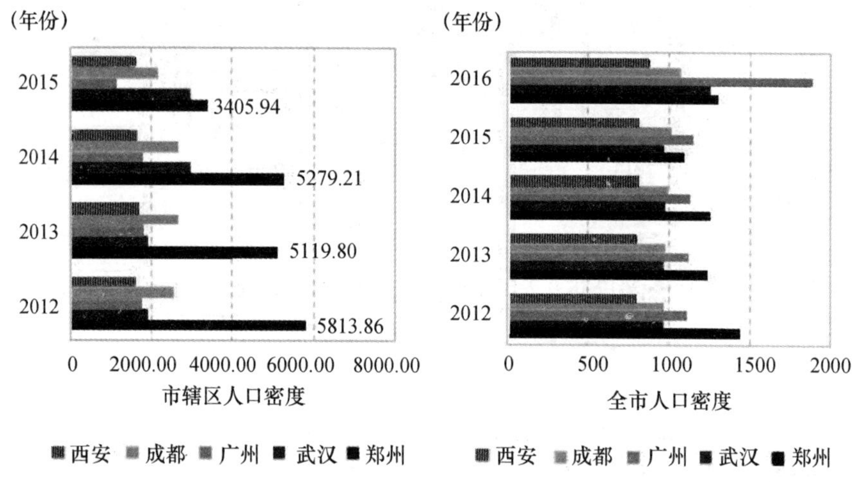

图4－15　2012—2015年部分国家中心城市人口密度（人/平方公里）

资料来源：各城市2012—2015年统计公报、统计年鉴。

进一步分析，通过计算市辖区人口密度与全市人口密度之比来衡量城市外围市县对中心区人口疏解能力可以发现，郑州这一指标始终高于对标城市，即郑州外围市县对郑州市辖区人口疏解潜力较大（见表4－4）。2016年郑州人口密度1306人/平方公里，仅次于其他8个国家中心城市的上海、广州、北京和天津，居于9个国家中心城市的第5位，交通拥堵问题严重，城市秩序较为混乱。因此，建设郑州国家中心城市势必要进一步扩容，除了向郑州周边扩展外，一些功能如传统产业发展要进一步向外扩散，这就要着眼于郑州大都市区建设，和周边的开封、新乡、许昌、焦作实现相向对接和一体化融合发展，疏解郑州的一些功能，相对实现郑州扩容。

表 4－4　　2012—2015 年部分国家中心城市要素疏解的潜力

	郑州	武汉	广州	成都	西安
2012 年	4.04	1.95	1.59	2.64	2.03
2013 年	4.15	1.95	1.60	2.71	2.03
2014 年	4.19	3.07	1.60	2.68	2.03
2015 年	3.13	3.07	1.00	2.13	1.98

资料来源：各城市 2013—2017 年统计公报、统计年鉴。

第二节　郑州参与“一带一路”建设的发展潜力

党的十九大报告指出，“中国坚持对外开放的基本国策，坚持打开国门搞建设，积极促进‘一带一路’国际合作，努力实现政策沟通、设施联通、贸易畅通、资金融通、民心相通，打造国际合作新平台，增添共同发展新动力”。郑州在全面建设国家中心城市的过程中，将极大提高参与“一带一路”建设的能力。早在 2015 年 3 月政府发布的《推动共建丝绸之路经济带和 21 世纪海上丝绸之路的愿景与行动》中，郑州就被确定为内陆地区推进“一带一路”建设的七个重要节点城市之一，被定位为“内陆开放型经济高地”①。本节将从区位枢纽优势、基础设施建设、现代产业体系培育、对外开放门户打造、创新驱动发展五个方面通过与武汉、成都和西安对比，阐述郑州参与“一带一路”建设的能力与潜力。

一　区位枢纽优势

2017 年 2 月国务院印发的《“十三五”现代综合交通运输体系发展规划》明确提出：“重点打造北京—天津、上海、广州—深圳、成都—重庆国际性综合交通枢纽，建设昆明、乌鲁木齐、哈尔滨、西安、郑州、武汉、大连、厦门等国际性综合交通枢纽，强化国际人员往来、物流集散、中转服务等综合服务功能，打造通达全球、衔接高效、功能完善的

① http：//zhs. mofcom. gov. cn/article/xxfb/201503/20150300926644. shtml。

交通中枢。”[①] 郑州地处国家“两横三纵”城市化战略格局中陆桥通道和京哈京广通道的交会处，在连接东西、贯通南北中发挥重要作用。而且，随着郑州成为丝绸之路经济带主要节点城市，郑欧班列班次密度高，郑州至卢森堡定期货运航线开通，以郑州为中心的米字形高速铁路建设取得重大突破，郑开城际铁路通车运营，现代综合交通枢纽地位进一步提升。

国家“一带一路”远景规划明确定位郑州市为节点城市和内陆开放型经济高地。郑欧班列已成为享誉全国的开放品牌。中欧班列（郑州）是国内中欧班列中唯一实现高频往返、均衡对开，并满载运行的班列，率先推出班列送货“门到门”服务，在全国多个城市设立办事处达到19个，主要从事国际业务、电商业务和区域营销，并与内蒙古、新疆等地沿线城市的相关部门建立直通放行机制，使班列实现境内全城绿灯；郑州与德国、俄罗斯、哈萨克斯坦等国家签订海关方面的合作协议，实现班列全程直达。

截至2017年年末，中欧班列（郑州）累计已开列1008班，年累计承载货重50万吨，货值52.26亿美元。近三年年均增长率分别为149%、133%、172%。特别是2017年郑欧班列进入提速期，开行501次班列，跃居全国第三位。2013—2017年中欧班列（郑州）基本情况见表4-5。而与成都、武汉开行中欧班列数量相比，与成都还有一定差距（见图4-16）。根据郑州市物流发展规划，郑州将依托郑州国际陆港，建设国际铁路中转枢纽，进一步提升中欧班列（郑州）运营水平，形成连接“一带一路”的东西双向通道，到2020年年底，实现年开行1000班，实现去、回程平衡，届时将成为郑州融入“一带一路”重要的优势。

建设国际航空港，全面投入“丝绸之路经济带”的建设。2013年3月7日，国务院批准《郑州航空港经济综合实验区发展规划（2013—2025年）》，标志着全国首个航空港经济发展先行区正式起航。2016年年底，国务院批复的《促进中部地区崛起“十三五”规划》中，首次明确支持武汉、郑州建设国家中心城市，也提出“支持郑州航空港经济综合

① http：//www.gov.cn/zhengce/content/2017-02/28/content_5171345.htm。

实验区打造多式联运国际物流中心和以航空经济为引领的现代产业基地”。2016 年底国家批复的《中原城市群发展规划》再次明确支持郑州建设国家中心城市，并提出加快推动郑州机场形成覆盖全球、通达各洲的国际客货运航线网络，迈进世界级主要货运枢纽行列；将郑州打造成国际性枢纽城市。在《“十三五”现代综合交通运输体系发展规划》中，郑州被列入国家打造或建设的 12 个国际性综合交通枢纽之一。

表 4－5　　2013—2017 年中欧班列（郑州）基本情况

单位：班、万吨、亿美元

	开班量	货重	货值
2013	13	0. 89	0. 5
2014	87	3. 61	4. 3
2015	156	6. 35	7. 14
2016	251	13	12. 94
2017	501	26. 16	27. 38

资料来源：郑州市 2013—2017 年统计公报、统计年鉴。

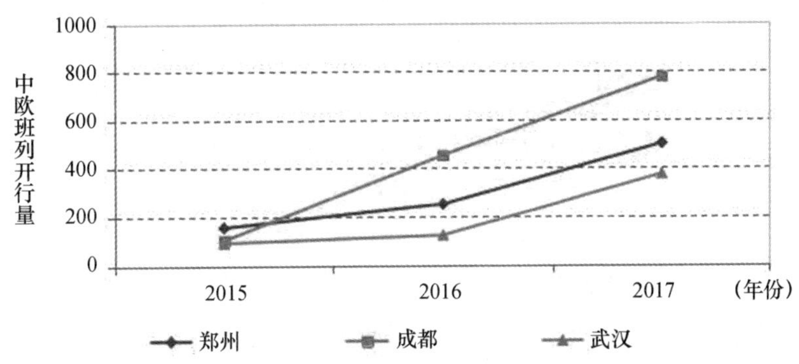

图 4－16　2015—2017 年中欧班列开行量（班）

资料来源：各城市 2015—2017 年统计公报、统计年鉴。

2014 年 1 月，河南民航发展投资有限公司完成对卢森堡货航 35% 的股权收购，确定了构建以郑州为亚太物流中心、以卢森堡为欧美物流中心的“双枢纽”发展战略。通过郑卢货运“双枢纽”合作战略，使郑州迅速融入全球主要经济体货运航线枢纽网络；2015 年 4 月 13 日，卢森堡—郑州—芝加哥国际货运航线首飞。此航线不仅是郑州机场第一条采用第五航权的国际货运航线，而且是郑州—卢森堡“双枢纽”战略的延伸，意味着郑州作为中国重要的航空节点，成功将三大洲贯通，成为欧亚美“枢纽中的枢纽”，真正实现了“一点连三洲，一线串欧美”。至此，郑州机场覆盖全球的航空货运网络骨架已基本形成，开启了郑州打造国际航空货运枢纽的新历程。2017 年 1 月，中国与卢森堡举行双边航权谈判，就进一步扩大两国航权开放达成共识，除新增卢森堡国际运航空在郑州运营货运航班额度外，对卢森堡货航经郑州至北美、东南亚第五航权扩大航点，并对经郑州至中东、中亚和非洲等第五航权进行了全面开放。郑州机场将逐步成为中部地区融入“一带一路”的开放门户。2017 年 6 月 23 日，河南省机场集团有限公司与沃伦堡公司、美国 Forward Air 公司、卢森堡货航合资公司等 7 家境内外物流企业成立“国际物流数据标准”联盟，在全球范围内共同推广使用“国际物流数据标准”，真正实现“一单到底，物流全球”的目标。

“空中丝绸之路”“双枢纽”让郑州机场成为了卢森堡航空在亚太地区的枢纽，也让卢森堡航空成为了郑州在欧洲地区的货运枢纽。郑州—卢森堡“空中丝绸之路”成为了国家“一带一路”建设的重要组成部分。通过“双枢纽”建设，郑州机场航空航线不断加密，从四年前刚开通时的每周 4 架次，至今已加密到每周 40 架次，郑州机场的货运能力也在大幅度提高。

二　基础设施优势

郑州在货邮运输、铁路和公路方面也加大了投资力度，成绩显著。

截至 2017 年，郑州新郑国际机场货邮吞吐量首次突破 50 万吨，跻身全球货运机场 50 强。其中，2017 年郑州至卢森堡航线货邮量达 14.7 万吨，较 2016 年增长近四成。到 2020 年，机场货邮吞吐量达到 80 万吨，其中国际物流占比达到 75%，实现从被动接收型物流空港向以为服务物流为主的主动型国际物流中心转变。开行国际货运航线 40 条，通航城市 50 个。通过与西安、成都、武汉的对比可以看出郑州的机场货运能力在逐渐增强。具体数据见表 5 –6。

1. 各城市机场货邮运输实现平稳较快增长。郑州2017年机场货邮吞吐量50.3万吨，仅次于成都64.3万吨。而2013—2017年郑州、西安、成都、武汉年均增长分别为18.4%、9.79%、6.41%、9.34%，郑州年均增长率明显高于其他三市（见表4-6）。

表4-6　机场货邮吞吐量　单位：万吨

	2013年	2014年	2015年	2016年	2017年
郑州	25.6	37.0	40.3	45.7	50.3
西安	17.9	18.6	21.2	23.4	26.0
成都	50.1	54.5	55.7	61.2	64.3
武汉	12.9	14.3	15.5	17.5	18.5

资料来源：各城市2013—2017年统计公报、统计年鉴。

2. 机场货邮吞吐量排名跃升。从各地区与同期全国机场货邮吞吐量增速来看，郑州则一直高于全国同期增速（见表4-7）。同时，机场货邮吞吐量的排名也从2013年的第12位强势崛起，挤进前十，排名第7位，提升速度居于对标四城市之首（见图4-17）。

表4-7　机场货邮吞吐量增速　单位：%

	2013年	2014年	2015年	2016年	2017年
郑州	69.1	44.9	8.9	13.2	10.1
西安	2.3	4.2	13.5	10.5	11.2
成都	-1.3	8.7	2.1	9.9	5.1
武汉	1.0	10.5	8.1	13.3	5.5
全国	4.9	7.8	3.9	7.2	7.1

资料来源：各城市2013—2017年统计公报、统计年鉴。

铁路方面，郑州地处京广、陇海两大铁路干线大动脉的核心十字枢纽，被称为“中国铁路心脏”。郑州北站是亚洲作业量最大的列车编组站，圃田西站（原郑州东站）是全路综合型特等货运站和国家内陆铁路货运一类口岸。随着郑州新东站的建成使用，郑西、京广高铁的相继开

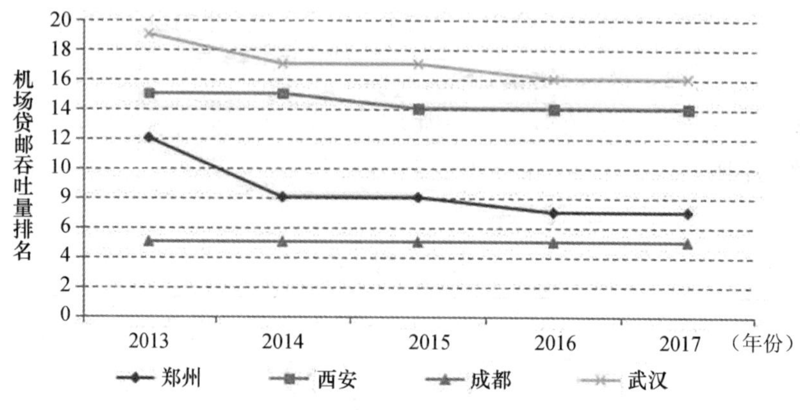

图 4－17　机场货邮吞吐量排名

资料来源：各城市 2013—2017 年统计公报、统计年鉴。

通，以及郑徐、郑万、郑济高铁的加紧建设，一个米字型的高铁枢纽雏形已经显现。将形成以郑州为中心，连南贯北、承东启西的“四面八方”轴带发展格局，在“十三五”时期郑州至万州、郑州至济南、郑州至太原、郑州至合肥等快速铁路全部建成，形成以郑州为中心的省辖市 1 小时和周边省会城市 2 小时的“高铁交通圈”。

公路方面，加快完善“两环多放射”高速公路网和“七横十四纵五放射”干线公路网，提高市域道路和高速公路的衔接水平，逐步实现都市区各组团 20 分钟上高速、中原所有城市 3 小时通达的目标。高速公路通行服务能力显著提升。

三　现代产业体系优势

产业是经济的根基，是城市实力的体现。没有产业的支撑，国家中心城市地位就没有说服力。

郑州以供给侧结构性改革为主线，以提高供给体系质量为主攻方向，以科技创新为引领，以壮大实体经济为着力点，做强先进制造业、做大现代服务业、做优都市农业，加大产业的升级转型，不断提升产业的技术水平，打造出产业的现代化发展体系。相比前几年郑州产业转型已初见成效。已由 2013 年三大产业结构的 2.4 ：56 ：41.6 转变为 1.74 ：

46.52∶51.74，服务业的产值已超过第二产业。同时，郑州力图做优都市农业，推动农业适度规模经营，推进都市农业、生态农业、休闲农业、旅游农业的发展；积极推进做强先进制造业，持续做大做强电子信息、高新技术产业等战略支撑企业，大力发展人工生物制药等新兴产业；努力做大现代服务业，重点围绕推动生活性服务业向精细化和高品质转变、生产性服务业向专业化和中高端延伸，加大对现代物流、电子商务、金融、商贸服务等一系列现代服务投资。通过汇总 2018 年河南省郑州航空港实验区招商引资第一、二批项目可以发现，在共计 60 个项目中，现代服务业占据其中 14 个，先进制造业项目则占有 26 个（见图 4－18）。

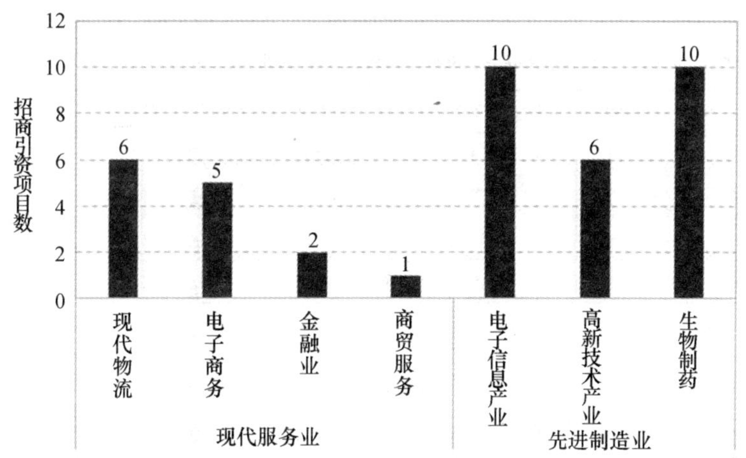

图 4－18　2018 年郑州航空港实验区招商引资项目（个）

资料来源：郑州市 2013—2017 年统计公报、统计年鉴。

（一）做优都市农业

2017 年郑州都市农业取得良好发展。实施环城都市生态农业和湿地农业建设项目，全市新发展环城都市生态农业 15 万亩。都市生态农业技术支撑能力不断加强，建立 8 个生态农业技术体系。农业产业化水平不断提升，全年新培育市级龙头企业 10 家以上，国家级龙头企业 13 家，省级龙头企业 54 家，休闲农业接待人次达到 3200 万人次，营业收入达 35 亿元。同时 2017 年第一产业增加值达 158.6 亿元人民币，比去年增长

2.6%，但与其他三个城市相比农业规模和增速存在一定差距。成都在2017年已经突破500亿人民币，近五年年均增速达9.1%，而郑州仅为1.9%（见表4—8）。

多种举措并用推动农业发展。实施高标准农田和“菜篮子”工程，切实稳定粮食产量，提高“菜篮子”自给率。同时为郑州市拟设立都市生态农业专项建设基金，三年基金总规模拟达到300亿元人民币。主要投向郑州市生态体系中森林、湿地、流域、农田四大生态体系，首期重点投向农业主题公园和田园综合体；投向农业产业平台，提升农业的现代化、国际化、集约化水平，重点支持重大招商引资农业产业项目；支持“一带一路”农业走出去重点项目。

表4－8　　2013—2017年第一产业增加值　　单位：亿元

	2013	2014	2015	2016	2017
郑州	147	149.5	151	156.4	158.6
西安	217.76	233.61	241.69	256.38	281.12
成都	353.2	370.8	373.2	474.9	500.9
武汉	335.4	350.06	359.81	390.62	408.2

资料来源：郑州市2013—2017年统计公报、统计年鉴。

（二）做强先进制造业

2017年郑州市工业结构调整稳步推进。2017年郑州规模以上工业增加值完成3191.3亿元人民币，仅高于西安。但仍呈现出不少亮点。主导产业发展稳健，凸显支撑优势。2017年，郑州市汽车及装备制造业、电子信息工业等工业七大主导产业对全市工业经济发展起到重要的支撑作用。2017年全市七大主导产业同比增长10.5%，高于全市工业平均水平2.7个百分点，工业增加值占全市工业的比重为70.9%，对全市工业增长的贡献率为96.8%，较上年同期提高4.1个百分点，拉动全市工业增长7.6个百分点。七大主导产业中有5个产业增速高于全市平均水平，分别为汽车及装备制造业增长8.7%、电子信息工业增长20.8%、生物及医药产业增长14.9%、现代食品制造业增长9.8%、家居和品牌服装制造业增长8.7%。

新兴产业发展势头强劲。2017 年，全市高技术产业完成工业增加值 407.1 亿元，同比增长 19.9%，高于全市工业平均水平 12.1 个百分点，较上年同期提高 6.3 个百分点。高新技术产业完成工业增加值 1328.4 亿元，同比增长 9.4%，高于全市工业平均水平 1.6 个百分点，较上年同期提高 0.2 个百分点。新产品产量保持较快增长，2017 年，新能源汽车产量同比增长 17.1%，太阳能电池增长 7.7%，手机增长 14.6%。

传统支柱、高载能行业增速放缓。2017 年，化工、有色、钢铁、纺织服装四大传统支柱行业增加值同比下降 1.7%，低于全市工业平均水平 9.5 个百分点，较去年同期回落 4.8 个百分点；煤炭开采和洗选业、化学原料和化学制品业、非金属矿物制品业、黑色金属冶炼和压延业、有色金属冶炼和压延业、电力热力生产和供应业六大高载能行业增加值同比增长 3.9%，低于全市工业平均水平 3.9 个百分点，拉动全市工业增长 1.6 个百分点。

表 4－9　　2013—2017 年各城市规模以上工业增加值　　单位：亿元

	2013	2014	2015	2016	2017
郑州	2857.7	3094.0	3312.3	3215.4	3191.3
西安	1265.6	1195.3	1174.7	1178.4	1361.8
成都	2917.6	3273.5	3512.5	3772.4	4051.6
武汉	3113.3	3453.4	3746.9	3934.2	4237.2

资料来源：各城市 2013—2017 年统计公报、统计年鉴。

表 4－10　　2013—2017 年郑州规模以上工业企业相关统计　　单位：亿元、%

	2013	2014	2015	2016	2017
规模以上工业企业增加值	2857.7	3094	3312.3	3215.4	3191.3
其中：高技术产业完成增加值	310.6	409.1	514.5	449.8	407.1
占比	10.87	13.22	15.53	13.99	12.76
其中：七大主导产业完成增加值	1932.1	2155.3	2375.6	2294.9	2263.1
占比	67.61	69.66	71.72	71.37	70.91

资料来源：郑州市 2013—2017 年统计公报、统计年鉴。

（三）做大现代服务业

现代服务业快速增长。郑州市现代金融、现代物流、跨境电商、共享经济等新业态新模式快速发展，其中，2017 年郑州物流业增加值达到 430 亿元人民币，同比增长 10%，占 GDP 比重 4.71%，但低于同期其他中心城市水平（见表 4－11）。2017 年年底在郑州机场运营货运的航空公司有 21 家（其中国际 14 家），开通货运航线 34 条（其中国际地区航线 29 条），货运通航城市 37 个（其中国际和地区城市 27 个），周全货机航班量 100 班，货运航空公司、通航城市和全货机航班量均居全国大型机场第四位（仅次于上海、广州和深圳）。在全球前 20 位货运枢纽机场中，已开通 15 个航点，基本形成了横跨欧美亚、覆盖全球主要经济体的枢纽航线网络，成为中部地区融入“一带一路”的开放门户。

表 4－11　2013—2017 年各城市物流业增加值及其占 GDP 比重

单位：亿元、%

		2013	2014	2015	2016	2017
郑州	增加值	422	318	325	391	430
	占比	6.8	4.69	4.45	4.82	4.71
西安	增加值	—	—	594	635	728
	占比	—	—	10.24	10.11	9.79
成都	增加值	705.76	768.93	856.5	—	—
	占比	7.75	7.65	7.68	—	—
武汉	增加值	—	—	1018.6*	—	1208.96
	占比	—	—	9.3*	—	9.01

注：*代表“十二五”期间水平；成都数据来源于《成都市现代物流业发展“十三五”规划》。

资料来源：各城市 2013—2017 年统计公报、统计年鉴。

郑州金融业发展迅速。2013—2017 年，金融业增加值由 487.4 亿元增长至 986.1 亿元，仅高于西安，但增长迅速，增幅超 100%。金融业增加值占 GDP 的比重反映了金融业发达的程度，与对标城市相比，郑州仅高于武汉，略低于西安和成都（见表 4－12）。

表4－12 2013—2017年各城市金融业增加值及其占GDP比重

单位：亿元、%

		2013	2014	2015	2016	2017
郑州	增加值	487.4	574	666.8	882	986.1
	占比	7.86	8.46	9.12	10.87	10.8
西安	增加值	429.51	534	658.9	724.35	817.88
	占比	8.72	9.72	11.36	11.53	11
成都	增加值	892.67	1025.77	1100	1386	1604.3
	占比	9.8	10.2	10.7	11.4	11.6
武汉	增加值	—	699.57	837.49	941	1024.75
	占比	—	6.9	7.68	8	7.64

资料来源：各城市2013—2017年统计公报、统计年鉴。

同时，根据2017年中国金融中心指数排名，郑州位列第13位，成为增速最快的城市。在全国28个区域金融中心中排名第10位，相比上一期指数，郑州综合竞争实力在中部地区排名第二，仅次于武汉。报告显示，郑州金融中心各项指标得分都有较快增长，其中，金融产业绩效分项排名上升三位，金融机构实力排名上升1位，金融生态环境排名提升7位。郑东新区金融集聚核心功能区的建设正渐入佳境。根据《郑州市现代服务业发展三年行动计划（2016—2018年）》，2018年各类金融机构将突破360家，法人金融机构30家；国内15家政策性银行、全国性股份制银行全部进驻郑州，力争2家外资银行入驻；同时积极引进10家省级证券分公司、5家省级保险分公司。届时金融服务能力将得到进一步提升。

跨境电商增长迅速。自2015年6月开展跨境业务以来，郑州航空港实验区跨境电商进出口单量和货值呈现井喷式增长，产业规模逐步壮大。2017年该区完成跨境进出口1589.58万单、货值11.09亿元人民币，缴纳税款4628.07万元人民币，单量和货值同比增长10.5倍、5.8倍，在全省业务中分别占比17.6%、9.9%。其中，出口1347.16万单，货值6.74亿元人民币，占全区跨境进出口总单量和总货值的84.7%和60.8%，占全省出口总量的76.45%和82%，在全国跨境电子商务综合试验区中名列前茅。

四 对外开放门户优势

郑州凭借国家战略支持（中原城市群、国家中心城市等）、互联互通枢纽优势［郑州航空港、郑州国际陆港、中欧班列（郑州）、郑州跨境电商等］以及开放平台体系［河南（郑州）自贸区、综合性大口岸等］，逐步构建了对外开放新局面。

（一）对外贸易与投资

统计数据显示，2017 年郑州直接进出口总额 596.4 亿美元，比上年增长 8.4%；其中进口 250.7 亿美元，增长 7.5%；出口 345.6 亿美元，增长 9%。在出口总额中，一般贸易出口 51.7 亿美元，增长 32.8%；加工贸易出口 290.9 亿美元，增长 5.5%；机电产品出口 317 亿美元，增长 8.1%；高新技术产品出口 298.9 亿美元，增长 8.1%。全年新批外资企业 79 个，比上年增加 7 个，增长 9.7%。合同利用外资额 35.2 亿美元，下降 17.5%；实际利用外商直接投资 40.5 亿美元，增长 0.4%；引进境内域外资金 1878.8 亿元，增长 7.8%。①

从与武汉、成都和西安三个对标城市比较中发现，郑州对外贸易具有明显优势，近 10 年年均增长率高达 34%，远高于武汉、成都和西安进出口增速。相似地，郑州出口和进口近 10 年年均增速也高于其他三个对标城市。相对而言，郑州吸引的实际外商直接投资低于其他三个对标城市，近 10 年年均增长率为 12.5%，处于相对较低水平，这也说明未来郑州吸引投资的发展空间很大（见表 4－13）。

表 4－13　郑州、武汉、成都、西安进出口及实际外商直接投资比较

单位：亿美元、%

		郑州	武汉	成都	西安
进出口	2017 年	596.4	237.81*	410.1*	182.86*
	近 10 年年均增长率	34%	10.1	17.6	14.6

① 《2017 年郑州市国民经济和社会发展统计公报》，http：//tjj.zhengzhou.gov.cn/tjgb/715921.jhtml。

续表

		郑州	武汉	成都	西安
出口	2017 年	345.6	137.23*	219.3*	94.69*
	近 10 年年均增长率	31.4	12.5	16.1	11.8
进口	2017 年	250.7	100.58*	190.8*	88.17*
	近 10 年年均增长率	38.7	7.6	19.6	18.7
实际 FDI	2017 年	40.5	85.23*	86.17*	53.07
	近 10 年年均增长率	12.5	15.9	25.2	18.6

注：*为 2016 年统计数据。

资料来源：笔者根据各市统计年鉴及 Wind 资讯数据库整理。

（二）郑州开发区的比较优势

郑州抢抓国家扩大自贸区改革自主权的政策机遇，加快航空港实验区、跨境电商综试区、海关特殊监管区和各类功能口岸等国家载体平台建设，推进贸易和投资自由化、便利化，不断巩固扩大了“区位 + 枢纽 + 开放”的比较优势。以郑州航空港经济综合实验区为例。它是中国首个上升为国家战略、目前唯一一个由国务院批准设立的航空经济先行区，规划面积 415 平方公里，规划人口 260 万，定位于国际航空物流中心、以航空经济为引领的现代产业基地、内陆地区对外开放重要门户、现代航空都市、中原经济区核心增长极。2017 年按目的地统计的进出口金额为 3536 亿元人民币，其绝对规模高于可对比的武汉东湖新技术开发区（1043.5 亿元人民币）和成都高新技术产业开发区（3099.9 亿元人民币）。2014—2017 年其进出口年均增长率为 13.3%，在与武汉、成都和西安各类开发区比较中处于中等水平（见表 4 - 14）。

据规划，到 2025 年，郑州航空港经济综合实验区的国际航空货运集散中心地位显著提升，航空货邮吞吐量达到 300 万吨左右，跻身全国前列；形成创新驱动、高端引领、国际合作的产业发展格局，与航空相关的高端制造业主营业务收入超过 10000 亿元人民币；建成现代化航空都市，营商环境与国际全面接轨，进出口总额达到 2000 亿美元，成为引领中原经济区发展、服务全国、连通世界的开放高地。[①]

表4－14　　郑州、武汉、成都、西安开发区比较

	郑州		武汉	成都		西安	
	航空港经济综合实验区	高新技术产业开发区	东湖新技术开发区	经济技术开发区	高新技术产业开发区	航天经济技术开发区	新技术产业开发区
面积、人口	规划面积415平方公里、规划人口260万	管辖面积99平方公里、人口35万	规划面积518平方公里、人口120多万	规划面积77.3平方公里	现有托管区域面积613平方公里	总规划面积86.68平方公里	人口55.3万
定位或目标	国际航空物流中心、以航空经济为引领的现代产业基地、内陆地区对外开放重要门户、现代航空都市、中原经济区核心增长极	坚定“发展高科技、实现产业化”	产业结构全面向高端引领转变，发展布局全面向产城融合转变，发展模式全面向绿色生态转变	围绕“世界级汽车产业城、国际化生活品质城”和“大车城”建设目标，大力发展以汽车整车、零部件和工程机械为重点的现代汽车产业	建设具有国际竞争力和区域带动力的高新技术产业基地	航天技术产业和国家战略性新兴产业聚集区，西安建设国际化大都市的城市功能承载区	在全球范围内，形成在通信、光伏、软件与服务外包等领域具有较强竞争力的产业集群
进出口	（亿元）	（亿元）	（亿元）	（亿元）	（亿元）	（亿元）	（亿元）
2014	2428.3	22.8	628.5	98.5	2085.3	29.7	77.4
2015	3184.5	21.2	827.3	96.7	1490.4	27.6	79.7
2016	3259.5	26	846.3	110.7	1898.6	30	75
2017	3536	37.2	1043.5	141.3	3099.9	17.3	106.6
四年年均增速	13.3%	17.7%	18.4%	12.8%	14.1%	－16.5%	11.3%

注：进出口金额按目的地口径统计。

资料来源：笔者根据Wind资讯数据库整理计算。

---

① 参见《郑州航空港经济综合实验区发展规划（2013—2025年）》，http：//www.ndrc.gov.cn/zcfb/zcfbghwb/201304/W020140221372408841861.pdf。

（三）河南（郑州）自贸区的开放平台

2013年9月至2017年3月，中国先后批复成立11个自贸试验区，即上海、广东、天津、福建、辽宁、浙江、河南、湖北、重庆、四川、陕西，逐渐形成"1+3+7"的格局。实践表明，自贸试验区建设是新形势下推进改革开放的重大举措和有效路径。特别是，新设的辽宁、浙江、河南、湖北、重庆、四川和陕西7个自贸试验区大多布局在中西部地区，对接"一带一路"特别是丝绸之路经济带。虽然与"一带一路"倡议形成联动，但是这些自贸试验区战略定位、发展目标和区位布局各有不同，仅以河南、湖北、四川和陕西作为比较。河南自贸区的差别化发展战略集中体现在制度创新、产业升级和服务于"一带一路"的交通枢纽三个方面（见表4－15）。

表4－15　河南、湖北、四川和陕西自由贸易试验区之间的比较

	试验区面积	涵盖区域	战略定位	发展目标	区位布局（部分片区）
河南自贸区	119.77平方公里	郑州片区、开封片区、洛阳片区	服务于"一带一路"建设的现代综合交通枢纽、全面改革开放试验田和内陆开放型经济示范区	成为投资贸易便利、高端产业集聚、交通物流通达、监管高效便利、辐射带动作用突出的高水平高标准自由贸易园区，引领内陆经济转型发展，推动构建全方位对外开放新格局	郑州片区重点发展先进制造业以及现代服务业，在促进交通物流融合发展和投资贸易便利化方面推进体制机制创新，打造多式联运国际性物流中心，发挥服务"一带一路"建设的现代综合交通枢纽作用
湖北自贸区	119.96平方公里	武汉片区、襄阳片区、宜昌片区	成为中部有序承接产业转移示范区、战略性新兴产业和高技术产业集聚区、全面改革开放试验田和内陆对外开放新高地	在实施中部崛起战略和推进长江经济带发展中发挥示范作用	武汉片区重点发展新一代信息技术、生命健康、智能制造等战略性新兴产业和国际商贸、金融服务、现代物流、检验检测、研发设计、信息服务、专业服务等现代服务业

续表

	试验区面积	涵盖区域	战略定位	发展目标	区位布局（部分片区）
四川自贸区	119.99 平方公里	成都天府新区片区、成都青白江铁路港片区、川南临港片区	成为西部门户城市开发开放引领区、内陆开放战略支撑带先导区、国际开放通道枢纽区、内陆开放型经济新高地、内陆与沿海沿边沿江协同开放示范区	在打造内陆开放型经济高地、深入推进西部大开发和长江经济带发展中发挥示范作用	成都天府新区片区重点发展现代服务业、高端制造业、高新技术、临空经济、口岸服务等产业；成都青白江铁路港片区重点发展口岸服务业和信息服务、科技服务、会展服务等现代服务业
陕西自贸区	119.95 平方公里	中心片区、西安国际港务区片区、杨凌示范区片区	成为全面改革开放试验田、内陆型改革开放新高地、"一带一路"经济合作和人文交流重要支点	建成投资贸易便利、高端产业聚集、金融服务完善、人文交流深入、监管高效便捷、法治环境规范的高水平高标准自由贸易园区，推动"一带一路"建设和西部大开发战略的深入实施	中心片区重点发展战略性新兴产业和高新技术产业，打造面向"一带一路"的高端产业高地和人文交流高地；西安国际港务区片区建设"一带一路"国际中转内陆枢纽港、开放型金融产业创新高地及欧亚贸易和人文交流合作新平台

资料来源：笔者根据四省自由贸易试验区总体方案整理。

五　创新驱动型发展优势

创新是引领发展的第一动力。制度创新是基础，人才支撑是保障，科技创新是关键。

郑州作为河南省"三区一群"［郑州航空港经济综合实验区、中国

（河南）自由贸易试验区、郑洛新国家自主创新示范区和中原城市群］建设的重要支点，肩负着改革创新的历史重任。以制度创新为例，河南自贸试验区特别强调制度创新与园区开发融合互动。因为制度创新是国务院对自贸试验区战略定位的核心要求，即通过改革创新提供有效的制度供给，并在此基础上创新招商服务体制机制，创新商业模式和产业业态。为此，河南在自由贸易试验区建设实施方案中特别注重制度创新，主要包括如下方面。①

第一，深度对接国际高标准投资贸易规则体系。在市场准入、贸易规则、知识产权、法律服务等领域全面对接国际高标准规则体系，构建与投资贸易便利化相适应的规则体系和制度框架。第二，营造法治化、国际化、便利化营商环境。创新体制机制，深化行政审批制度和商事制度改革，构建权责明确、透明高效的事中事后监管机制，建立以社会信用为核心的市场监管体系，建设法治政府和服务型政府。第三，培育“一带一路”合作交流新优势。创新与“一带一路”沿线国家的合作机制，建设服务内陆地区“走出去”和“引进来”的重要窗口，建立完善与“一带一路”沿线国家的全方位交流合作平台。第四，深化金融领域开放创新。在跨境人民币业务创新、投融资及汇兑便利化、文化金融、科技金融等方面先行先试，构建与国际规则接轨的金融服务体系。

从人才支撑方面看，郑州深入推进“智汇郑州”人才工程，以强烈的人才意识，以开放的视野、战略的眼光广聚天下英才，多方式、广领域引进国内外高层次人才，大力吸引鼓励青年大学生在郑创新创业。支持本地高校发展，加强与国内外一流高校战略合作，提升高等教育的层次和质量。

科技创新能力显著增强。如果分别以专利申请量、专利授权量以及技术合同成交额来衡量科技创新能力，郑州2013—2017年科技创新能力增长明显。其中专利申请量从2013年的20259个增长至2017年的50544

① 参见《中国（河南）自由贸易试验区建设实施方案》，http：//www. henan. gov. cn/zt/system/2017/04/25/010716477. shtml。

个，增长近一倍，年均增长26%；专利授权量从2013年的10372个增加至2017年的21249个，增长一倍多，年均增长20%；技术合同成交额从2013年的909亿元人民币增长至2017年的162亿元人民币，年均增长16%。

第三节 郑州与"一带一路"的对接战略与政策红利

当前和今后一个时期，郑州将以国家中心城市建设为统揽，以郑州航空港经济综合实验区建设为引领，以河南自贸区郑州片区为平台，着力发展国际综合枢纽，着力提升科技创新能力，着力增强制度和机制创新吸引力，积极深度融入"一带一路"建设。随着战略支点、开放平台及支持保障体系的建立与完善，政策红利的累积效应将逐步释放出来。

一 郑州成为诸多国家战略实施的重要支点为"一带一路"建设奠定基础

郑州具有明显的"区位+枢纽+开放"的比较优势，对于促进"一带一路"建设及实施"三区一群"等一系列国家战略而言意义重大，这也是诸多国家战略规划和战略平台落户河南的重要原因。从战略规划层级看，国家战略具有整体性（如中原城市群）、引领性（如郑州航空港经济综合实验区、中国（河南）自由贸易试验区、郑洛新国家自主创新示范区）和专题性（如跨境电子商务综合试验区）。而河南省级规划具有统筹协调、目标明确的特征，到郑州市一级，其发展规划则强调政策针对性和措施保障性（见表4-16）。三级战略规划的效应叠加必将随着改革进程推进而释放巨大政策红利。

表 4 – 16　　郑州在战略规划中的地位和角色

<table>
<tr><th>战略规划层次</th><th colspan="2">主要战略规划</th><th>郑州的地位和角色</th></tr>
<tr><td rowspan="6">国家</td><td colspan="2">“一带一路”建设</td><td>将郑州、洛阳列为重要节点城市，提出把中原城市群作为推动区域互动合作和产业集聚发展的重点区域，支持郑州建设航空港、国际陆港，打造内陆开放型经济高地</td></tr>
<tr><td rowspan="4">“三区一群”</td><td>郑州航空港经济综合实验区①</td><td>国际航空物流中心、以航空经济为引领的现代产业基地、内陆地区对外开放重要门户、现代航空都市和中原经济区核心增长极</td></tr>
<tr><td>中国（河南）自由贸易试验区②</td><td>郑州片区重点发展先进制造业以及现代服务业，在促进交通物流融合发展和投资贸易便利化方面推进体制机制创新，打造多式联运国际性物流中心，发挥服务“一带一路”建设的现代综合交通枢纽作用</td></tr>
<tr><td>郑洛新国家自主创新示范区③</td><td>开放创新先导区、技术转移集聚区、转型升级引领区、创新创业生态区</td></tr>
<tr><td>中原城市群④</td><td>推进郑州大都市区建设。依托郑州中心城区、航空港区等，强化国际开放门户和多式联运物流中心功能，建设国家级“双创”示范基地和区域经济、文化、商贸中心，打造集中体现区域竞争力的大都市区核心区，发挥辐射带动作用</td></tr>
<tr><td>专项战略</td><td>中国（郑州）跨境电子商务综合试验区⑤</td><td>以更加便捷高效的新模式释放市场活力，吸引大中小企业集聚，促进新业态成长，推动大众创业万众创新，增加就业，支撑外贸优进优出、升级发展</td></tr>
</table>

① http：//www. ndrc. gov. cn/zcfb/zcfbghwb/201304/t20130422_ 588370. html。

② http：//www. gov. cn/zhengce/content/2017 –03/31/content_ 5182296. htm。

③ http：//www. gov. cn/zhengce/content/2016-04/11/content_ 5062953. htm。

④ http：//www. ndrc. gov. cn/zcfb/zcfbtz/201701/t20170105_ 834444. html。

⑤ http：//www. gov. cn/zhengce/content/2016-01/15/content_ 10605. htm。

续表

战略规划层次	主要战略规划	郑州的地位和角色
河南省	对接国家战略（“三区一群”＋跨境电商综合试验区）实施方案	郑州航空港经济综合实验区是内陆地区对外开放的重要门户；中国（河南）自由贸易试验区是全面深化改革的试验田；郑洛新国家自主创新示范区是实施创新驱动发展的核心载体；郑州国家中心城市是建设中原城市群的重中之重
	参与建设“一带一路”实施方案	到21世纪中叶，郑州建设成为现代化国际商都，河南成为“一带一路”具有国际影响力的综合交通枢纽、商贸物流中心、区域互动合作平台
郑州市	全面建设国家中心城市①	打造现代产业高地；构建大都市城乡一体的空间发展新格局；构建全方位对外开放新格局；超常规建设创新型城市；培育体制机制新优势；建设人与自然和谐发展的美丽郑州；打造中原文化高地；建设人民满意的幸福郑州；巩固和发展生动活泼、安定团结的政治局面

资料来源：笔者根据相关文献整理。

二　新型城镇化快速推进为参与“一带一路”建设增强城市实力

《国家新型城镇化规划（2014—2020年）》明确提出，“加快培育成渝、中原、长江中游、哈长等城市群，使之成为推动国土空间均衡开发、引领区域经济发展的重要增长极。……依托陆桥通道上的城市群和节点城市，构建丝绸之路经济带，推动形成与中亚乃至整个欧亚大陆的区域大合作”。② 郑州地处国家“两横三纵”城市化战略格局中陆桥通道和京哈京广通道的交会处，枢纽作用和辐射功能十分突出。近年来，郑州紧紧围绕“城市现代化国际化、县域城镇化、城乡一体化”主线，按照

① 《中共郑州市委关于高举习近平新时代中国特色社会主义思想伟大旗帜开启郑州全面建设国家中心城市新征程的意见》（2017年11月22日中国共产党郑州市第十一届委员会第五次全体会议通过）。

② http：//ghs. ndrc. gov. cn/zttp/xxczhjs/ghzc/201605/t20160505_ 800839. html。

“以建为主、提升品质、扩大成效”的要求，不断提升城乡环境质量、群众生活质量和城市综合竞争力。

其一，加快推进城市现代化、国际化。进一步强化国际化、现代化、立体综合交通枢纽地位。继续加快国家航空一类口岸、铁路一类口岸和国际陆港、多式联运体系建设，配合做好米字形高铁、机场至高铁南站等城际铁路建设，构建枢纽型、功能性、网络化的现代综合交通运输体系。持续推进畅通郑州工程。其二，加快推进县域城镇化。加快推进区位明显、基础较好、潜力较大的18个中心镇建设发展，增强集聚功能，发挥节点支撑作用。大力发展县域经济，积极承接产业转移，培育壮大产业集群，促进形成资源集约、产城互动、生态宜居、文明和谐的新型城镇。其三，加快城乡一体化发展步伐。健全城乡一体化体制机制，促进城乡公共资源均衡配置，推进基本公共服务和社会服务网络向农村覆盖，形成结构合理、区域协调的城乡一体化发展新格局。数据显示，2017年全市人口城镇化率在72%以上，且城镇化率在不断提升。而《郑州市城市总体规划（2010—2020年）》（2017年修订）提出的目标是，至2020年城镇化水平达82%左右。未来不到三年内，城镇化率将提升10个百分点。新型城镇化的快速推进将为郑州参与“一带一路”建设增强综合实力。

三 全面建设国家中心城市和参与“一带一路”建设形成联动

建设国家中心城市和参与“一带一路”建设对于郑州而言是相辅相成、相互促进的。“一带一路”的本质是促进经济要素有序自由流动、资源高效配置和市场深度融合，推动沿线各国实现经济政策协调，开展更大范围、更高水平、更深层次的区域合作，共同打造开放、包容、均衡、普惠的区域经济合作架构。因此，“一带一路”建设的推进，有利于郑州在更大范围、更广领域利用两种资源、两个市场，为新技术利用、新动能转换、新产业发展创造条件。而郑州在全面建设国家中心城市过程中统筹战略平台的联动，将为深度融入“一带一路”建设形成政策合力。郑州已经确定九大支撑性工程。例如，以轨道交通、高速公路、快速路网为支撑的畅通郑州工程；以现代化设施为基础、智能化管理运行为支撑的数字郑州工程；以项目为载体，“中国制造2025

郑州行动”、服务业提升计划为抓手的产业再造工程；以郑州—卢森堡“空中丝绸之路”、高铁南站建设为带动的枢纽提升工程；以航空港实验区、自贸试验区、自主创新示范区、跨境电商综试区等国家载体平台建设为引领的活力郑州工程，等等。特别是，郑州航空港经济综合实验区通过先行发展航空港经济奠定内陆地区融入“一带一路”建设的核心支点地位，而河南自由贸易试验区以制度创新为核心任务，力争成为服务于“一带一路”的现代综合交通枢纽、全面改革开放试验田和内陆开放型经济示范区。

四　部门保障措施将增强参与“一带一路”建设的政策合力

在完善营商环境方面，郑州加快企业注册登记、融资、跨境交易、投资者保护等与国际规则和国际惯例全面接轨。逐步建立符合现代市场经济要求的社会信用体系，切实提高知识产权保护，构建社会全覆盖的产品质量监管体系，接轨国际技术标准，推动专业服务国际化，形成与国际规则对接的市场环境。全面实施负面清单管理模式，积极创建公开透明、便捷高效的政务服务环境。

在科技创新方面，郑洛新国家高新区享受国家自主创新示范区相关政策，积极开展科技体制改革和机制创新，在科研项目和经费管理、股权激励、科技金融结合、知识产权运用与保护、人才培养与引进、科技成果转化、科技评价等方面进行探索示范。同时郑州将利用郑州航空港区国际航空物流枢纽优势，加强与世界主要航空城市的科技创新合作，重点推进飞机制造与维修、航空物流、航空电子、智能制造、节能环保、新能源、电子商务等领域的重大国际合作。

在强化对“一带一路”建设金融服务方面，河南自贸区支持区内企业“走出去”开展直接投资，鼓励境外机构使用人民币对内直接投资。鼓励银行业金融机构积极开展离岸人民币业务，支持境外机构开立境内人民币账户。加强风险保障服务，推动建立省“一带一路”政策性出口信用保险统保平台。

在国际产能合作方面，郑州扩大先进技术、高新技术成套设备和重要资源、原材料进口。着眼于产业链整合提升和优势集群培育。积极推动优势企业“走出去”，引导优势企业有序到境外投资，建立海外生产研发基地、全球营销网络和战略资源渠道。支持企业开展重大国际项目合作和工程承包，培育一批适应国际通行项目管理模式的工程总承包企业，等等。

第五章

郑州与美洲合作的现状与问题

在“一带一路”框架下，郑州建设国家中心城市的重点工作之一是提升其对外开放和联通水平，美洲地区应成为其开展合作的主要地区。本章重点考察了郑州与美洲国家和地区之间的合作现状，可以看到，郑州与美洲地区之间的合作并不均衡：美国在郑州对外经贸合作中比重较高，加拿大的合作形式日益呈现出多元化态势，而拉美的合作尚处于初级阶段。整体而言，郑州与美洲国家的合作水平与该地区在全球经济中的地位并不匹配。

第一节　郑州与美国合作情况

截至2018年，郑州已和196个国家和地区建立经贸联系，出口超亿美元的国家和地区有30个。排在前三位的国家和地区分别是美国、中国香港和荷兰，出口总额达187.3亿美元，占全市出口总额的59.9%。美国是郑州最主要的出口目标市场，出口额超过140亿美元，在郑州对外经贸合作中处于“龙头地位”。①

近年来，郑州对外（包括对美国）经贸合作总体平稳有序发展，虽然货物贸易微降，但引进外资稳步增长，特别是对外投资增长较快，服

① 河南省人民政府门户网站：《2015年郑州外贸进出口居中部六省省会城市第一》，http：//www.henan.gov.cn/zt/system/2016/01/22/010615773.shtml。

务贸易快速增长。[①] 对外经贸合作总体呈现如下特征。[②]

第一，传统优势出口商品保持稳定增长。许昌瑞贝卡、许昌瑞泰、许昌龙正等出口发制品 15.0 亿元人民币，增长 36.0%；明泰实业、龙鼎银业、中孚实业和河南万基等出口铝材 13.4 亿元人民币，增长 29.3%；河南宇通、海马汽车等出口汽车 6.56 亿元人民币，增长 40.4%；佰利联出口钛白粉 3.65 亿元人民币，增长 30.7%。

第二，资源类和有色金属商品进口增加，农产品进口有所下降。中原黄金、豫光金铅等进口铜矿砂 22.8 亿元人民币，增长 141.1%；富士康、河南明泰等进口金属加工机床 6.43 亿元人民币，增长 31 倍多；郑州兴港、郑州嘉瑞等进口煤 4.53 亿元人民币，增长 23.8%；豫光锌业进口锌矿砂 4.35 亿元人民币，增长 8.0%；江河纸业、欣豫国际、濮阳龙丰、新乡化纤等进口木浆 4.4 亿元人民币，增长 16.8%。此外，益海粮油、阳光国际等进口大豆 4.65 亿元人民币，下降 42.2%。

第三，加工贸易下降，但一般贸易上升。从贸易方式看，河南加工贸易进出口 500.5 亿元人民币，下降 11.2%，占比 64.3%，与去年同期比下降 6.2 个百分点；一般贸易进出口 268.6 亿元人民币，增长 27.0%，占比 34.5%，提高 8 个百分点；其他贸易占比 1.2%。

第四，跨境电商发展较快。河南跨境电商进出口（含快递包裹）203.9 亿元人民币，增长 52.6%。其中出口 154.4 亿元人民币，增长 69.5%；进口 49.5 亿元人民币，增长 16.2%。B2B 出口 84.1 亿元人民币，占出口总额的 54.5%；快递包裹出口 1561.2 万件，货值 32.9 亿元人民币。围绕跨境电商业务发展的郑州无尾熊进口 4.24 亿元人民币，增长 159.9%；郑州维纳斯进口 3.83 亿元人民币，下降 37.6%。

第五，外商投资企业成为河南出口主力。河南全省外商投资企业 2018 年 1—2 月进出口 509.4 亿元人民币，下降 11.2%，虽然有所下降，

---

① 《34 年增幅超 11000 倍！郑州历年实际利用外资数据公布》，https：//news. dahe. cn/2018/04-13/296360. html。

② 郑州与美国经贸和投资详细数据无法通过公开途径获得。原因可能是相关数据分散在郑州市政府的各个职能部门，没有机制汇总并公开发布；美国也没有机构专门对郑州在美国的经贸和投资活动进行统计和加总。鉴于此，本节主要是从郑州对外经济交往的总体情况来把握对美经贸和投资情况。

但依然超过六成，占比达到65.5%；同期，国有企业进出口67.6亿元人民币，下降3.5%，占比仅为8.7%。[①]

第六，美国是河南最大贸易对象。2018年前两个月，河南全省进出口778.3亿元人民币，下降2.7%。其中出口473.3亿元人民币，下降1.8%；进口305亿元人民币，下降4.0%。按美元计价：进出口118.6亿美元，增长2.5%。其中出口72.1亿美元，增长3.5%；进口46.5亿美元，增长1.0%。进出口、出口在全国排名均为第10位。分国别与地区看，2018年1—2月对河南最大贸易伙伴美国进出口166.0亿元人民币，增长12.7%，占比21.3%，份额进一步扩大；对中国香港、韩国、欧盟进出口分别增长4.1%、1.7%、5.5%；由于对东盟进口取像模块增长91.2%，带动对东盟进出口增长63.5%；由于对日本出口手机下降52.7%，导致进出口下降38.6%。对金砖4国进出口39.9亿元人民币，下降21.3%。对“一带一路”沿线国家贸易保持良好态势，进出口155.6亿元人民币，增长17.2%，其中出口103.7亿元人民币，增长3.1%；进口51.9亿元人民币，增长61.1%。

第七，服务业对外投资重大项目增加，势头强劲。2018年前两个月，服务进出口10.5亿美元，增长25.2%，其中出口2.7亿美元，增长39.3%，主要是建筑和职工报酬带动；进口7.7亿美元，增长20.9%，主要是投资收益增长带动。2018年前两个月，对外投资中方协议投资8.65亿美元，增长近600倍。河南协议出资额5000万美元以上的大项目有4个，其中投资额最大的是博爱新开源生物在美国投资2.88亿美元设立新开源生物技术（美国）公司，从事生物信息分析和生命科学研究。[②]

第八，郑州富士康是郑州与美国经贸合作的一面旗帜，有关经验值得借鉴。仅郑州富士康公司一家，对美进出口额占河南全省的接近60%。其生产的iPhone手机占全球一半，因此也给郑州带来了“iPhone之城”的新美誉。郑州市政府为了支持郑州富士康的发展，提供了多种津贴、

① 河南省商务厅：《2018年1—2月全省商务运行情况分析》，http：//www.hncom.gov.cn/newsopen/show/101335.aspx。

② 同上。

税收减免和补贴。[①] 报道称，郑州政府向富士康提供 15 亿美元资助，帮助富士康建设工厂和员工宿舍，修建公路，建造发电厂。远不止于此，政府还承担了部分能源成本和交通成本，帮助富士康招募组装线员工，为鼓励富士康达到出口目标，政府设立奖励资金。为保障新品苹果手机通关顺畅，郑州海关与机场集团、富士康、物流企业召开多方协调会，优化从综保区内仓库、口岸作业区直至机场口岸各环节通关流程。郑州海关还成立了应急通关处置小组，为企业办理新增备案车辆手续，增配电子关锁，优化综保区卡口软硬件监管设施，提高现场监管效率。同时，针对新品手机大批量出货需求，海关为企业提供了 7 ×24 小时预约通关服务，保障货物全天候顺利通关。在政府的积极帮助下，富士康公司苹果手机的生产和销售不断创下新高。截至 2017 年 9 月 17 日，郑州海关共监管出区苹果新品手机 268. 9 万台，其中 179. 95 万台销往国外，主要运往美国、英国、荷兰、意大利等地，另外的 88. 95 万台在郑州海关申报通关后，销往国内市场。[②]

第二节　郑州与加拿大合作情况

在郑州市对外合作版图中，加拿大所占比重虽然落后于美国、中国香港与荷兰等主要贸易伙伴，但双方合作态势良好，人员交流不断增多，合作领域不断扩大，彼此合作意愿不断提升。总体而言，郑州与加拿大的合作主要表现在以下几方面。

第一，日渐增多的人文和地方交流。郑州市通过教育、商业、旅游、官方接触等途径与加拿大保持较为密切的关系。2016 年 11 月 11 日，郑州开通直飞加拿大温哥华的往返航线，[③] 该航线同时也是郑州开通的首条洲际航线，凸显郑州与加拿大之间日益密切的联系。同日，乘坐该航线首趟航班抵达加拿大的郑州市代表团访问了本拿比市，与该市政府就进

① 新浪科技：《揭秘郑州“苹果城”：世界最大 iPhone 工厂这样造就》，http：//tech. sina. com. cn/i/2017-01-02/doc-ifxzczfc6675748. shtml。

② 澎湃新闻：《郑州富士康产 iPhone 要先运到海外再运回中国吗？不需要》，https：//www. thepaper. cn/newsDetail_ forward_ 1791262。

③ 《郑州至温哥华 11 月 11 日顺利首航》，http：//news. carnoc. com/list/377/377785. html。

一步加强两市友好交往举行工作会谈，签订了友好城市关系意向书。[①] 根据郑州市人民政府外事侨务办公室网站消息，郑州市政府2016年接访了四个加拿大地方代表团，2017年接访了包括加拿大驻华使馆在内的四个加方代表团。2018年5月，加拿大埃德蒙顿市市长唐·艾佛森一行访问郑州，其间与郑州市签署了《建立友好城市关系意向书》，双方相互表达了着眼未来，在经贸、电子商务、交通物流等广泛领域深化合作的愿望。这些都显示郑州市与加拿大保持着一定频度的官方接触。

郑州市的中学和高校积极与加拿大开展合作。如郑州中学开设了加拿大维多利亚分校、郑州市国防科技学校与加拿大北方应用理工学院建立起合作关系、郑州信息科技职业学院与加拿大荷兰学院建友合作关系、郑州师范学院与加拿大汤姆逊公立大学建立合作关系，以及郑州航空港实验区与加拿大数字媒体中心在加拿大签订战略合作协议，双方商定在郑州航空港实验区共建VR（虚拟现实）实验室、设立研究生分院、合作办学、开展学术交流和人才培养等领域进行深度合作等，这还不包括位于郑州的诸多高校学生赴加拿大的留学、访学等项目。可以说，教育与科技领域也已经成为郑州与加拿大合作的亮点之一。与此同时，加拿大教育界也开始日益重视开拓郑州市从初高中到大学的教育市场，一些学校在郑州市专门设有办公室，直接面向郑州有需求的相关人群。

近年来，随着生活水平不断提高，郑州市民出境游的意愿日渐强烈，增速在全国居于前列。据相关统计，郑州市民出境游首选目的地是中国周边国家和地区的“周边游”，其次是北美和欧洲地区。加拿大非常重视并积极开拓河南省与郑州市的客源，2016年郑州至温哥华的直飞航班开通后，该国就曾积极推动航空公司与中国国内一些旅游机构专门在郑州召开过加拿大旅游目的地推广会。截至2018年，根据一些经营跨境旅游网站的数据，从郑州出发赴加拿大或者是横跨加拿大—美国的跨境连线旅游路线常年保持一定热度，这些均显示加拿大已经成为郑州市民热衷的境外游重要目的地之一。

第二，不断深化的经贸关系。近年来，受益于中央及河南省的政策

---

① 《郑州市与加拿大本拿比市签订友好城市关系意向书》，http://wqb.zhengzhou.gov.cn/wsdt/331447.jhtml。

支持，郑州市在河南省乃至中国中部地区的领头羊作用开始日渐突出。加拿大也由此开始更加重视郑州市所拥有的优越地理位置所代表的巨大中西部市场门户作用，以及一些产业优势所带来的对外开放的巨大商机。加拿大认为，相对于北京、上海、广州等其他中国发达地市，郑州由于地处中部，对外交往机会相对上述城市要少一些，因此加拿大在郑州市及河南省投资或合作时遇到的市场竞争压力会相对较小，相信加拿大与其他国家相比在跟郑州开展商业合作具有独特的竞争优势。

2014 年，在河南省政府外侨办、省友协协调下，加拿大中华商会与河南省进出口物资公共保税中心有限公司签署跨境电子商务服务试点项目合作协议。同年 11 月 11 日，“加拿大国家馆”正式落户位于郑州市境内的河南保税物流中心。该项目是加拿大商品进入中国市场的唯一官方指定分拨中心，意在把郑州市和河南省打造为加拿大产品进入中国的门户以及河南产品销往加拿大的门户。据估算，该平台建成后，加拿大对华出口的西洋参、深海龙虾、牛肉、蓝莓等产品在这里向各大电商分拨后发往全国，预计每年能达到 10 亿美元交易额。[①] 2016 年 3 月 16 日，郑州航空港经济综合试验区管委会与加拿大加德投资有限公司签订了总投资 15 亿元人民币的加拿大加德直升机运营总部项目投资协议，双方决定联合在郑州航空港打造中国中部地区第一家与国际接轨的高标准高质量通用航空项目，业务范围主要包括直升机展示、销售，直升机商照、私照培训，直升机模拟培训，直升机维修等。该项目将建设直升机起降使用跑道；直升机停放、展示机位 32 个；配套机库/维修库 3 个；航服中心和飞机展厅；直升机模拟机培训中心；特种车库及航材仓库等配套辅助设施，预计投产后将形成每年 12 亿元人民币的营业收入。[②]

2018 年 4 月 19 日，郑州市与加拿大埃德蒙顿市签署《建立友好城市关系意向书》，双方达成由河南保税集团在埃德蒙顿市设立辐射北美的海外仓合作意向。作为该合作的具体表现，同年 6 月 13 日，一架货机从郑州起飞在加拿大埃德蒙顿机场缓缓降落，卸载完各类跨境电商出口货物，

---

① 《郑州 E 贸易敲开全球买卖大门》，《河南日报》2014 年 11 月 12 日。

② 《航空港又添喜事！加拿大直升机运营项目落户于此》，http：//jiangsu. china. com. cn/html/finance/finances/4809379_ 1. html。

装载上加拿大猪、牛肉等进口货物，停留两个多小时后，再次腾空而起直飞郑州，成功地建立了郑州—芝加哥—埃德蒙顿跨境电商货运包机航线，不仅结束了郑州市与加拿大埃德蒙顿市没有货运直航的历史，[①] 而且还标志着郑州与加拿大逐渐开始形成网上（电商）——空中一体的电商货运航线。该航线试飞成功是继郑州至温哥华的民用航线同航后，郑州与加拿大之间航空联系又成功地向货运领域迈出了一大步。此外，郑州还计划开通到加拿大多伦多的跨境电商货运包机航线。这些都显示郑州与加拿大不仅强化了双方的合作，更重要的是找到了适合双方开展广泛合作的契合点。

根据郑州海关统计数据，2017 年 1—11 月，河南省对加拿大进出口总值约 57 亿元人民币，其中出口约 48.14 亿元人民币，进口约 8.5 亿元人民币。[②] 根据 2016 年统计数据，郑州市进出口总值占河南全省的 77.3%，若按此比例保守估计，郑州市在 2017 年对加拿大的进出口总值约 44 亿元，折合约 7 亿美元。据加拿大统计局统计数字，2017 年加拿大与中国双边货物进出口总额约 729.4 亿美元，[③] 由此推断，郑州与加拿大之间的双边进出口总值在中加两国双边进出口总额中占比约 1%。加拿大认为，郑州市具有的独特地理位置和物流中心，为其急切扩大出口的农林牧渔等产品提供了便利条件，郑州市乃至河南省所拥有的后发优势也为加拿大在科技及工业领域与郑州合作创造了重要条件。因此，2018 年 3 月 22 日，由加拿大驻华大使馆主办、河南省贸促会协办的中加农业创新与投资论坛在郑州成功举行，与会的加拿大代表表达了希望能跟郑州及河南省在农产品、农业技术、食品加工、绿色能源等领域开展合作的愿望。[④]

第三，加拿大豫籍或郑州籍华人积极推动郑州与加拿大之间的合作。

---

① 《郑州至加拿大埃德蒙顿跨境电商货运包机成功试飞》，《郑州日报》2018 年 6 月 15 日。

② 中华人民共和国郑州海关：《2017 年 1—11 月河南省月度累计进出口总值分主要国别（地区）表》，http://zhengzhou.customs.gov.cn/zhengzhou_customs/501404/501406/501407/1169520/index.html。

③ 《2017 年加拿大货物贸易及中加双边贸易概况》，https://countryreport.mofcom.gov.cn/record/view110209.asp?news_id=57746。

④ 《中加农业创新与投资对接会在郑州举行》，《河南日报》2018 年 3 月 22 日。

根据加拿大统计局统计数字，目前在加华人总数约177万，占加拿大人口总数的5.1%，是加拿大第七大族裔，普通话和粤语在该国已经成为继英语和法语之后运用最广的语言。根据加拿大政府的统计，中国是近年来继菲律宾、印度、叙利亚之后的加拿大第四大外来移民来源国，仅2016年就有26852人永久移民加拿大，占加拿大外来移民总数的9%。2017年3月31日，加拿大河南同乡联谊总会和加拿大河南总商会河南联络处在郑州挂牌成立。根据河南省政府外侨办资料，目前在加拿大各地加入上述两会的河南侨胞约1.5万人，他们在河南的眷属有6万余人。在这些加拿大华人中，其中不少还是当地著名企业家或活动家。他们积极推动加拿大与郑州甚至河南省的经贸及人文交流，或直接回国设厂投资或捐款助学，或在加拿大积极推广家乡产业和文化等，近年来还不断加大在河南的投资力度，涉足酒店、地产、旅游、生物制药、汽贸等多个领域。①他们已经成为推动郑州与加拿大发展合作关系的重要力量。

表5-1　　2016年度加拿大永久移民十大来源国②

排名	国家	数量（人）	比例（%）	女性（人）	男性（人）
1	菲律宾	41791	14	22631	19158
2	印度	39789	13	19511	20276
3	叙利亚	34925	12	17123	17802
4	中国	26852	9	14864	11988
5	巴基斯坦	11337	4	5811	5525
6	美国	8409	3	4251	4156
7	伊朗	6483	2	3345	3138
8	法国	6348	2	2996	3352
9	英联邦国家	5812	2	2392	3419
10	厄里特里亚	4629	2	2009	2620

① 《加拿大河南同乡联谊总会在河南成立联络处》，http：//www.henanrd.gov.cn/hnrd/article_ content.jsp? ColumnID2 = 130&TID = 20170407183925334147046。

② 资料来源：https：//www.canada.ca/en/immigration-refugees-citizenship/corporate/publications-manuals/annual-report-parliament-immigration-2017.html。

续表

排名	国家	数量	比例	女性	男性
前十大来源国合计		186375	63	94933	91434
其他来源国合计		109971	37	57098	52868
合计		29346	100	152031	144302

资料来源：IRCC，截至2017年5月移民数据。

第三节　郑州与拉美合作情况

截至2018年，无论是河南省还是郑州市，与拉美地区国家的合作尚未形成规模，合作主要集中于双边贸易和人文交流两个领域。郑州市与拉美国家的合作主要包括以智利车厘子为代表的水果贸易，代表性企业有宇通客车、明泰铝业、白鸽集团等。双方人文交流则是河南工业大学承接的商务部援助项目。

一　双边贸易和投资

根据郑州海关的数据（见表5－2），2017年河南省与拉美国家的货物贸易总额为293.86亿元人民币，其中出口137.84亿元人民币，进口156.01亿元人民币，贸易逆差18.17亿元人民币。其中，墨西哥、巴西、秘鲁、智利和古巴是河南省在拉美前五大贸易伙伴。巴西和墨西哥是河南省商品主要出口目的地，墨西哥、巴西和秘鲁则是河南省从拉美进口商品主要的来源国。

表5－2　　2017年河南省与拉美的货物贸易

国家和地区	金额（亿元）			占比（%）		
	进出口	出口	进口	进出口	出口	进口
拉美	293.86	137.84	156.01	100.00	100.00	100.00
安提瓜和巴布达	0.01	0.01	0	0	0	0
阿根廷	5.67	4.80	0.87	1.93	3.48	0.56
阿鲁巴	0.01	0.01	0	0	0.01	0
巴哈马	0.05	0.05	0	0.02	0.04	0
巴巴多斯	0.05	0.05	0	0.02	0.03	0

续表

国家和地区	金额（亿元）			占比（%）		
	进出口	出口	进口	进出口	出口	进口
伯利兹	0.04	0.04	0	0.01	0.03	0
玻利维亚	5.03	0.77	4.26	1.71	0.56	2.73
巴西	88.89	42.06	46.83	30.25	30.51	30.02
智利	23.05	13.53	9.52	7.84	9.82	6.10
哥伦比亚	7.15	6.64	0.51	2.43	4.82	0.33
多米尼克	0.15	0.15	0	0.05	0.11	0
哥斯达黎加	2.24	0.73	1.50	0.76	0.53	0.96
古巴	11.40	11.40	0	3.88	8.27	0
多米尼加	2.35	2.34	0	0.80	1.70	0
厄瓜多尔	4.86	4.86	0	1.65	3.53	0
格林纳达	0.01	0.01	0	0	0	0
危地马拉	1.04	1.04	0	0.35	0.76	0
圭亚那	0.23	0.23	0	0.08	0.17	0
海地	0.62	0.62	0	0.21	0.45	0
洪都拉斯	0.28	0.26	0.02	0.09	0.19	0.01
牙买加	1.17	1.17	0	0.40	0.85	0
墨西哥	96.91	33.33	63.58	32.98	24.18	40.75
尼加拉瓜	0.63	0.63	0	0.22	0.46	0
巴拿马	3.03	3.03	0	1.03	2.20	0
巴拉圭	0.97	0.96	0.01	0.33	0.70	0
秘鲁	30.15	5.57	24.58	10.26	4.04	15.76
波多黎各	0.54	0.54	0.01	0.19	0.39	0
圣卢西亚	0.01	0.01	0	0	0.01	0
圣文森特和格林纳丁斯	0.01	0.01	0	0	0	0
萨尔瓦多	0.31	0.31	0	0.11	0.23	0
苏里南	0.07	0.06	0	0.02	0.05	0
特立尼达和多巴哥	0.22	0.22	0	0.07	0.16	0
乌拉圭	5.43	1.10	4.32	1.85	0.80	2.77
委内瑞拉	1.14	1.14	0	0.39	0.82	0
圣其茨和尼维斯	0	0	0	0	0	0

资料来源：郑州海关统计数据，http：//zhengzhou.customs.gov.cn/zhengzhou_customs/501404/501406/501407/index.html。

2015 年，英属维尔京群岛在河南省投资企业 2 家，合同资金 3847 万美元，实际吸收资金 45640 万美元，是当年除台港澳地区外，在河南投资企业最多的来源地。① 2016 年，共 32 个国家和地区在河南省合同外资额正增长，其中委内瑞拉 2.7 亿美元、开曼群岛 2.5 亿美元，分列第三和第四位。实际利用外资方面，有 21 个国家和地区有资金到位，英属维尔京群岛 8.3 亿美元，排在中国香港、新加坡和中国台湾之后，位列第四。②根据郑州市发展改革委提供的相关资料，2017 年全市 120 个重点项目和 98 个国际化重点项目中，没有项目与拉美国家相关。③

郑州市与拉美地区的对外贸易中，水果鲜花和交通工具是两点。首先，郑州成为中国从智利进口樱桃和蓝莓的首要入境地。2008 年 1 月，郑州航空口岸获质检总局批准，成为中国中部地区第一个进境水果国际航空口岸。2016 年，郑州航空口岸生鲜货物进口业务发展迅猛。全年海关共监管进口生鲜货物 1.7 万吨，增长 2.1 倍；货值 6.1 亿元人民币，增长 1.2 倍；货物品种新增 64 种，达到 115 种，包括来自智利的樱桃和蓝莓、哥伦比亚的鲜花等。其中，智利水果包机进口业务增长迅猛，约占全国空运进口智利水果 70% 的市场份额。④

其次，宇通客车在拉美地区实现较高市场占有量。高品质的产品和差异化的服务竞争，使宇通在拉美的影响力越来越高。宇通几乎占据除巴西、阿根廷、墨西哥之外的其他拉美市场的 10%—20%，成为当地主要的客车品牌之一。⑤ 2015 年，在全球经济仍不景气，中国客车出口全面下滑的情况下，中国仍向拉美出口客车 16477 辆，涨幅达到 20% 以上。古巴和委内瑞拉是宇通客车拉美业务较为集中的两个国家。2005 年，宇通第一批 12 辆豪华旅游客车进入古巴市场，正式打开了古巴市场的大

① 高燚、曾瑛：《河南省与“一带一路”沿线国家经贸合作研究》，载焦锦淼、穆荣国主编《河南商务发展报告（2016）》，社会科学文献出版社 2016 年版，第 137 页。

② 王卫红等：《2016—2017 年河南省利用外资形势分析与展望》，载焦锦淼、穆荣国主编《河南商务发展报告（2017）》，社会科学文献出版社 2017 年版，第 51 页。

③ 资料来源：郑州市调研材料。

④ 陈萍：《2016—2017 年河南对外贸易形势分析与展望》，载张占仓、完世伟主编《河南经济发展报告（2017）》，社会科学文献出版社 2017 年版，第 141 页。

⑤ 参见宇通客车，http://www.yutong.com/news/industrynews/08/2016HXJDeVxsKX.shtml。

门。2005 年 4 月，宇通获得古巴 400 辆大单，总销售额达 2.4 亿元人民币，创当时中国客车出口单批数量最多、销售额最高的纪录。2006 年和 2007 年，宇通先后收获到古巴 630 辆大单和 5348 辆巨单。截至 2016 年上半年，宇通已累计向古巴出口客车 6746 辆，在古巴进口市场占有率高达 99.9%，其中，在公交领域占比达 80% 以上，公路客运领域占比 100%，旅游客运领域占比 90% 以上。[①] 除古巴外，宇通客车还进入了委内瑞拉市场。2015 年 12 月，宇通客车与委内瑞拉政府合资建立的年产 3600 台客车组装厂在位于该国西部的亚拉奎州投入运行，是中委合作的重要组成部分和双方合作的深化及延伸，未来该工厂将向拉美其他国家出口由委内瑞拉组装的宇通客车。[②] 2016 年 3 月，宇通在委内瑞拉投资的 KD 工厂首批 100 台客车正式下线交付。[③]

二　人文交流

河南工业大学作为河南省唯一的商务部援外培训项目执行单位，自 2008—2015 年成功举办了 15 期面向发展中国家的以粮食安全与技术为主题的援外培训班和 4 期文化类主题的培训班。参培人员中，有 8 名古巴学员，2 名阿根廷学员，2 名委内瑞拉学员，1 名玻利维亚学员和 1 名厄瓜多尔学员。[④] 2016—2017 年，河南工业大学援外培训班的学员覆盖到巴拿马、苏里南、乌拉圭、格林纳达等其他拉美国家。依托援外培训，河南省积极打造粮农国际经贸合作平台，进一步提升河南粮农国际经贸合作水平。

---

① 参见宇通客车，http：//www. yutong. com/news/industrynews/07/2016GRJnKeOGLu. shtml。

② 同上。

③ 参见中国客车网，http：//www. chinabuses. com/buses/2016/0315/article_ 69608. html。

④ 参见河南工业大学，http：//lspxxy. haut. edu. cn/xmhg/3. htmv。

第六章

“一带一路”框架下郑州—美洲合作潜力

“一带一路”框架下建设国家中心城市的双重机遇，要求郑州对外开放和联通的结构具有均衡性，有必要提升对美洲合作的必要性。而郑州与美洲国家在结构、资源禀赋上有着明显的互补性，本章意图分析双方合作的潜力，研究其合作可行性，发掘其可能的合作空间。

第一节 美洲国家对“一带一路”倡议的回应与诉求

虽然美洲和中国被广阔的太平洋阻隔，但是“一带一路”倡议仍然在美洲引发了广泛的讨论。美国对此怀有深度疑虑，加拿大的态度逐渐转向积极，而部分太平洋沿岸的拉美国家在“一带一路”构想刚一提出后，就公开表达了其支持态度和加入意愿。如智利、秘鲁驻华大使就认为可将“21 世纪海上丝绸之路”延伸至拉美。①

一 美国对“一带一路”倡议的经济影响顾虑重重

美国非“一带一路”倡议直接相关国，“一带一路”的潜在效应使美国对此倡议有着多重顾虑。

在战略层面，美国战略界有人担心，“一带一路”倡议带有更大的政治目的，将瓦解美国全球领导力，担心随着“一带一路”倡议的不

---

① 胡安·卡洛斯·卡普尼亚伊：《面向拉美的海上丝绸之路》，http://www.chinainvestment.com.cn/?type_hgzc_tzsj。

断实施，在贸易和投资之后，将会有一系列金融安排，人民币将借机“出海”，削弱美元国际地位。美国《国家利益》杂志网站、“国家亚洲研究局”网站、约翰·霍普金斯大学“中亚—高加索研究所”网站等纷纷载文，称中国的“一带一路”倡议兼具政治、经济、外交和战略等多重意图，对美国影响重大深远，将使欧洲变成经济上融入并依赖中国、位于亚洲大陆远端的一个半岛，同时加强俄罗斯、中亚、东欧和中东对中国的依赖性，将美国孤立为漂浮在大西洋和太平洋间的一个孤岛。

截至2018年，美国经济进入扩张阶段，为美国在经济和战略层面做出反应，重拾对外干涉主义提供了物质基础。预计美国持续增长将是未来一段时间的美国经济主基调，美国经济形势的好转和不断整固提振了美国战略界的自信心，因此美国战略界再次喊出“美国又回来了”的口号，呼吁美国更加积极地参与全球事务。美国战略思想家约瑟夫·奈、新保守派谋士罗伯特·卡根等认为，美国在西方经济中较快摆脱危机，并加快经济结构调整，展现出美国经济模式强大自我修复能力，提振美国战略自信心。约瑟夫·奈在《美国世纪结束了吗?》一书中为美国延续其面向全球的影响鼓动与呼吁。他强调，世界变得更加复杂，美国虽然面临在经济总量上被中国超越的可能，但美国仍将保持政治、军事的强大，“美国世纪”至少还会持续数十年时间。① 布鲁金斯学会网站刊登由前中央情报局局长大卫·彼得雷乌斯、该学会“21世纪安全与情报中心”共同主任迈克尔·欧汉伦合著的《一路上行的美国》一文称，美国经济表现令人欢欣鼓舞，未来20—30年，美国优势地位将愈加明显。战略与国际问题研究中心称，美国经济复苏后，为制衡中国在外交上咄咄逼人的态势，亚洲更需要美国在亚洲发挥更大的经济和政治领导力，制定新时期的欧亚大战略，扮演好“离岸平衡手”角色。美国国际关系委员会基辛格高级研究员罗伯特·布莱克威尔在美国《国家利益》上发表文章，

---

① Gideon Rachman, “Is the American Century Over?” by Joseph Nye, *Financial Times*, March 30, 2015, http://www.ft.com/intl/cms/s/0/aafcf088-d23a-11e4-a225-00144feab7de.html #axzz3WCXizVi3.

称中国必须被遏制，呼吁美国不能再协助中国崛起。[①] 为掌控面对后危机时代的国际经济秩序变动走势，巩固对规则的主导权，特朗普政府加大了双边投资谈判的推动力度，并推出所谓“印太战略”，目的就是在一定程度上与中国“一带一路”倡议形成对冲。一些“一带一路”倡议参与国也乘机两边要价，增大了“一带一路”的实施难度。

但也应看到，很多“一带一路”倡议参与国对由美国主导的后危机时代经济规则抱有不小疑虑，担忧国内产业和对外贸易会受到冲击，担心国内产业升级和技术创新在缺乏政府保护的情况下陷入发展陷阱。这一点从有关贸易协定谈判进程的艰难和反复中表现得尤为明显。但他们也希望借对中国“一带一路”倡议对冲美国带来的战略压力。这也为“一带一路”倡议的实施提供了机遇。在他们看来，中国“一带一路”倡议为他们对冲美国战略压力提供了新选项。中国借“一带一路”推动优质产能和中国资本走出去，将一定程度上缓解相关国家资本外流面临的经济压力。据亚洲开发银行统计，2010—2020 年，亚洲各国国内基础设施投资合计约需 8 万亿美元，另需近 3000 亿美元用于区域性基础设施建设，巨大的资产缺口使相关国家对中国抱有极大期待。

二 加拿大对“一带一路”倡议逐渐转向积极态度

加拿大政府对“一带一路”倡议的态度，经历了从疑虑、观望到试图积极参与其中的变化过程，但其民间和企业对参与“一带一路”建设多持积极态度，认为“一带一路”不仅蕴含巨大商机，而且有助于加拿大实现对外经贸关系多元化。中国则明确期待作为西方发达国家的加拿大能积极参“一带一路”建设，并为此通过两国领导人会晤、联合举办以“一带一路”会议等方式不断向加方表明欢迎态度。2017 年 12 月，加拿大总理特鲁多访华期间，习近平主席向其表达了欢迎加拿大企业积极参与“一带一路”建设的意愿。[②] 中国认为，加拿大作为亚太地区重要国

① Robert D. Blackwill, Ashley J. Tellis, “Wake America, China Must Be Contained”, *The National Interest*, April 13, 2015, http://nationalinterest.org/feature/wake-america-china-must-be-contained-12616.

② 《习近平会见加拿大总理特鲁多》，http://www.xinhuanet.com/politics/2017-12/05/c_1122062897.htm。

家，在交通、通信、清洁能源、金融服务、人才培训等方面有自身优势，完全能通过积极参与“一带一路”建设受益，尤其是加拿大已经加入中国倡议建立的亚洲基础设施投资银行，这为加拿大参与“一带一路”基础设施建设提供了有利条件。此外，中国还希望能在北极与加拿大积极合作，共建“冰上丝绸之路”。[①]

第一，加拿大政府对“一带一路”倡议的态度经历了观望、疑虑到乐观其成的逐渐转变过程。中国提出“一带一路”倡议之后，加拿大政府对此起初持担忧态度甚至是一定的疑虑，认为这是中国实施对抗以美国为首的西方的新地缘战略。然而，随着时间的推移，尤其是看到“一带一路”倡议进入实施阶段并取得一定成效后，加上美国特朗普政府上台后，在加拿大与美国之间的经贸摩擦不断，被迫重新谈判“北美自由贸易协定”及与美国发起“关税战”的背景下，加拿大政府就加强与第二大贸易伙伴中国的经贸关系的愿望就愈发强烈。在此过程中，加拿大不仅改变态度决定加入此前曾拒绝的亚投行，而且对“一带一路”倡议的态度开始出现积极变化，逐渐变为乐见其成。这在加拿大的民调上有具体表现，根据加拿大智库亚太基金会 2017 年所做的一次全国性民调，结果显示美国特朗普政府的上台引发加拿大民众对美加关系以及可能的全球贸易保护主义前景的担忧，这推动加拿大民众开始以更加开放的心态积极看待与美国以外的世界其他地区，尤其是与亚洲国家的关系，其中与中国发展更加强劲的经贸关系更是重中之重。加拿大民众不仅希望能与中国发展更加热络的双边关系，而且希望能跟中国签署自由贸易协定。[②]

加拿大民间的这种愿望在地方层面的表现就更加明显，例如阿尔伯特大学中国研究中心 2016—2017 年在阿尔伯特省做的民调结果显示，2016 年仅有 44% 的受访者认为加拿大应该尽快与加拿大签署自由贸易协定并提升双边经贸关系，该数字在 2017 年就上升为 56%。该省油气资源

---

① 《卢沙野大使出席加中友协“一带一路”座谈会并发表主旨演讲》，http：//ca. china-embassy. org/chn/xw/t1552300. htm。

② “2017 National Opinion Poll-Canadian Views on Engagement with China”，https：//www. asiapacific. ca/surveys/national-opinion-polls/2017-national-opinion-poll-canadian-views-engagement-china.

丰富，所以在该省民调中，2016 年只有 11% 的受访者支持增加对亚洲和中国的能源出口，但该数字在 2017 年飙升至 76%，这也是该中心 2011 年连续做年度民调以来的历史最高值，受访者希望能充分参与中国和亚洲的基础设施建设。①

在此背景下，加拿大开始对“一带一路”建设给予更多关注，尤其是特鲁多政府上台后，认为如何应对并抓住中国崛起所带来的重要机遇，是加拿大乃至西方的最大任务之一。② 为此，特鲁多政府决定加入亚洲基础设施投资银行，同时考虑对加中自贸协定问题予以积极考虑，并对“一带一路”建设持积极态度。2017 年 5 月 12 日，加拿大政府宣布由国际贸易部长驻议会秘书帕米拉・戈德史密斯—琼斯（Pamela Goldsmith-Jones）代表加拿大政府出席当月 14 日至 15 日在北京举行的“一带一路”国际合作高峰论坛。加拿大政府为此发表声明，称与中国这样庞大而快速成长的市场扩展贸易关系，对加拿大而言十分重要。作为世界第二大经济体，中国为产品及服务贸易的增长提供了许多新的机遇。这也为加拿大商界及中产阶级的成长带来新的契机。“一带一路”国际合作高峰论坛将为加拿大提供良机，探讨在亚太地区开展基础设施互联互通、贸易、投资、金融以及人员往来等重要领域的合作。加方代表将借此平台寻求加拿大企业参与区域基础设施投资的商机。③ 加拿大驻华大使麦家廉自 2017 年 3 月上任以来，一直积极推动加拿大企业积极参与“一带一路”建设，他认为加拿大参与“一带一路”平台的切入点之一是基础设施建设，而加拿大政府把基础设施建设视为创造就业的核心要务，相信加中两国通过“一带一路”的平台在基础设施建设领域有很大合作空间。加拿大十分重视基础设施建设，除加入亚投行外，还计划在国内新设立基础设施银行。④

① “Key Findings of the 2017 Albertan Survey”, https：//www.ualberta.ca/china-institute/research/albertans-views-on-china/2017 .

② 《加中贸易理事会举办中加经贸关系午餐会》，http：//www.fmprc.gov.cn/web/zwbd_673032/gzhd_ 673042/t1352362.shtml。

③ 《加拿大政府宣布派代表赴北京出席“一带一路”高峰论坛》，http：//www.chinanews.com/gj/2017/05-13/8222703.shtml。

④ 《加拿大政商界人士：加参与“一带一路”建设不乏抓手》，http：//www.chinanews.com/gn/2017/05-13/8223020.shtml。

由此可知，加拿大政府对“一带一路”倡议采取了务实态度，希望通过参与其建设活动，充分发挥加中两国在经济领域的互补性，加强与中国经贸关系的同时，实现自身利益的有效拓展。

第二，加拿大工商界和学界希望能参与“一带一路”建设，从中获得发展机会的同时确保自身竞争优势。在是否参与“一带一路”建设问题上，加拿大工商界的态度要比其政府更加积极。他们认为“一带一路”建设的重心是在欧亚大陆和印度洋，美洲地区不是其中心，若加拿大不积极参与其中，就会被甩在后面而伤及自身利益，担心错过中国发展和“一带一路”建设所带来的巨大商机。[①] 他们还认为，“一带一路”持续建设会让加拿大面临日益严峻的竞争压力，因为随着“一带一路”建设的持续推进，那么其沿线国家和地区将会在向中国提供能源和资源商品上更具优势，届时渴望向中国出口此类商品的加拿大中西部地区将会因此面临严峻形势。加拿大有媒体直接呼吁，除非加拿大等西方国家积极加入中国推动的包括“一带一路”倡议等全球性经济活动中，否则经济出现衰退是难免的结果。[②] 为此，加拿大有必要积极参与“一带一路”建设。[③]

加拿大工商界尤其高度关注“一带一路”建设。加中贸易理事会2017年4月公布了对加拿大企业的调查结果，74%的受访者高度关注“一带一路”倡议，44%的受访者认为其企业能在参与“一带一路”建设过程中获益。这些益处包括：能通过中国建立的网络向“一带一路”沿线国家出口货物；借机在加拿大企业鲜有涉足的中国西北部地区寻找商机并开辟新的市场；可能会降低加拿大对华产品出口所需的费用；加拿大企业能通过参加中国与“一带一路”沿线国家之间的跨境投资获益；加拿大企业有机会发挥自身优势，向“一带一路”基础设施建设提供所需的产品和技术；加拿大有机会参与“一带一路”建设过程中所需要的

---

① “China's One Belt, One Road Strategy Threat to Canadian Trade”, February 14, 2017, https://troymedia.com/2017/02/14/chinas-one-belt-one-road-strategy-threat-to-canadian-trade/.

② “Trudeau's Real Achievement in China”, September 13, 2016, https://www.thestar.com/opinion/commentary/2016/09/13/trudeaus-real-achievement-in-china.html.

③ “Annual Chinese Investment in Canada Forum”, https://www.ualberta.ca/china-institute/conferences/chinese-investment-in-canada/2016/summary.

卫星通信建设；在“丝路”沿线国家开展环境保护合作；以及其他的研究培训项目、学术交流活动、技术和服务业；等等。[①] 这份调查结果显示，相当多的加拿大企业认识到了“一带一路”倡议所蕴含的巨大商机，希望能搭上“一带一路”建设的顺风车。

在加拿大工商界中，除了那些闻名世界的大企业外，还有众多体量小、活力强的中小企业。随着中加经贸关系的持续发展，这些中小企业近年来正逐渐成为中加经贸关系中的生力军。它们从与中国的业务往中来获利甚多，因此也更加积极看待“一带一路”建设所蕴含的商机，因此希望能够有机会积极参与其中。这样既能充分发挥它们在技术和服务等方面的优势，而且能够通过参与“一带一路”去开拓中国及“一带一路”沿线国家的广阔市场。加拿大有研究指出，“一带一路”倡议不仅为加拿大相关技术和产品及服务进入沿线国家提供了机遇，也为加拿大在中国二线甚至三线城市开展业务提供了条件。如果加拿大能够参与该倡议，那么农产品和消费品、汽车制造业、清洁技术、基础设施建设、油气资源和技术等领域都将能够获益。[②] 为此，它们积极推动加拿大政府及社会正面响应“一带一路”倡议，也希望能借此推动加拿大对外贸易和经济的多元化。[③]

加拿大学界也积极呼吁加拿大政府和企业不要错过“中国机会”。如多伦多大学的一项研究表明，到 2030 年，中国拥有的中产阶级数将占全世界中产阶级总数的 20%，这就意味着巨大的商机。该研究还提出，当前中国正在对外开放，加拿大应该搭上这趟便车尽快深化与中国的经贸关系，如果不尽快行动就会丧失机会。该研究认为，中国在能源、环境保护、基础设施、食品安全以及服务业等领域都拥有巨大机会，呼吁加拿大社会和政府应该放下对中国的担忧，着眼长远，利用“一带一路”

① “Canada-China Business Survey 2016”, https://www.ccbc.com/wp-content/uploads/2017/04/CCBC-Report-FINAL_SM.pdf.

② “Top 5 Sector Opportunities for Canadian Businesses in China”, April 20, 2018, https://www.edc.ca/en/blog/opportunities-for-canadian-businesses-in-china.html.

③ 《加拿大各界认为“一带一路”建设将为加拿大带来机遇》，http://www.xinhuanet.com/fortune/2017-05/22/c_1121016478.htm。

等倡议在内的举措去升级加中经贸关系。①

第三，加拿大地方政府期待加强与中国的经贸关系并参与“一带一路”建设。中国与加拿大的双边关系中，地方合作与交流始终是重要的组成部分。尽管加拿大联邦政府会因为政府换届和领导人更替的原因而在对华态度上有摇摆，但地方政府出于自身利益考量，尤其是中国是很多省市最主要的贸易伙伴之一这一最大的现实，在对华关系上表现出比联邦政府更高的热情、积极性以及稳定性。这些省份普遍高度重视中国所代表的市场和投资机遇，既希望能扩大对华出口，也希望能引进中国投资，服务地方发展并增加工作岗位。

例如，中国是加拿大最大的省份——安大略省的全球第二大贸易伙伴，双边贸易在过去五年里增长了近40%，2016年总额达到420亿加元，该省为此把中国视作高价值重点市场。安大略省作为加拿大最大的银行、保险和资本市场中心，希望能不断深化与中国的经贸关系。该省现任省长韦恩已经三次访问中国，主谈如何加强双方合作，其访华形成中包含我国一些已经被确定的“一带一路”省份。还有一些加拿大省份明确宣布支持中国的“一带一路”倡议，认可该倡议所倡导的“共商共建共享”的合作理念，希望能参与其中实现互利共赢。例如温哥华市所在的不列颠哥伦比亚省政府就持此种态度，并在2016年就跟中国广东省政府签署了有关“一带一路”合作文件。加拿大其他省份虽对“一带一路”鲜有表态，可有理由相信，面对“一带一路”包含的巨大商机和广阔市场，如果能给它们参与其中创造一定条件，这些省份就会对“一带一路”持更加开放的态度。

三 拉美希望积极参与“一带一路”

拉美国家普遍认为参与“一带一路”建设将为其带来诸多发展机遇。

一是拉美经济复苏转型的机遇。近年来，受世界主要发达经济体复苏乏力、国际大宗商品价格下跌影响，拉美经济步入下行区间，连续6

---

① Wendy Dobson，“Rebooting Canada's Relationship with China”，http：//www.rotman.utoronto.ca/Connect/Rotman-MAG/Back-Issues/2016/Back-Issues—2016/Spring-2016—The-Global-Mindset-Issue/Spring-2016-Free-Feature-Article—Rebooting-Canadas-Relationship-with-China.

年增速放缓，2016 年 GDP 增速 -1.1%，已连续三年成为全球经济增长最缓慢的地区。在此情况下，如能与“一带一路”对接，推动拉美与欧亚大陆的互联互通建设，将极大有利于拉美的经济复苏。内可通过“一带一路”相关合作机制吸引投资、改善基建，提升潜在增长率；外可借“一带一路”建设与中国、东盟、西亚和欧洲国家实现贸易对接，大幅拓展贸易伙伴，加快贸易便利化进程。随着“一带一路”在欧亚地区的不断推进，沿线国家经济增长、贸易需求将更趋旺盛，进而产生外溢效应，扭转拉美国家近年来外贸环境恶化趋势。① 此外，近年来拉美国家纷纷加快经济改革和产业结构调整步伐，巴西推出“重振制造业”目标②，阿根廷取消资本管制并加速汇率市场化改革③，秘鲁则制定《2016—2021 发展规划》，提出利用自身资源优势大力发展矿业、冶金产业。这也与“一带一路”所提倡的产能合作、创新发展不谋而合，一方面可将此作为同处转型周期的中拉双方加强顶层设计和政策沟通的平台，促进产业和贸易政策的协调和对接；另一方面可推动中国先进装备制造业、电信、网络服务业与拉美农业开发、食品加工等各自优势产业加快技术转让，实现优势互补，助力拉美经济转型和产业链升级步伐。

二是拉美地区一体化加速推进的机遇。拉美虽然是发展中国家中最早开始一体化尝试的地区，但受多重因素制约，其一体化进程始终处于“雷声大，雨点小”的状态。拉美政治版图左右摇摆不定，左右翼政府间常因政治理念等发生矛盾，导致一体化在政治层面的推进波折不断，长期执拉美一体化“牛耳”的巴西、墨西哥等地区大国近来又遭腐败丑闻和经济衰退等掣肘无暇他顾，进一步拖慢了一体化步伐。从客观条件上看，拉美国家交通基础设施建设长期滞后，拉美开发银行预计未来 20 年交通基础设施资金缺口达 1 万亿美元。加之亚马孙雨林、安第斯山脉横

---

① 美国彭博社预测，到 2050 年“一带一路”沿线国家和地区将新增 30 亿中产阶级。未来十年可让中国和 60 多个沿线国家年贸易额突破 2.5 万亿美元。参见 Bloomberg，“China's New Silk Road Dream”，https：//www.bloomberg.com/news/articles/2015-11-25/china-s-new-silk-road-dream。

② Reuters，“Brazil Starts Privatization Plan to Revive Economy”，https：//www.rt.com/business/359285-brasil-privatization-plan-economy/.

③ 《财经观察：拉美经济向好　但仍面临挑战》，http：//news.xinhuanet.com/world/2017-04/20/c_1120846026.htm。

亘南美大陆，又从地理上制约了各国的交流交往。在此情况下，“一带一路”可为拉美的一体化进程带来新思路：从机制建设上讲，有望整合现有的“中国—拉共体论坛”等双多边对话机制，通过其发展导向型的区域合作理念为拉美国家提供了新的交流与合作平台，逐步转变过去“南方共同市场”“太平洋联盟”等“先行确立高规格准入要求——通过漫长谈判和改革逐步纳入成员”的模式，以发展合作为目标，从易入难，抛下相互间政治分歧，探寻一体化新路径。“一带一路”着眼亚太的“西向”发展路径还可推动秘鲁、智利等太平洋沿岸国家成为中国与拉美之间的新桥梁，引领拉美地区一体化的新“潮头”。从互联互通角度看，通过“一带一路”基础设施建设合作，将“21世纪海上丝绸之路”延伸至拉美太平洋东岸国家，推进巴西（坎波斯）—秘鲁（巴约瓦尔）、巴西（桑托斯）—玻利维亚—秘鲁（伊洛）、巴西（帕拉纳瓜）—巴拉圭—阿根廷—智利（安托法加斯塔）、阿根廷（布宜诺斯艾利斯）—智利（瓦尔帕莱索）四大两洋铁路工程和巴西里约格兰德—贝伦铁路与阿根廷布宜诺斯艾利斯至玻利维亚圣克鲁斯铁路，形成“四横两纵”的南美铁路网络①，彻底贯穿洲际物流大动脉。同时加速“跨洋隧道”“尼加拉瓜运河”等重大区域互联互通工程，探讨中国—智利“跨太平洋海底光缆”建设，推动拉美交通、物流、能源、电信、网络基础设施“多维度丝绸之路”，彻底打破阻碍拉美一体化融合的地理藩篱，大幅加强地区内商品、投资、服务和劳动力的自由流动水平。

三是拉美全球影响力提升的机遇。从经济角度看，在西方主导的上一轮全球化进程中，拉美国家始终处于“中心—外围”分工体系的下游，经受掌握着资本和先进技术的西方“中心国家”的不合理分配和周期性的外部冲击。从政治上看，拉美也长期处在国际舞台的“聚光灯”外，大西洋彼岸的欧洲是很多拉美国家的前宗主国，双方交流常处在“师傅对徒弟”的失衡态势；而广袤的太平洋则阻隔了拉美与全球最具活力的东亚、东盟国家间的交往。“一带一路”倡导的互联互通理念有望推动全球化向更加开放、均衡、包容、普惠的方向发展。借由大数据、云计算和物联网、智慧城市等包容性技术的开放和应用，改变传统技术发展中

① 谢文泽：《“一带一路”视角的中国—南美铁路合作》，《太平洋学报》2016年第10期。

的“垄断壁垒”，推动更加公正、合理、包容的国际贸易和投资新秩序。[①]由此将助推拉美国家彻底摆脱过去不合理的资本主义国际分工体系，发挥自身资源禀赋和比较优势，在全球市场上扮演更加重要的独特角色。同时，通过参与“一带一路”引领的新型全球化进程，拉美国家有望全面加强欧亚大陆与美洲大陆的互联互通，推进与亚欧文明互学互鉴，在新的发展框架下真诚合作，实现发展战略对接，在“人类命运共同体”建设中贡献“拉美智慧”和“拉美力量”，进而相对提升拉美国家的国际话语权和影响力。

四是发展均衡、自主的对美关系的机遇。美国是拉美最重要的贸易伙伴也是最大的投资来源国，拉美国家十分倚重与美国的合作，长期将之视为对外战略重心，但又始终难以摆脱相对美国的不对称地位。特别是近期美国特朗普政府推动修建美墨边境隔离墙、驱赶拉美裔非法移民、重议北美自贸协定和限制侨汇等强硬政策，令拉美国家颇为“受伤”。“一带一路”秉持“共商共建共享”的宗旨，为拉美国家与欧亚大陆提供了一个平等交流的平台，共同致力于发展战略的规划和对接，将有助于拉美坚持独立自主的对外发展战略。同时，参与“一带一路”建设，加强拉美地区与欧亚大陆的互联互通和贸易、投资领域合作，推动拉美国家的贸易伙伴多元化、投资来源多样化，增强国家发展的自主性，摆脱在经济上对美国的过分依赖。另外从长期来看，还有望增强拉美国家的经济实力和治理能力，摆脱国家发展瓶颈，进而在政治、经济、外交层面改变相对于美国的弱势地位，平衡发展南北美洲国家间关系。

但是，拉美积极参与“一带一路”倡议受到美国的严重干扰。美国长期视拉美为“后院”，始终对中国拓展与拉美的关系抱有警惕。除了在亚太、中东和欧洲直接围堵“一带一路”，美国在拉美可能采取的“搅局”措施有：在税收和融资方面设限，阻止美国企业在拉美与中国就“一带一路”建设开展合作；加强与哥伦比亚、秘鲁、阿根廷等亲美国家的联系，助其强化“太平洋联盟”“南方共同市场”等现有一体化机制，弱化“一带一路”作用；在外交、经贸领域向拉美国家施压，迫使其放

---

① 王义桅：《“一带一路”能否开创中式全球化?》，《新疆师范大学学报》（哲学社会科学版）2017 年第 5 期。

弃规划中的对华合作项目；在与华友好的左翼国家培植反对派势力，伺机实现政权更迭，推翻现有中拉友好合作成果；开动宣传机器，勾结当地右翼媒体一道借环保、劳工、资源开发等话题渲染所谓“中国威胁论”，败坏“一带一路”在拉美声誉。

从拉美国家的角度来说，在发展同中国的关系时，美国始终是“屋子里的大象”。拉美不乏哥伦比亚这样的美国的传统盟国或墨西哥和中美洲国家等长期将美国视为对外战略轴心的国家，秘鲁、智利等国在发展对华关系、积极吸引中国投资的同时，也不愿与美疏远，美国特朗普上台后更积极向美靠拢，秘鲁总统库琴斯基更成为首位拜会特朗普的拉美国家领导人。① 在美国仍未对“一带一路”做出明确表态的情况下，这些拉美国家在接受“一带一路”倡议的问题上难免也会有所保留。另外，除美国外，其他域外国家近年来也在争相“抢滩”拉美。欧盟利用传统优势，启动“拉美战略”，加强与拉美在装备制造、金融等领域的合作，并已加速与“南方共同市场（Mercosur）”国家的自贸谈判；日本借技术援助、贸易协定和日裔影响力加紧拓展与拉美关系，“对抗中国”意味明显；俄罗斯利用军事、能源技术优势，与委内瑞拉、玻利维亚等国大力合作。在此情况下，拉美地区的“大国博弈”可能加剧，而拉美国家在域外各国所提供的利益面前很可能降低对“一带一路”的关注，其“平衡战略”恐造成“一带一路”在拉美的形式上的意义更大，实用性有限。

第二节 郑州与北美合作的潜力

一 郑州与美国合作潜力

（一）美国对华合作“新”潜力

2016 年 11 月 8 日，特朗普击败希拉里赢得总统选举。2017 年 1 月 20 日，入主白宫后，虽然美国国内对其执政反对浪潮一波又一波，但美国经济却表现亮丽。美国经济在特朗普治下的亮丽表现和潜在风险为思索

---

① Agencia Andina，“Kuczynski Becomes First LatAm Leader to Visit Donald Trump”，http：//www. andina. com. pe/Ingles/noticia-us-media-kuczynski-becomes-first-latam-leader-to-visit-donald-trump-655466. aspx.

深化中美合作领域提供了线索。

1. 美国经济继续变轻

2008 年次贷危机时，美国服务业占 GDP 的比重为 78.6%，当时美国政府认为服务业占比太高、制造业占比太低，是造成危机很重要的原因，必须要提高制造业比重，所以时任美国总统奥巴马提出让制造业重回美国。但 8 年后，美国服务业仍然占 GDP 的 78%，居高不下，奥巴马让美国经济“去虚向实”的努力并未成功。与此同时，欧元区服务业占 GDP 的比重在上升，日本这一数据也高达 72%。全世界的经济结构都在轻化，轻资产变得越来越吸引人。美国总统特朗普上任后，美国经济变轻的趋势继续。2017 年以来，美国股市大繁荣，三大股指均创下历史新高，这一趋势有望延续到 2019 年。因此，在进行资产配置时，在短期内应适度增加美国资产的配置比例。

2. 新税制让美国营商环境更有吸引力

2018 年 1 月，美国新的税收法案《减税和就业法案》正式生效。该法案于 2017 年 4 月 26 日由特朗普提出，后经国会和参议院几易其稿，反复商讨，最终于 12 月 20 日获得一致通过。12 月 22 日由特朗普签署成为法案。该法案是 1986 年来美国最大规模税改行动，也是特朗普上台后共和党取得的首个重大成就。

新税收法案主要从减税、简化税制和弥补税收漏洞三个方面对美国现行税制进行了修补。减税是新税收法案最主要的方面。虽然企业税和个人所得税的下调幅度没有之前大，但是其削减幅度在很大程度上符合各界的诉求。减税、简化税制能够降低企业运营成本，鼓励扩大再生产，短期内能对美国经济起到正面刺激作用。在美国经济目前已进入扩张周期的情况下，税改可能会刺激美国经济走向亢奋。“股神”沃伦·巴菲特称，共和党税改让公司、股票更有价值，因为公司的所有者们获得更大比例的盈利收益分成。《彭博商业周刊》最新预测认为，2018 年标普 500 指数成分公司的净利润增幅将由 2017 年 10% 进一步提升至 11.5%。

特朗普为企业减税的主张受到美国商界的普遍欢迎。AT&T、美国航空、美国银行、Comcast、富国银行、克莱斯勒、沃尔玛、Dalta 航空等公司纷纷调高 2018 年企业业绩预期，并宣布 2018 年度增加员工薪酬。在个人所得税方面，虽然仍保留 7 档，税率也有所下调，其中最高一档税率从 39.6% 下调至 37%。

特朗普税改的另一重大作用是推动海外资本回流。新税制规定，企业带回海外收入只需一次性纳税：对现金类资产征税 15.5%，对固定资产征税 8%。与大多数国家不同，美国政府此前执行的政策是美企将利润汇回美国时，需征收高达 35% 的所得税。因此，为避免缴纳高额税金，美国公司更愿意把高达 2.6 万亿美元的现金雪藏在海外。2004 年，美国国会曾在当年推出一项临时性减税政策，规定在当年年底前美企将海外利润汇回美国，只一次性征收 5.25% 的税率，而非 35%。该项政策当年推动美企将海外利润集中性回流。当年共回流了 3120 亿美元的海外利润。

可见，新税制让美国营商环境更有吸引力。此时，赴美投资，在美设厂生产在税收上将会有较大优势。

3. “贸易战”与扩大服务业出口

从特朗普 2017 年 12 月发布的首份《国家安全战略报告》，2018 年 1 月 19 日美国国防部发布的、酝酿已久的 2018 年《国防战略》报告，2018 年 2 月美国贸易代表办公室发布的《2018 贸易政策日程和 2017 年报告》，2017 年 3 月《2017 年贸易政策日程和 2016 年报告》等一系列政府文件看，在贸易、外交上，特朗普已经彻底抛弃追求“软实力”的“幻象”，转向追求绝对的“硬实力”。

特朗普政策理念基础是重商主义，视其他国家损害美国经济利益的行为为“经济侵略”，将实现经济利益最大化列为维护国家安全的首要目标。特朗普认为美国经常账户赤字太大，进口多、出口少，所以上台后大肆推行贸易保护主义。其贸易政策里很重要的一点，是扩大服务业的出口，因为美国的服务业是世界上最强大的，美国服务业出口占全球服务业出口的 14%，排在第二、第三的英国和德国只有美国份额的 1/3 左右。

因此，为了获得美国经济增长的红利，同时又为了避免美国对中国的贸易封锁，必须改变传统的中国生产后，出口到美国的传统贸易方式，必须加大对美国的直接投资。但在投资目标的选择上，须避免触碰所谓“国家安全”敏感领域。未来中美经贸领域的合作必然会受到越来越多政治因素的干扰，中国在发展与美经贸关系时将必须极为小心。

4. 美国人口老龄化的高峰正在到来

衡量老龄化常用的概念是以每 100 个就业年龄段劳动力需要支持 65 岁以上退休人员的数量计算的。现在美国这个数据是约 22 个人，但是预计该曲线未来会大幅上升，10 年后要变成 32 个人，曲线上升幅度超过日本。显然，美国与中国一样同样面临人口老龄化的问题，加强该领域的投资与合作，对双方都是巨大商机。

5. 加强基础设施投资领域

特朗普当选美国总统后，即提出要加大美国的基础设施投资 5500 亿至 1 万亿美元，这符合美国当前实际。若对基础设施投资的质量以 7 分制为最好进行评价，危机前美国可达到 6.3 分。2008 年国际金融危机后，质量急剧下降，只有 5.8 分。美国政府对基础设施的投资在 20 世纪 90 年代约占 GDP 的 2.8%，2017 年只占 1.4%，下跌了 50%。到访过美国的人的一个直观感受是，美国港口、码头等很多基础设施严重老化，桥梁不安全，华盛顿到纽约的火车运行时长长达 3 个小时。在特朗普看来，加大基础设施可以增加就业、拉动总需求拉动增长。中国在基建领域具有非常强的建设能力，而美国有巨大的需求，将两者结合将产生双赢局面。

6. 中美加强金融创新合作

特朗普上任后，积极推进简化资本、流动性和杠杆率的有关规则的具体改革措施。具体在包括联邦存款保险公司、消费者金融保障局、联邦储备局等在内的金融监管机构放宽监管，游说美联储放松年度压力测试要求、放宽包括沃尔克规则在内的交易法规、削弱消费者金融保障局的职权、改善市场流动性和信贷环境方面都做出了详细的调整建议。特朗普上任后提名的新任美联储主席和多位理事候选人均与特朗普持相同经济理念，他们就任后也积极推动美联储放松金融监管。

特朗普于 2017 年 5 月 24 日签署放松金融监管方面的一项重要法案《经济增长、降低监管及消费者保护法案》。新法律放松了对资产在 2500 亿美元以下银行的监管规定，但少数资产在 2500 亿美元以上的美国大银行仍然必须遵守更严格的监管。一些被严格监管的中小型银行有望摆脱过去的严格监管规定，比如，美国运通公司以及 SunTrust 银行可避开被当局认为“大而不能倒”的银行。这些银行以后将不需要执行美联储的年度压力测试。

2017 年 5 月 30 日，美联储理事会又以 3 票赞成、0 票反对通过了改革"沃尔克规则"的方案，这被视为美继续"松绑"金融监管的又一重要步骤。"沃尔克规则"是 2010 年以后美最大金融监管改革法《多德—弗兰克法案》的一个重要部分，禁止银行用自有盈利交易，限制银行投资对冲基金和私募股权基金。但新规放松了此前的监管要求，今后将根据交易资产和负债规模将银行分类，只有超过 100 亿美元的银行才适用之前的"严苛"监管要求，10 亿美元到 100 亿美元规模的银行面临"温和"要求，低于 10 亿美元的只需遵循部分"沃尔克法则"，不必证明合规。新规还规定，银行交易部门过去 90 天内每日绝对净盈利和亏损不超过 2500 万美元，就被视为遵循自营交易。美联储主席鲍威尔在声明中称，此次联储提出的修订后法则将让监管"量体裁衣"，针对大部分做交易的金融机构实行"严苛"合规要求，交易规模较小的公司将面临较少要求。由特朗普提名的美联储负责监管事务的副主席兰德尔·夸尔斯称，修改"沃尔克规则"是"全面金融改革的重要里程碑"。美证监会和美国联邦存款保险公司（FDIC）等四家监管机构也将追随美联储的脚步提出对金融改革监管的修改方案。

2017 年以来，特朗普正在一步步兑现其竞选中，去监管、为美华尔街松绑的竞选承诺。这将刺激美金融业的创新，让部分中小银行再次扩大对风险资产的投资，当然也会让美金融系统性风险再次上升。中国应该看到这一趋势，在积极防范金融风险的同时，向美学习先进金融管理经验，加强与美金融创新领域的合作，提高自身的金融创新和管理能力。

（二）郑州对美合作潜力

郑州有很多美方企业非常看重的合作潜力，未来郑州和美方有巨大的合作空间。

郑州拥有多方面合作优势。一是郑州市场巨大。2017 年，郑州全市总人口 988.1 万人（包括下辖县、市、区城市及农村人口），较上年增长 1.6%。郑州居民人均可支配收入 30556 元，比上年增长 9.0%。全年完成社会消费品零售总额 4057.2 亿元人民币，比上年增长 10.7%。分城乡看，城镇消费品零售额 3402.5 亿元人民币，增长 10.5%；乡村消费品零售额 345.5 亿元人民币，增长 11.4%。分行业看，批发业零售额 438.5

亿元人民币，增长 8.4%；零售业零售额 2720.4 亿元人民币，增长 10.5%；住宿业零售额 22.8 亿元人民币，增长 6.9%；餐饮业零售额 566.3 亿元人民币，增长 13.1%。人口基数大，消费能力强，即意味着巨大的市场容量，这对美企有重要的吸引力。

二是郑州周边有较为完整的产业链和生产配套措施。郑州市是全国重要工业城市。郑州市的纺织、机械、建材、耐火材料、能源和原辅材料等工业产业在全国具有明显优势，电子信息、汽车、超硬材料、高端装备等主导产业基础好，已初步形成全球重要的智能终端（手机）研发制造基地。

三是相关国家和地区发展战略为郑州未来发展提供了机遇。2016 年 12 月，经国务院正式批复，国家发展改革委发布《促进中部地区崛起“十三五”规划》，提出支持郑州建设国家中心城市。2017 年 1 月，国家发展改革委出台了《关于支持郑州建设国家中心城市的指导意见》，明确提出郑州要在引领中原城市群一体化发展、支撑中部崛起和服务全国发展大局中做出更大贡献。郑州肩负中原经济区、郑州航空港经济综合试验区、郑洛新国家自主创新示范区、中国（河南）自由贸易区、国家粮食生产核心区“五大国家战略”，政策叠加优势明显，政策红利全国罕见。围绕先进制造业，河南省、市先后出台《中国制造 2025 河南行动纲要》（豫政［2016］12 号）、《关于印发郑州市建设中国制造强市若干政策的通知》（郑政［2016］29 号），精准对接《中国制造 2025》。郑州市政府 2016 年 6 月印发的《郑州市 2017 年国民经济和社会发展计划》中提出，“持续提升对外开放水平　打造国际化内陆开放高地”，深度融入“一带一路”战略，充分发挥航空港实验区、自由贸易试验区、跨境电子商务综合试验区的政策叠加优势，突出制度创新、平台打造、产业培育，进一步完善开放平台，提升招商品质，拓宽开放领域，推动国际产能合作，优化国际营商环境，大力发展更高层次的开放型经济。此外，还提出“推进产业结构优化升级　加快构建现代产业体系”，聚焦主导产业，以产业集聚区、服务业“两区”为载体，以产业项目建设为抓手，加快实施产业发展三年行动计划，着力打造全国重要的先进制造业基地、国际物流中心、国家区域性现代金融中心，加快建设电子信息、汽车、高端装备、新材料等七大产业基地。加快培育建设智能终端、汽车、装备制造、超硬材料等 8 个产业集群。[①] 有理由相信，在上述高密度政策保障下，上述规划有序推进，未来郑州有条件迎来一个大发展格局。

二 郑州与加拿大合作潜力

郑州被中央确定为国家中心城市，城市发展随之开始登上新的起点和新平台，为对外合作创造了有利条件。加拿大方面，近年来为摆脱经济上对美国过度依赖的境况，积极发展对外经贸关系，以“避免把所有鸡蛋都放在一个篮子里”，对华经贸关系自然是其发展重点。然而，中国市场大、发展快，各国在华竞争激烈，加拿大虽然是发达国家，但要在中国实现立足也着实不易。因此，加拿大为实现其对华关系尤其是对华经贸关系目标，就有必要在中国寻找可以依赖的合作伙伴。

从当前加拿大与郑州市以及河南省的互动看，加拿大既看中郑州作为国家级城市和河南省作为新兴经济省份所具有的巨大潜力，也看中郑州作为全国重要的铁路、航空、高铁、电力及邮政电信主枢纽城市的特殊地理位置，以及郑州在全国物流和跨境电商活动中所发挥的重要作用。此外，河南是人口大省，郑州是省内教育和培训的高地，劳动力资源丰富，并且人力资源素质不断提高，能够满足加拿大经济发展的需求。

就郑州（河南）而言，借助与加拿大的合作能够发挥其潜在优势。一是口岸的优势。加拿大在木制品、粮食、畜禽产品、皮革、矿产品、水产品等初级产品方面具有较强比较优势（见图 6－1），可以满足中国经济建设需要。而上述产品多为指定口岸检疫和报关产品，郑州拥有的功能性口岸优势，能够为加拿大产品进入中国市场提供便利。

二是产业优势。加拿大拥有资本优势、农业技术和生物技术优势，在化学工业、航空工业、车辆制造等技术产业方面也具有较强竞争优势。而郑州计划聚焦电子信息、汽车与装备制造、现代金融商贸物流、文化创意旅游、都市生态农业五大战略产业，积极发展共享经济、现代供应链、人工智能、生物医药、新材料、新能源汽车、可见光通信、北斗系统应用、人力资本服务等新兴产业。可以看到，加拿大的资金、技术和

---

① 《郑州市发布 2017 年国民经济和社会发展计划》，http：//www. ha. xinhuanet. com/news/20170609/3720542_ c. html。

产业优势在郑州具有适用性，双方具有较强的互补性，有条件形成高水平合作。

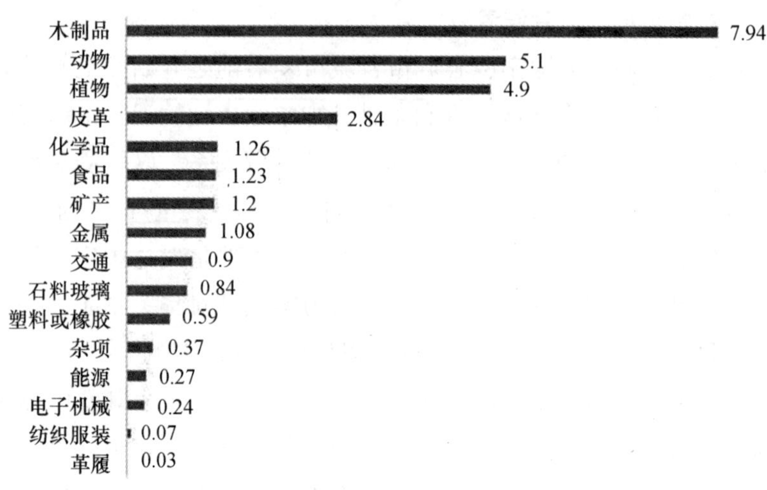

图6-1 加拿大出口产品的显性比较优势

资料来源：WITS。

由此，郑州和加拿大对发展资源的诉求上形成互补，双方合作有助于促进“人财物”要素资源的优化配置，能够形成良性互动，从而具有较大的合作空间。特别是随着加拿大对“一带一路”倡议的逐步认同，郑州与其合作领域有条件涵盖农业、制造业、文化和旅游等多个方面。

第三节 郑州与拉美合作的潜力

截至2018年，“一带一路”已成为中国构建以合作共赢为核心的新型国际关系，打造发展共同体的全球新倡议。拉美对“一带一路”倡议积极回应，认为其为拉美地区发展提供了新思路，而习近平主席在2017年11月与巴拿马总统巴雷拉会谈时，也明确表示“中方把拉美看作‘一带一路’建设不可或缺的重要参与方”。在“一带一路”倡议指导下的中拉合作将充分发掘双方潜力。根据《中国—拉共体论坛第二届部长级会议圣地亚哥宣言》，政治和安全、基础设施和交通、贸易投资金融、农业、工业和科技、环境、人文交流将是未来中拉合作的焦点所在，作为建设中的“一带一路”上的中心城市，郑州将其未来城市发展定位为国际综合枢纽、国际物流中心、国家重要的经济增长中心、国家极具活力的创新创业中心、国家内陆地区对外开放的门户，以及华夏历史文明传承创新中心，这无疑将使郑州在未来与拉美的合作中发挥重大作用。

本节将从贸易、金融投资、人文交流等领域论证郑州和拉美的合作潜力，并提供政策建议。

一 中拉合作现状

拉美地区是中国重要的经贸合作对象，也是中国全面参与经济全球化进程中的重要伙伴。中拉经贸合作走过了一个渐进、积累和快速发展的过程。进入21世纪以来，中拉经贸合作规模迅速扩大，领域也不断拓宽。根据商务部的统计，中国是拉美地区的第二大贸易伙伴，仅居美国之后，是巴西、智利、秘鲁、乌拉圭的第一大贸易伙伴，墨西哥、阿根廷、哥伦比亚、委内瑞拉、古巴、哥斯达黎加的第二大贸易伙伴，同时也是巴西、智利、秘鲁的第一大出口市场，阿根廷、哥伦比亚的第二大出口市场。中国已成为拉美地区主要产品如巴西铁矿石、大豆、鸡肉、飞机，阿根廷豆油、智利铜矿砂、葡萄酒，乌拉圭奶制品、牛肉、秘鲁鱼粉等的主要出口市场（表6－1）。中国现已与智利、秘鲁和哥斯达黎加签署并实施了自由贸易协定，并与哥伦比亚和巴拿马等国家开展了自由贸易协定的前期联合可研，积极探讨与更多的拉美国家签署自由贸易协定的可能性。根据中国海关数据，2017年，中拉贸易额近2600亿美元，同比增长18.8%。中国是拉美地区大宗商品的重要出口市场，自拉美进口的农产品和工业制成品比重也不断增长，双边贸易结构正在不断优化。

根据联合国拉美经委会的统计和预测，2014年以来，中国已成为拉美地区第二大货物贸易伙伴。2000—2017年，拉美地区对中国的出口额占该地区出口总额的比重从1%跃升至10%，中国已经成为该地区第三大出口市场。从中国的进口占其进口总额的比重从2%增加到18%，中国已成为该地区第二大进口来源地。

表 6－1　　中国与拉美、与世界双边货物贸易产品结构（2012—2016 年均值）　　单位：亿美元、%

产品部门分类	拉美				世界			
	出口额	进口额	出口占比	进口占比	出口额	进口额	出口占比	进口占比
动物产品	5.19	22.84	0.40	1.96	172.03	182.10	0.78	1.08
植物产品	6.91	242.49	0.53	20.80	216.32	660.18	0.99	3.93
食品	9.29	34.66	0.72	2.97	281.89	173.17	1.28	1.03
矿产品	0.85	339.59	0.07	29.13	37.88	1268.14	0.17	7.54
矿物燃料	27.07	201.28	2.10	17.27	308.09	2640.43	1.40	15.71
化工产品	91.64	11.27	7.09	0.97	1014.08	1178.23	4.62	7.01
塑料橡胶制品	65.98	6.25	5.11	0.54	839.45	837.72	3.83	4.98
生皮皮革制品	19.04	12.05	1.47	1.03	336.11	102.67	1.53	0.61
木及木制品	15.51	44.81	1.20	3.84	357.20	421.59	1.63	2.51
纺织服装	163.33	7.43	12.64	0.64	2668.42	327.66	12.16	1.95
鞋帽	36.17	0.15	2.80	0.01	642.11	24.85	2.93	0.15
石料与玻璃	29.62	2.54	2.29	0.22	889.51	582.48	4.05	3.46
金属制品	117.41	136.10	9.09	11.68	1640.56	944.57	7.48	5.62
机电产品	454.01	71.91	35.14	6.17	9269.92	4896.53	42.25	29.12
运输工具	112.04	24.11	8.67	2.07	1026.85	1012.40	4.68	6.02
杂项制品	138.10	8.16	10.69	0.70	2241.95	1559.65	10.22	9.28
总值	1292.15	1165.63	100.00	100.00	21942.38	16812.38	100.00	100.00

资料来源：UN Comtrade。

近年来，中国对拉美的投资不断增长。根据商务部的统计，中国对拉美累计直接投资已经超过 2000 亿美元，成为中国海外投资的第二大目的地。在投资方面，根据联合国拉美经委会的统计和测算，2005—2016 年，拉美地区国家吸收来自中国的直接投资金额约 900 亿美元，约占该地区、该期间吸收外资总额的 5%。据预测，2017 年中国企业在拉美的直接投资将超过 250 亿美元，占该地区吸收外资总额的 15%。

与此同时，中国对拉美投资的领域正日趋多元。2004—2010 年，

42%和18%的中国投资进入当地的矿业和能源领域。2011—2017年，进入上述两领域的中国投资占比已经下降到20%和6%。中国投资开始进入通信、不动产、食品和可再生能源等领域，较大地改善了拉美地区的基础设施，使当地消费者有了更多的选择。

二 郑州—拉美贸易潜力①

（一）双边贸易概况

据郑州海关数据，2017年，河南省与拉美的贸易总额为293.86亿元人民币，同比增加7.32亿元人民币。其中，出口总额为137.84亿元人民币，同比增加13.09亿元人民币；进口总额为156.01亿元人民币，同比增加2.70亿元人民币，2017年年度河南省与拉美的贸易逆差总额为18.17亿元人民币。

2017年，河南省货物贸易出口总额排名前三的区域分别是亚洲、北美洲和欧洲，分别占河南省出口总额的37.09%、33.58%和18.27%；河南省对拉美的出口仅占全省出口总额的4.35%（见图6-2）。在货物贸易进口方面，总额排名前三的区域分别是亚洲、拉美和欧洲，分别占全省进口总额的75.78%、7.57%和6.88%（见图6-3）。整体而言，拉美是河南省仅次于欧洲的进口来源地，却并非河南省主要的出口目的地。

河南省与拉美的双边贸易呈现出贸易对象国集中的特点。表6-2为2017年河南省与拉美各经济体货物贸易的统计数据。其中，双边贸易总额位列前三名的贸易伙伴依次是墨西哥、巴西和秘鲁，且均为贸易逆差，与墨西哥的贸易逆差金额最大，为30.25亿元人民币。

① 现有的海关统计口径下，缺乏郑州市与拉美各国的贸易数据，因此，在测算双方贸易潜力时，将以郑州海关发布的河南省与拉美的货物贸易数据为郑州市的基准数据，进行实证分析。郑州海关直属于海关总署，关区覆盖河南全省，负责监管河南省的进出境运输工具、货物、行李物品、邮递物品和其他物品，征收关税和其他税费，查缉走私，并编制海关统计和办理其他海关业务。此外，郑州市作为河南省省会和"一带一路"倡议下的中心城市，经济发展水平、对外交流程度、海关通关规模均位于河南省前列，在未来的对外合作和发展中，势必也将承担起立足乃至引领河南省乃至周边内陆省份的作用。

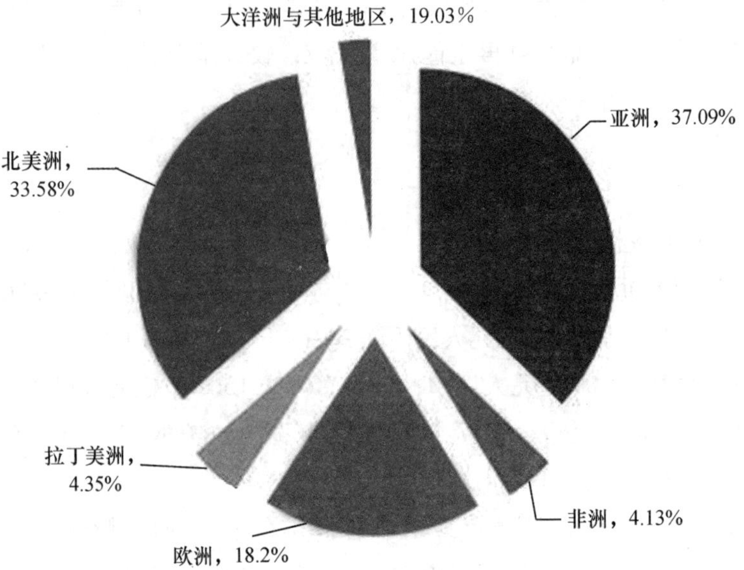

图 6-2　2017 年河南省货物贸易出口占比

资料来源：郑州海关。

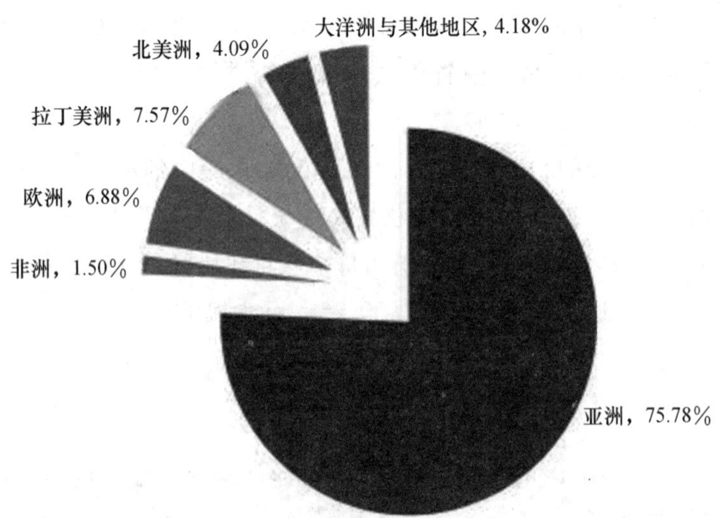

图 6-3　2017 年河南省货物贸易进口占比

资料来源：郑州海关。

表 6－2　　2017 年河南省与拉美的货物贸易

单位：亿元人民币、%

经济体	进出口总额	出口总额	进口总额	进出口总额占比	出口占比	进口占比
拉美	293.86	137.84	156.01	100.00	100.00	100.00
安提瓜和巴布达	0.01	0.01	0	0	0	0
阿根廷	5.67	4.80	0.87	1.93	3.48	0.56
阿鲁巴	0.01	0.01	0	0	0.01	0
巴哈马	0.05	0.05	0	0.02	0.04	0
巴巴多斯	0.05	0.05	0	0.02	0.03	0
伯利兹	0.04	0.04	0	0.01	0.03	0
玻利维亚	5.03	0.77	4.26	1.71	0.56	2.73
巴西	88.89	42.06	46.83	30.25	30.51	30.02
智利	23.05	13.53	9.52	7.84	9.82	6.10
哥伦比亚	7.15	6.64	0.51	2.43	4.82	0.33
多米尼克	0.15	0.15	0	0.05	0.11	0
哥斯达黎加	2.24	0.73	1.50	0.76	0.53	0.96
古巴	11.40	11.40	0	3.88	8.27	0
多米尼加	2.35	2.34	0	0.80	1.70	0
厄瓜多尔	4.86	4.86	0	1.65	3.53	0
格林纳达	0.01	0.01	0	0	0	0
危地马拉	1.04	1.04	0	0.35	0.76	0
圭亚那	0.23	0.23	0	0.08	0.17	0
海地	0.62	0.62	0	0.21	0.45	0
洪都拉斯	0.28	0.26	0.02	0.09	0.19	0.01
牙买加	1.17	1.17	0	0.40	0.85	0
墨西哥	96.91	33.33	63.58	32.98	24.18	40.75
尼加拉瓜	0.63	0.63	0	0.22	0.46	0
巴拿马	3.03	3.03	0	1.03	2.20	0
巴拉圭	0.97	0.96	0.01	0.33	0.70	0
秘鲁	30.15	5.57	24.58	10.26	4.04	15.76
波多黎各	0.54	0.54	0.01	0.19	0.39	0
圣卢西亚	0.01	0.01	0	0	0.01	0
圣文森特和格林纳丁斯	0.01	0.01	0	0	0	0
萨尔瓦多	0.31	0.31	0	0.11	0.23	0

续表

经济体	进出口总额	出口总额	进口总额	进出口总额占比	出口占比	进口占比
苏里南	0.07	0.06	0	0.02	0.05	0
特立尼达和多巴哥	0.22	0.22	0	0.07	0.16	0
乌拉圭	5.43	1.10	4.32	1.85	0.80	2.77
委内瑞拉	1.14	1.14	0	0.39	0.82	0
圣其茨和尼维斯	0	0	0	0	0	0
其他国家（地区）	0	0	0	0	0	0

资料来源：郑州海关。

在主要出口商品方面，机电产品是河南省最重要的出口商品，2016年的出口额为2143.15亿元人民币，占全省出口总值的75.6%，其中，手机单项商品出口额占河南省外贸出口总额的63.2%。同年进口机电产品1449.38亿元人民币，占河南省进口总值的77.1%，其中，最主要的进口品为集成电路，进口金额747.75亿元人民币。

表6－3　　2016年河南省主要进出口商品

单位：亿元人民币、%

商品名称	出口额	出口占比	商品名称	进口额	进口占比
手机	1791.68	63.2	集成电路	747.75	39.8
农产品	128.56	4.5	电视、收音机及无线电信设备的零附件	115.76	6.2
人发制品	78.52	2.8	手机	105.74	5.6
纺织纱线	56.49	2.0	农产品	92.03	4.9
服装及衣着附件	55.54	2.0	铜矿纱及其精矿	63.79	3.4
未锻轧铝及铝材	54.9	1.9	铁矿砂及其精矿	60.8	3.2
汽车	46.69	1.6	电视摄像机、数字照相机及视频摄录一体机	51.55	2.7
汽车零配件	41.63	1.5	化妆品	34.18	1.8
轮胎	30.87	1.1	铅矿砂及其精矿	26.31	1.4
钢材	25.91	0.9	纸浆	21.22	1.1

资料来源：《2017年河南经济形势分析与预测》。

（二）货物贸易引力模型的构建

为了进一步估算郑州与拉美的贸易潜力，在本节中，我们将使用引力模型进行分析。在国际贸易领域，引力模型是潜力分析研究中使用最广泛的模型之一。根据 Tingergen 与 Poyphonen 的定义，国家之间的贸易流量与其经济总量（GDP）成正比，并与国家之间的距离成反比：

$$Trade_{ij} = \alpha \cdot \frac{GDP_i \cdot GDP_j}{Dis_{ij}} \qquad [1]$$

$Trade_{ij}$ 是国家间双边贸易的总额，GDP_i 和 GDP_j 分别是国家 i 和 j 的国内生产总值，Dis_{ij} 则是两个国家之间的实际距离。

在对公式［1］等式两边取自然对数之后，引力模型［1］将成为一个可以进行估算的线性模型：

$$\log(Trade_{ij}) = \alpha + \beta_1\log(GDP_i \cdot GDP_j) + \beta_2\log(Dis_{ij}) + \varepsilon_{ij} \qquad [2]$$

其中，α,β_1 和 β_2 为需要估算的系数，ε_{ij} 为残差。公式［2］是引力模型的核心表达式，双边贸易额预期与两国的国内生产总值（以及人均生产总值）成正比，但与距离成反比。

在多年来的实证研究中，引力模型中涉及的自变量不断增多，除了公式［2］提及的国内生产总值的乘积和两国间距离，另一些常用的、可能影响国家间贸易潜力的因素还包括语言、是否同在一个（数个）贸易协定内、是否存在领土接壤、是否存在文化认同性等一些虚拟变量。但是，经济总量和距离始终是决定贸易总量的重要变量，并在涉及不同国家、不同行业、不同时间段的实证研究中一再被证明是统计学上显著的解释变量（$p \leqslant 0.05$），而在不同研究中，不同的控制变量的解释力度各有强弱。

本节中，我们首先根据公式［2］，得到实证研究中最常用的引力模型［3］，以此估算郑州和拉美的贸易合作潜力，

$$\log(Trade_{ij}) = \alpha + \beta_1\log(GDP_i \cdot GDP_j) + \beta_2(\frac{GDP_i}{pop_i} \cdot \frac{GDP_j}{pop_j}) + \beta_3\log(Dis_{ij}) + \varepsilon_{ij} \qquad [3]$$

随后，为了考虑自贸区和世界贸易组织对郑州和拉美贸易合作潜力的影响，进一步将公式［3］修正为：

$$\log(Trade_{ij}) = \alpha + \beta_1 \log(GDP_i \cdot GDP_j) + \beta_2 \left(\frac{GDP_i}{pop_i} \cdot \frac{GDP_j}{pop_j}\right) + \beta_3 \log(Dis_{ij}) + \beta_4 (FTA) + \beta_5 (WTO) + \varepsilon_{ij} \qquad [4]$$

其中，$Trade_{ij}$ 为河南省与拉美各国的双边货物贸易总额，$GDP_i \cdot GDP_j$ 为郑州市 *GDP* 与拉美某国 *GDP* 的乘积，$\frac{GDP_i}{pop_i} \cdot \frac{GDP_j}{pop_j}$ 为郑州市人均 *GDP* 与拉美某国人均 *GDP* 的乘积，Dis_{ij} 为郑州市到拉美各国首都的直线距离①，*FTA* 和 *WTO* 为两个虚拟变量，当样本中的拉美国家已与中国签订自由贸易协定或是世界贸易组织成员时，记为 1，反之则记为 0。双边贸易数据来自郑州海关、郑州市的 GDP 数据源自河南省统计年鉴、拉美各国的 GDP 数据源自世界银行世界发展指数、两国间距离来自谷歌地图、自由贸易协定签署情况和世贸组织加入情况分别来自中国商务部网站和世界贸易组织网站。除了拉美各国 GDP 数据为 2016 年统计结果外②，其他数据均为 2017 年最新统计数据。最后，本节使用的数据为截面数据，样本取样为拉美和加勒比海区域内的 34 个国家和地区。

根据最小二乘法，表 6－4 汇报了公式［3］和［4］的回归结果，其中核心模型为公式［3］的回归结果，修正模型为公式［4］的回归结果。

第一，在河南省和拉美的双边贸易往来中，核心引力模型足以解释其贸易水平——根据回归结果，拉美国家是否是 WTO 成员以及是否与中国签订自由贸易协定对双方的贸易总量并无显著影响。第二，GDP 变量为模型中解释力量最强的变量，这意味着经济规模越大的拉美国家与河南省的双边贸易往来规模越大。第三，人均 GDP 变量对河南省和拉美的双边贸易规模具有负解释效力。人均 GDP 衡量的是经济发展水平，该变量对应系数的负值表明，河南省和拉美之间的货物贸易以劳动密集型的初级产品为主，附加值较低，当郑州市（河南省）的经济发展进一步增长，与拉美国家进行双边贸易的需求将收缩。第四，国家间距离对河南和拉美的双边货物贸易不存在显著的负面影响，对于此结论，一个可能

① 郑州到巴西的距离采用了郑州到圣保罗的距离。

② 2016 年数据为世界银行数据库最新数据。

的原因是由于拉美和河南省的距离过于遥远，所以不再对双边贸易起到任何决定性影响。具体而言，若郑州市总 GDP 增长 1%，则河南省和拉美的双边货物贸易将增长 1.2%；若郑州市人均 GDP 增长 1%，则河南省与拉美的双边货物贸易将下降 0.87%。

表 6－4　　引力模型回归结果

系数	核心模型	修正模型
α	10.696	1.356
t 值	(0.403)	(0.053)
β_1	1.211***	1.204***
t 值	(12.559)	(12.267)
β_2	－0.871***	－0.746**
t 值	(－3.101)	(－2.528)
β_3	－4.030	－3.319
t 值	(－1.508)	(－1.289)
β_4	—	0.945
t 值	—	(1.268)
β_5	—	0.667
t 值	—	(0.858)
Adjusted R^2	0.829	0.851
F 值	54.354	37.461
Prob (F)	(0.000)	(0.000)

注：括号内为系数估算对应的 t 值。1%、5% 和 10% 条件下显著所对应 t 值分别为 2.58、1.96 和 1.65。＊＊＊、＊＊、＊ 分别表示在 1%、5% 和 10% 条件下显著。

资料来源：笔者自制。

（三）贸易潜力测算

接下来，我们使用引力模型的回归分析结果测算郑州和拉美之间的贸易潜力。其原理是，如果郑州和对应拉美国家的实际贸易额度超过了引力模型的预测贸易额度，则两地间存在着紧密的贸易关系（贸易过度）；反之，则两地间的贸易关系并不紧密，存在贸易潜力。

$$P_c = Trade_{potential}/Trade_{actual} \quad [5]$$

P_c 为贸易潜力，$Trade_{potential}$ 为根据引力模型算出的预测贸易额度，$Trade_{actual}$ 则为实际贸易额度。当 $P_c \geq 1.20$，郑州和对应拉美国家之间的贸易属于贸易潜力待开发型，亦可理解为贸易不足（under-trade）；当 $0.80 < P_c < 1.20$，郑州和对应拉美国家间贸易属于贸易潜力成长型，即两地间贸易存在一定贸易潜力，但彼此间的贸易潜力尚未完全发挥；当 $P_c \leq 0.80$，则郑州与对应拉美国家间贸易属于贸易潜力成熟型，即过度贸易（over-trade）。

根据上述标准，表6－5列出了2017年郑州和拉美各国的贸易潜力。测算结果表明，河南省与拉美34国间普遍存在贸易不足的情况，贸易潜力巨大：如能充分发挥双方贸易潜力，在双方现有GDP水平下，河南省与拉美的贸易总额度可达到896.74亿人民币，较现有水平提升305.35%。

同时，为了进一步比较郑州与其他中心城市对拉美的贸易潜力，笔者还计算了同年度广州市和拉美的贸易潜力（见表6－6）。对广州的测算结果显示，广州市与拉美34国间的货物贸易普遍属于贸易潜力成长型，货物贸易潜力位于 $0.80 < P_c < 1.20$ 区间的国家数量为30，且多数接近于“过度贸易”区间。这一结果表明，在现阶段，相较于同样身为中心城市的广州，郑州对拉美国家的经贸活动尚有巨大潜力值得挖掘。

由于郑州市的区位交通、人口红利和经济腹地等优势，郑州市可成为河南省乃至周边其他内陆省份与拉美展开经贸合作时的核心枢纽城市：以郑州市为核心，1.5小时航程内，可覆盖中国2/3的主要城市和60%的人口。郑州航空港综合经济试验区是中国首个航空港综合经济试验区，在土地使用、财政税收、资金支持上均有大量优惠政策，2011—2015年，航空货运量增长78.2%，全球货运十强之一的卢森堡货运航空已经在郑州设立货运枢纽。截至2018年，中国自拉美进口的商品中约有25%是动植物产品和食物，其中有相当一部分具有极强的时效性，因此，在未来的合作中，郑州可充分利用航空港的运输枢纽优势，配合高铁、公路网络，加大对拉美农产品的物流承运，依靠“郑州中转”品牌，改变贸易不足的现状，并可对周边城市和省份形成网络辐射效应。

表 6－5　　2017 年河南省和拉美的货物贸易潜力

单位：万元人民币

经济体	实际贸易额 $Trade_{actual}$	模拟贸易额 $Trade_{potential}$	贸易潜力 P_c
安提瓜和巴布达	0.57	2.75	4.79
阿根廷	567.21	1902.89	3.35
巴哈马	4.96	20.73	4.18
巴巴多斯	4.59	19.09	4.16
伯利兹	3.66	15.16	4.14
玻利维亚	503.16	1607.84	3.20
巴西	8888.67	26713.97	3.01
智利	2305.10	7112.18	3.09
哥伦比亚	714.94	2359.60	3.30
多米尼克	14.75	53.84	3.65
哥斯达黎加	223.59	756.51	3.38
古巴	1139.71	3556.24	3.12
多米尼加	234.76	799.12	3.40
厄瓜多尔	486.18	1592.91	3.28
格林纳达	0.62	2.91	4.73
危地马拉	104.20	369.45	3.55
圭亚那	23.39	85.95	3.67
海地	61.65	217.32	3.53
洪都拉斯	27.65	104.52	3.78
牙买加	117.28	402.06	3.43
墨西哥	9691.16	28685.60	2.96
尼加拉瓜	63.25	224.51	3.55
巴拿马	302.66	1005.20	3.32
巴拉圭	96.51	339.20	3.51
秘鲁	3014.76	9118.07	3.02
波多黎各	54.38	203.07	3.73
圣卢西亚	1.45	6.45	4.44
圣文森特和格林纳丁斯	0.56	2.64	4.75
萨尔瓦多	31.03	116.91	3.77
苏里南	6.72	27.16	4.04

续表

经济体	实际贸易额 $Trade_{actual}$	模拟贸易额 $Trade_{potential}$	贸易潜力 P_c
特立尼达和多巴哥	22.04	84.79	3.85
乌拉圭	542.88	1748.11	3.22
委内瑞拉	113.58	417.44	3.68
圣其茨和尼维斯	0.03	0.18	6.48
拉美总值	29367.64	89674.38	—

资料来源：实际贸易额来自郑州海关，模拟贸易额为作者自行计算而得。

表 6－6　　　　2017 年广东省和拉美的货物贸易潜力

单位：万元人民币

经济体	实际贸易额 $Trade_{actual}$	模拟贸易额 $Trade_{potential}$	贸易潜力 P_c
安提瓜和巴布达	311.28	338.39	1.09
阿根廷	200479.63	185532.97	0.93
巴哈马	1953.61	2010.44	1.03
巴巴多斯	1231.44	1209.78	0.98
伯利兹	7824.07	7399.62	0.95
玻利维亚	11077.03	10855.81	0.98
巴西	1051375.34	887020.71	0.84
智利	489659.24	421315.12	0.86
哥伦比亚	153286.41	122680.53	0.80
多米尼克	1076.60	1058.61	0.98
哥斯达黎加	35581.84	30450.06	0.86
古巴	3785.09	3027.97	0.80
多米尼加	56637.62	50114.39	0.88
厄瓜多尔	71930.71	63103.87	0.88
格林纳达	183.83	190.93	1.04
危地马拉	33209.83	31053.48	0.94
圭亚那	12371.12	10564.80	0.85
海地	37927.76	25018.49	0.66
洪都拉斯	18001.42	17159.29	0.95

续表

经济体	实际贸易额 $Trade_{actual}$	模拟贸易额 $Trade_{potential}$	贸易潜力 P_c
牙买加	24402.70	22066.11	0.90
墨西哥	1648708.82	1369346.94	0.83
尼加拉瓜	24458.39	22458.33	0.92
巴拿马	216664.36	164483.31	0.76
巴拉圭	29908.56	28444.32	0.95
秘鲁	260711.12	210426.60	0.81
波多黎各	23332.39	22102.02	0.95
圣卢西亚	75.69	92.36	1.22
圣文森特和格林纳丁斯	293.24	328.97	1.12
萨尔瓦多	22613.67	21007.43	0.93
苏里南	10221.89	8718.98	0.85
特立尼达和多巴哥	10302.28	9023.59	0.88
乌拉圭	55706.96	52613.44	0.94
委内瑞拉	35378.04	21878.80	0.62
圣其茨和尼维斯	536.66	551.15	1.03
拉美总值	4551218.65	3823647.59	—

资料来源：实际贸易额来自广州海关，模拟贸易额为作者自行计算而得。

二 投资和金融合作潜力

金融合作是中拉产业合作的重点。在中拉“1+3+6”合作框架下，贸易、投资和金融是中拉全面合作的三大引擎。相关数据显示，从2015年起，中国成为净资本输出国，并已经成为亚洲、非洲和拉美地区的主要外资来源地。国家开发银行和中国进出口银行两大政策性银行在拉美的总投资金额已经超过了世界银行和美洲开发银行。①

当前，在中国和拉美的金融合作中，中方占据主导地位。截至2016年底，中国向拉美地区共提供了至少1390亿美元的金融支持（表6-7）。

① 吴白乙主编：《拉美和加勒比发展报告（2014—2015）》，社会科学文献出版社2015年版，第1页。

其中，既包括通过双边联合融资机构向单独国家提供的金融资源［如中国—巴西产能合作基金（200亿美元，中方出资150亿美元）和中国—委内瑞拉联合融资基金（620亿美元）］，也包括通过开发性金融机构成立的合作基金。第一，中国通过双边联合融资机制为巴西和委内瑞拉两个拉美国家提供了770亿美元的金融资源。第二，通过中拉合作基金和中拉产能合作投资基金以股权或债权的模式向拉美地区国家提供了金融支持。中拉产能合作投资基金已于2015年12月完成了首单投放，为中国三峡集团巴西伊利亚和朱比亚两电站30年特许运营权项目提供了6亿美元的项目出资。第三，中国单方面对拉美地区的贷款承诺约为330亿美元，其中包括中国对拉美地区基础设施专项贷款200亿美元，对拉美地区优惠贷款100亿美元，对加勒比地区优惠贷款30亿美元。第四，中国金融机构对拉美地区重点国家重点合作产业的专项项目贷款。其中，《中国进出口银行与巴西国家石油公司关于支持中巴海洋工程装备产能合作的融资备忘录》签署后，中国进出口银行将为巴西石油公司在中国采购海洋工程装备以及为巴西石油公司向中国出口石油产品等提供10亿美元的信贷支持。①

表6－7　　　　中国可用于拉美地区的金融资源

项目	时间	规模	投资领域	备注
中国—巴西产能合作基金	2015年6月	200亿美元，中方出资150亿美元	重点支持产能合作项目	双边联合融资机制
中国—委内瑞拉联合融资基金	始于2007年	620亿美元	贷款换石油	国家发改委管理
中拉产能合作基金	2015年6月	首期规模100亿美元	制造业、高新技术、农业、能源矿产、基础设施、金融	国家开发银行、国家外汇管理局共同管理

① 谢文泽：《“一带一路”视角的中国—南美铁路合作》，《太平洋学报》2016年第10期；谢文泽：《中国经济中高速增长与中拉经贸合作》，《拉美研究》2016年第4期。

续表

项目	时间	规模	投资领域	备注
中拉合作基金	2016 年 1 月	100 亿美元	能源资源、基础设施、农业、制造业、科技创新、信息技术、产能合作	中国进出口银行、国家外汇管理局共同管理
中拉基础设施专项贷款	2014 年 7 月	200 亿美元	公路、通信、港口、电力、矿业、农业	支持中资企业参与拉共体成员国基础设施项目
中国—加勒比基础设施专项贷款	2011 年 2013 年	10 亿美元 15 亿美元	基础设施	国家开发银行提供贷款
巴西石油公司—中国进出口银行合作协议	2016 年 5 月	10 亿美元	海洋工程装备	便利巴西石油公司在中国采购海洋工程装备以及为巴西石油公司向中国出口石油产品

资料来源：引自《拉美黄皮书：拉美和加勒比发展报告（2016—2017）》，社会科学文献出版社 2017 年版。

随着中拉经贸关系的不断深入，中国和拉美地区国家在金融领域的合作成为进一步推动中拉经贸关系发展至关重要的因素。目前，中国已经是美洲开发银行的正式成员，与巴西、阿根廷、智利等地区国家签署了双边货币互换协议，中国银行、国家开发银行、工商银行、中国建设银行、中国交通银行等中国金融机构已经在拉美设立分支机构。巴西也成为亚洲基础设施投资开发银行的创始成员。为支持中国和拉美国家开展合作，中方还承诺以对拉优惠性质贷款、中拉基础设施专项贷款、中拉合作基金和中拉产能合作投资基金等形式向拉美提供数百亿美元的融资。

三　劳动力与人文交流合作潜力

根据古典经济学理论，劳动力和资本是最主要的生产要素，同时也是制约总产出的最基本投入要素。拉美地区人口规模相对可观（见图 6－

4）。2000 年，地区总人口为 5. 27 亿，2011 年突破 6 亿人，2015 年人口为 6. 33 亿人。地区劳动参与率除 2003 年和 2011 年小幅下降外，逐年提高。2015 年拉美地区的劳动参与率为 66. 7%。同拉美地区相比，中国的劳动参与率保持在 81% 左右，劳动力资源更加丰富。

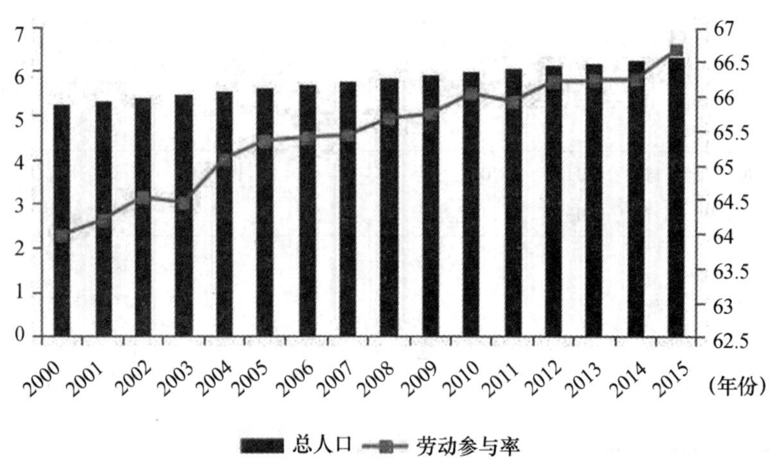

图 6－4　拉美和加勒比地区总人口及劳动参与率（亿人，%）

资料来源：世界银行数据库，http：//data. worldbank. org/。

但是，拉美的劳动力素质较低（见表 6－8）。根据世界银行的数据，2012 年拉美和加勒比地区国家受过高等教育的劳动力比重只有 17. 28%，中等教育为 33. 41%，初等教育 27. 99%，均低于 2011 年的水平。具体到各个国家，高等教育劳动力比重最高的是哥伦比亚，达到 26. 5%（2013 年），阿根廷、秘鲁和墨西哥受过高等教育的劳动力比重也在 20% 以上。接受中等教育的劳动力比重最高的国家是智利，2011 年达到 57%，墨西哥和阿根廷分别为 45%（2011 年）和 40%（2014 年）。综合各层次受教育劳动力在劳动力人口中的比重，墨西哥、秘鲁、智利和哥伦比亚 4 个太平洋联盟国家的劳动力素质较高。

表6-8 **拉美和加勒比国家劳动力素质** 单位:%

受教育水平	2006年	2007年	2011年	2012年
高等教育	14.31	14.52	20.54	17.28
中等教育	28.83	32.07	40.27	33.41
初等教育	44.41	42.47	32.66	27.99

注：指标衡量各阶段受教育劳动力在总劳动人口的比重（%）。

资料来源：世界银行数据库，http://data.worldbank.org/。

郑州市作为河南省的省会，高等教育和职业教育资源较为丰富。截至2016年9月，郑州共有全日制普通本专科高校56所（含驻郑省属高校36所），但仅有郑州大学进入“211”并列入“双一流”建设高校。郑州市内的高校规模、办学层次和整体实力与发达城市或其他省会城市相比尚有不小差距。为此，郑州市于2017年12月出台了《郑州市人民政府关于加快引进优质高等教育资源的意见》，旨在从顶层设计出发，引进国内外高水平大学和国家级科研院所设立分支机构，将郑州建设成全国重要科教中心。郑州市的《教育“十三五”规划》中，更提到了“中等职业教育国际化”，即将职业教育置于经济全球化总体进程中，搭建职业教育国际交流与合作的专业服务平台，在师生交流、课程体系对接和课程标准设置等方面开展全方位合作。基于拉美的劳动力水平的现状以及未来郑州“繁荣创新支撑”的定位，双方具有人力资源的合作潜力。

总体而言，通过从贸易、金融投资、人文交流等领域论证郑州和拉美的合作潜力，能够发现，现阶段拉美并非郑州对外合作和经贸往来的重点对象，对外合作和经贸水平均处于起步阶段，但两者间的合作潜力不容忽视。郑州作为内陆地区推进“一带一路”建设的七个重要节点城市之一，凭借在全面建设国家中心城市过程中积累的能力和潜力——突出区位枢纽优势、强化基础设施建设、培育现代产业体系、打造对外开放门户和立足创新驱动发展，必将打开与拉美地区经贸合作的巨大空间。

第七章

郑州与美洲中心城市的合作

郑州积极响应国家“一带一路”倡议，寻求构建与美洲地区的新型合作关系，彰显了郑州在国家中心城市建设方面“敢为天下先”的主动进取精神，有助于提升郑州在国内和国外两个层面的外向性和开放度。本章提供了与本书其他章节不同的视角，它关注的是郑州与域外中心城市之间的合作问题。具体而言，是探讨郑州与美洲地区中心城市之间如何深化合作。

既然是涉及不同地域、不同国家的城市之间的合作，本章就需要回应由此产生的一系列问题。比如，这种合作的现实基础是什么？如果相距遥远的两个城市完全不存在“共同语言”，那么，合作恐怕是无根之木、无源之水。此外，什么是“美洲中心城市”，如何对其进行相对科学的界定，以及哪些城市可以称为“美洲中心城市”？“美洲中心城市”是否有一个大致范围，以及其中有哪些城市是与郑州的优势和特点相契合的，从而可以作为未来合作的重点方向？最后，但也许更重要的是，为了在“一带一路”框架下推进更加富有成效的合作，本章还需要探讨郑州与美洲中心城市之间有效对接、构建合作平台的问题。

第一节　推进中国与美洲中心城市有效合作的现实基础

中国的国家中心城市与域外的中心城市的合作之所以可能，实际上预设了三个重要的命题，即全球化不会逆转、城市化发展的互学互鉴、城市作为“一带一路”倡议的重要节点。这三个命题共同构成了本章所有讨论的现实基础。

第一个现实基础是，全球化的发展势头不会逆转，中国将在全球治理中发挥重要作用。

自英国“脱欧”、特朗普当选以来，逆全球化、反全球化、全球化“终结”“死亡”等论调甚嚣尘上，几乎遍及国内外政界和学界，更充斥于大众传媒。然而，关于全球化的类似各种悲观论调经不起严肃认真的分析，也不是一种客观全面的判断。其一，迄今为止的全球化浪潮涵盖了经济、政治、社会和文化等极为广泛的领域，它包括但绝不限于经济的全球化。全球化塑造了人类社会的经济、政治、社会和文化等各个领域，互联网和虚拟空间的出现就是全球化向纵深发展的重要体现。经济全球化只是全球化的表现之一，它目前遇到的一些困难并不必然导致全球化其他领域的倒退。相反，可以这样说，由虚拟网络等新兴技术促进的新型全球化正方兴未艾。其二，全球化不能等同于西方化，也不能等同于资本主义化。从历史起源上看，全球化具有西方中心、阶级中心、国家中心等特点，但当下的全球化出现了全新的特征，开始超越西方中心、阶级中心、国家中心，张扬和凸显人类的整体性和利益的共同性。[①]全球化带来了商品、服务、资本、技术、人员、信息等各大要素在全球层面的自由流动，它呈现出全新的非西方、多元化、去民族国家等特征。本章的主题体现的乃是城市的全球化，它试图打破并超越东西之分、阶级之别和民族国家的藩篱，将城市合作视为推动全球化继续向纵深发展的一大重要平台。

作为世界上最大的发展中国家，中国将以更积极和建设性的态度参与全球治理。美国总统特朗普执政以来，推行以“美国优先”为核心的民族民粹兼右翼保守主义的政治、经济和对外政策，甚至叫嚷要与中国打贸易战。美国等主要西方国家贸易保护主义抬头的倾向引发了全世界的普遍忧虑，不少人担心全球化进程或将发生逆转和倒退。这种忧虑不是没有一点道理，但只看到了问题的一个方面，没有看到另一方面。以中国为代表的发展中国家勇于担当，适时扛起了捍卫全球化、维护贸易自由的大旗。习近平主席 2017 年 1 月在达沃斯论坛发表演讲，重申中国

---

① 蔡拓：《被误解的全球化与异军突起的民粹主义》，《国际政治研究》2017 年第 1 期。

坚持并扩大对外开放，“打贸易战的结果只能是两败俱伤”[①]。习近平主席的达沃斯演讲体现出中国积极为全球治理贡献力量的意愿和决心。

党的十九大报告提出，中国秉持共商共建共享的全球治理观，将继续发挥负责任大国作用，积极参与全球治理体系改革和建设，不断贡献中国智慧和力量。党的十九大报告还提出，坚持和平发展道路，推动构建人类命运共同体。推动郑州等中国国家中心城市与美洲地区的中心城市深入合作，就是坚定维护经济全球化、积极参与全球治理、牢固树立人类命运共同体意识的重要体现。

第二个现实基础是，城市化发展经验是可以互学互鉴的。这种互学互鉴是中国与美洲两个地区、郑州与美洲中心城市的“加强治国理政经验交流”的重要组成部分。

伴随着全球化的深化，城市化成为人类社会不可阻挡的发展趋势。中国改革开放40年来，城市化进程发展迅速，城市化成为中国经济发展新的增长点。都市圈、城市群、城市带和中心城市的发展预示了中国城市化进程的高速起飞。中国社科院发布的社会蓝皮书指出，中国城镇人口占总人口的比重已经超过50%，中国城市化率突破50%，中国城市化进入关键发展阶段。[②] 根据世界银行的预测，到2030年，中国将会有10亿人即全国人口的70%在城市生活。[③] 与此同时，在快速发展的同时，中国城市化也面临一些挑战，积累了很多问题。有些问题在一定阶段和时间内还相对突出和尖锐。它们包括但不限于城市治理能力和治理现代化的问题，土地规划和有效利用问题，户籍改革与农民工合法权益保护问题，偏重城市数量和规模而忽略资源和环境代价导致城市空气污染和交通拥堵问题，等等。

上述的挑战和问题并非处于发展中国家的中国所独有，世界各国在

① 《习近平主席在世界经济论坛2017年年会开幕式上的主旨演讲》，http：//www. xinhuanet. com/2017-01/18/c_ 1120331545. htm。

② 《中国城市化水平超过50%　城市人口首次超过乡村》，http：//news. 163. com/11/1219/16/7LLBCBDN00014JB6. html。

③ World Bank，“Urban China：toward Efficient，Inclusive，and Sustainable Urbanization”，http：//www. worldbank. org/en/country/china/publication/urban-china-toward-efficient-inclusive-sustainable-urbanization.

经历城市化的阶段在不同程度上都存在。本章所讨论的美洲地区，在城市化发展阶段上要早于中国，既有成功经验，也有不少教训。美国、加拿大等北美发达国家城市化的成功经验更多一些，但在20世纪中叶美国的洛杉矶也面临严重的空气污染问题，治理雾霾长达70年。拉美和加勒比地区的城市化进程比北美地区要晚一些，但仍然比中国要早。拉美地区各国在此过程中也积累了不少经验，也存在很多教训。比如“过度城市化”的问题。这种“过度城市化”体现为如下两个方面：城市化与经济发展水平很不协调；农村人口基本没有增长，但城市人口增长呈爆炸状态。[①] 由此导致拉美城市化出现了一系列问题，如一些城市的住房建设非正规化、就业的非正规性、社会保障覆盖面比较低、贫困化现象十分严重、分配不公非常严重等。

就城市化阶段而言，郑州等九座国家中心城市的城市化走在全国其他城市的前头。但放在全球背景下，这些城市的城市化进程依然是有所滞后的。这种格局一方面是中国改革开放实践理性的体现，是“摸着石头过河”，是“小步快走”，不是疾风骤雨的激进变革。另一方面，如上所述，美洲地区的城市化走在中国前面，积累不少成功经验，也存在教训和问题。

因此，中国与美洲地区的城市化治理完全可以互学互鉴。习近平主席在“一带一路”国际合作高峰论坛发表的主旨演讲指出：“历史是最好的老师。以和平合作、开放包容、互学互鉴、互利共赢为核心的丝路精神，是人类文明的宝贵遗产。”[②] 中国发布的第二份《中国对拉美和加勒比政策文件》中指出：“从各自历史传统和发展实践中汲取经验智慧，进一步加强在治国理政和发展领域经验交流，助力双方共同发展。”中国与美洲地区在城市治理方面的互学互鉴是两个地区治国理政交流的重要组成部分，也是推动构建以合作共赢为核心的新型国际关系、打造人类命运共同体的具体实践。

---

① 郑秉文：《拉美城市化的教训与中国城市化的问题——谈“过度城市化”与“浅度城市化”之比较》，http：//www. aisixiang. com/data/41017. html。

② 习近平：《丝路精神是人类文明的宝贵遗产》，http：//www. xinhuanet. com/world/2017-05/14/c_ 129604221. htm。

第三个现实基础，从“一带一路”倡议的角度看，国家中心城市可以且应当成为中国推动“一带一路”倡议的关键节点。

“一带一路”是作为最大发展中国家的中国率先提出的重大国际性倡议。2013 年由中国国家主席习近平提出以来，得到了世界各国特别是沿线地区国家的热烈响应。它不是中方单方施加给沿线国家的“战略”（strategy）、“方案”（project）、“规划”（program）或“议程”（agenda），而是开放性、包容性的区域合作倡议，是各国共商共建的平等、合作、包容和共赢的合作平台，而非排他性、封闭性的中国“小圈子”。经国务院授权，国家发展改革委、外交部、商务部 2015 年 3 月 28 日联合发布了《推动共建丝绸之路经济带和 21 世纪海上丝绸之路的愿景与行动》，积极推进沿线国家发展战略的相互对接。① 它是中国“一带一路”建设的顶层设计规划，具有重要的指导性意义。

与此同时，自 2010 年以来，国家发展改革委及住房和城乡建设部发文明确支持北京、天津、上海、广州、重庆、成都、武汉、郑州、西安九个城市建设国家中心城市。从主要特征上说，国家中心城市是国家参与国际分工合作和竞争的代表，是国家或国家主要经济区域内经济活动组织和资源配置的中枢，是国家科技文化创新中心，也是国家综合交通和信息网络枢纽，起着配置国家资源、主导经济社会发展和连接国内外的重要作用。作为处于中国城镇体系最高位置的国家中心城市，它们应当在中国提出的“一带一路”倡议中发挥重要作用。

然而，当前国内统筹各种资源、强化政策支持时，似乎并没有将国家中心城市放到推动“一带一路”倡议的关键节点位置上。上海、天津、广州是作为沿海城市而入选《推动共建丝绸之路经济带和 21 世纪海上丝绸之路的愿景与行动》的，没有考虑到它们作为国家中心城市这一重要定位。作为中原地区的交通和物流枢纽城市，郑州成为丝绸之路经济带陆上路线的中心线和中线的一个节点。同样，郑州也并不是作为国家中心城市而入选的。

在“一带一路”对外联通方面，上述愿景与行动唯一一次提到了

---

① 《三部委联合发布〈推动共建丝绸之路经济带和 21 世纪海上丝绸之路的愿景与行动〉》，http：//www. mofcom. gov. cn/article/i/jyjl/l/201504/20150400933572. shtml 。

“中心城市”，提出陆上以沿线“中心城市”为支撑、海上以重要港口为节点，共同建设通畅安全高效的运输大通道。这里的沿线“中心城市”主要指的是陆上丝绸之路沿线的“中心城市”，并没有包括海上丝绸之路覆盖地区的国家中心城市和地区性中心城市。但是，鉴于“一带一路”倡议的开放性和包容性，它不能向亚非欧之外的国家关上大门，而是应该向世界所有地区和国家伸出友谊之手。当前，“一带一路”倡议已经延伸到包括美洲在内的世界各大地区。拉美是21世纪海上丝绸之路自然延伸的重要方向，“一带一路”倡议已成为当前中拉合作的新抓手。

在此基础上，在“一带一路”倡议框架下，将中国的国家中心城市与美洲地区的中心城市连接起来，推动两个地区之间的广泛深入合作，不仅有可能性，也有可行性。它有助于推动两个地区城市之间的密切交往和深入合作，在国家与国家之外、地区与地区之间搭建全新的综合性合作平台。美洲地区中心城市与中国中心城市可以开展全方位的合作，包括但不限于贸易合作、投资合作、基础设施建设合作以及文化、教育、医疗、旅游等合作，符合习近平总书记提出的和平合作、开放包容、互学互鉴、互利共赢的新丝路精神。中国与美洲两地中心城市之间的合作也能够为实现人类命运共同体作出独特的、不可替代的贡献。

第二节　美洲中心城市的界定

就概念本身而言，“国家中心城市”是中国独创的。它的出现本身就是中国城市化发展的产物，是中国改革开放40年来鲜明的实践理性的体现。根据一些学者的定义，国家中心城市是指在全国城镇体系中具有核心控制作用，在全球城市网络体系中具有重要的功能节点作用的特大中心城市。①

党的十九大报告指出，中国社会的主要矛盾已经发生了重要变化，体现为人民日益增长的美好生活需要和不平衡不充分的发展之间的矛盾。在作出这一科学论断的基础上，党的十九大报告提出继续推进国家治理体系和治理能力现代化。建设一批国家中心城市，并推动实现国家中心

① 田美玲、方世明：《国家中心城市研究综述》，《城市研究》2015年第2期。

城市的不断城市化、现代化和国际化，是中国推进国家治理体系和治理能力现代化的重要举措之一。

包括美洲地区在内的世界其他地区有着丰富的城市化实践，产生了“世界城市”“全球城市”等重要概念和相关理论，但没有与“国家中心城市”相对应的概念。有鉴于此，在讨论中国国家中心城市与美洲地区中心城市合作以前，有必要以中国的“国家中心城市”概念为参照物，为“美洲中心城市”做一些界定。

参照中国国家中心城市的定义，考虑到美洲地区的现实情况，“美洲中心城市”应当具有三大特征。第一个特征是该城市的“中心性”。它在美洲地区或地区国家中应当具有类似北京、上海、郑州等国家中心城市在中国的地位。它可以是美洲某个国家的中心城市，也可以上升到美洲整个地区的中心城市。换言之，这种“中心性”既可以是国家层面的，也可以是洲际层面的。为行文方便，本章统一称作“美洲中心城市”，不再具体区分“中心性”的具体层次。第二个特征是美洲中心城市的独特性，即它鲜明的“美洲”性。美洲中心城市与中国国家中心城市，与欧洲、非洲等地区的中心城市相比，有自己独特的历史传统和文化传承。第三个特征是“后城市化”的阶段性特征。美洲地区的城市进程普遍要早于中国，域内国家目前已经基本实现了城市化，呈现出“后城市化”的鲜明特点。在这三个特征中，如果说第一个特征是所有地区“中心城市”都具备的普遍特征，那么，后面两个特征就是美洲中心城市所独有的了。

美洲中心城市在该地区或国家的第一个特征是“中心性”。这是其最重要的特征，也是与中国国家中心城市之间的契合点，更是进行比较研究的基础。这种“中心性”对内强调城市发展的质量，而不仅仅是规模。经济总量排名固然重要，但不是唯一的标准。它必定是某一方面的“中心”，但未必是经济中心。它对外的影响力使其能够在一定程度上代表本国的国家形象，在整个美洲层面具有重要影响。

具体而言，从功能上划分，美洲中心城市应当具有集聚、引领和辐射等功能。

美洲中心城市具有的第二个特征是“美洲”性。首先，美洲地区的城市化是殖民历史的产物。目前美洲所有有重要影响的城市，都是在西班牙人、葡萄牙人、英国清教徒、法国人等外来殖民者建立的。美洲地区城市化的最初过程，在很大程度上是野蛮的征服过程。但与英法殖民者相比，伊比利亚半岛的殖民者更加残暴无情，对地区的破坏性更强。主要原因之一在于，“地理大发现”时代正处于中世纪后期，在启蒙运动之前，伊比利亚半岛的殖民者并未经历启蒙思潮的洗礼，对其他文明和宗教毫不宽容。一个多世纪后，来到北美定居的殖民者主要以在国内受到排斥的清教徒为主，尽管殖民过程中也不乏暴力，但与伊比利亚人相比还是更文明得多。其次，美洲文化具有“混合文化”的特色。美洲地区除了土著居民的文化信仰外，还有来自欧洲的白人天主教和新教的文化，更因奴隶交易而融入了非洲的非裔文化。当然，来自亚洲的华人和日本人所带来的文化也有一定影响。这些差异极大的文化形式互相碰撞，相互交融，经过五个世纪的发展，目前的美洲地区已经形成了独具特色的“混合文化”，表现为你中有我、我中有你的多元混合文化的共同体。最后，也要看到，美洲地区内部的文化也存在重要差别。如今美国部分地区和大部分加拿大都曾经是或最终是英国的殖民地，受新教文化影响较深。拉美地区长期以来天主教占据主导，文化层面相对保守和封闭。尽管如此，如今的拉美各国涌现出众多有本国特色的文化形式，并产生了全球层面的重要影响力，比如阿根廷布宜诺斯艾利斯的“探戈”文化，巴西里约热内卢“狂欢节”和桑巴舞文化，墨西哥的“亡灵节”文化，等等。

第三个特征，美洲地区的城市化具有“后城市化”的阶段性特点。所谓后城市化，是指该地区整体上已经过了城市化的阶段，目前处于城市化过后的新阶段。由于美洲地区的城市化进程较早，它积累的经验要比中国丰厚，也率先遭遇了各种问题，甚至不乏惨痛的教训。

具体而言，在美洲地区，拉美国家的城市化普遍要晚于美国和加拿大。美国的城市化历时近三个世纪，体现为城市化率不断上升的连续过程。[①] 在城市发展的地理趋向上，出现了“自东向西、自北向南”的区域推进过程。美国城市首先兴起于 18 世纪东部和南部的港口城市，然后在“西进运动”的推动下，中西部地区城市崛起。19 世纪末，洛基山脉和西

① 白国强：《美国城市化的演进及其对我国的启示》，《岭南学刊》2005 年第 6 期。

部沿岸城市不断出现。“二战”后，美国经济逐步向“阳光地带”延伸，城市在南部和西部逐渐建立起来。在空间架构上，美国逐步形成了三大密集的城市群：一是波士顿—华盛顿城市群；二是五大湖南部的城市群，从密尔沃基开始，经过芝加哥、底特律、克利夫兰，一直延伸到匹兹堡；三是太平洋沿岸的城市群，北起旧金山湾区，经洛杉矶、圣迭戈直到美墨边境。

美国目前处于“离心化”的后城市化阶段。自20世纪50年代以来，都市区扩展，郊区人口超过中心城市人口，各个相邻的大都市区逐渐连在一起变成巨型城市带，最为典型的是以纽约为核心的东北城市走廊和以洛杉矶为核心的南加州城市走廊。而北部和东北部的老工业基地则成为日渐衰退凋敝的“铁锈地带”。正是来自“铁锈地带”的中产阶级白人的鼎力支持，特朗普才得以在2016年成功当选美国总统。

加拿大城市化进程大致比美国落后一代人的时间，但自“二战”后大大加速，也已经呈现出鲜明的后城市化的特点。[①] 其一，主要大都市地区人口增长率超过全国人口增长率。其二，大都市区大多数居民，居住在郊区城市，郊区城市的人口增长快于中心城市。其三，地区差异明显。大城市主要集中于大西洋沿岸地区、魁北克、安大略、草原省份、不列颠哥伦比亚。多伦多、温哥华、蒙特利尔、渥太华—赫尔等均在这几个省份。

拉美的城市化率在20世纪80年代以前低于北美，但在20世纪80年代以后，城市人口膨胀加剧，导致一些城市出现“人口爆炸”现象。到2010年，拉美地区已经成为世界上仅次于北美的城市化率最高的地区之一：该地区的城市化率为79.6%，仅次于北美的80.7%，但高于欧洲的72.8%和亚洲的39.5%。[②] 这种过度的城市化造成了一系列问题：“正规住房”的建设速度跟不上城市人口爆炸的速度，导致贫民窟等“非正式住宅”大量存在；非正规部门吸引了大量的城市人口，失业与就业的界限不是非常清晰；社会保障制度覆盖面不高，成为社保私有化模式的发

① 高鉴国：《加拿大城市化的历史进程与特点》，《文史哲》2000年第6期。

② 郑秉文：《拉美城市化的教训与中国城市化的问题——谈“过度城市化”与“浅度城市化”之比较》，http://www.aisixiang.com/data/41017.html。

源地和诞生地；城市人口贫困化现象严重，拉美社会最脆弱、最穷困的一部分群体生活在城市之中；两极分化十分明显，分配不公非常严重；社会治安不好，成为社会顽疾，等等。

第三节　美洲中心城市的范围：以相关智库报告为参考

尽管本章通过“中心性”“美洲性”和“后城市化”为美洲中心城市做了大致的界定，但问题在于，“中心性”本身就很模糊，依然无法准确确定到底哪些城市可以较为恰当地被称作“美洲中心城市”。为此，本章此处选择中外三家著名智库的相关研究成果作为确定美洲中心城市的参考。

首先，看一下“世界城市排行榜”的排名。这份排行榜被业内称作世界最权威的世界城市排行榜，由设在英国拉夫堡大学的全球化与世界级城市研究小组与网络（Globalization and World Cities Research Network，简称 GaWC）发布。作为有重要影响的国际智库，GaWC 专门研究全球化背景下世界城市之间的关系。世界城市排行榜的排名依据是会计、广告、银行/金融和法律等方面所体现出的城市的国际连通性。不过，该排行榜更多根据该城市的经济情况进行排名，对城市的政治或文化因素考虑相对较少。

表 7－1　世界城市排行榜 2016 年版关于美洲地区和中国城市排名①

等级	美国	加拿大	拉美	中国
特 等	纽约			
一线强				香港 北京 上海

① GaWC，“The World According to GaWC 2016”，http：//www. lboro. ac. uk/gawc/world 2016t. html.

续表

等级	美国	加拿大	拉美	中国
一线中	芝加哥 洛杉矶	多伦多	圣保罗 墨西哥城	
一线弱	华盛顿 旧金山 迈阿密		布宜诺斯艾利斯市 圣菲波哥大 圣地亚哥	台北 广州
二线强	波士顿 亚特兰大 达拉斯 休斯敦		利马 加拉加斯	
二线中	费城	温哥华	蒙得维的亚	深圳
二线弱	明尼阿波利斯 丹佛 西雅图 圣路易斯 蒙特雷 圣迭戈		圣多明各 里约热内卢 巴拿马城 基多 危地马拉城 圣何塞 圣胡安 圣萨尔瓦多	成都 天津
三线强	克利夫兰 底特律 圣何塞		瓜亚基尔 马那瓜	南京 杭州 青岛
三线中	凤凰城 奥斯汀 辛辛那提 堪萨斯城 坦帕		特古西加尔巴 瓜达拉哈拉 亚松森	大连 重庆 厦门
三线弱	夏洛特 巴尔的摩 罗利 奥兰多 哥伦布 匹兹堡	埃德蒙顿	麦德林	台中 武汉 苏州 长沙 西安 沈阳

续表

等级	美国	加拿大	拉美	中国
高自足	哈特福德 密尔沃基 波特兰 萨克拉门托 杰克逊维尔 印第安纳波利斯 圣安东尼奥 盐湖城		克雷塔罗 阿雷格里港 库里蒂巴 卡利 蒂华纳 普埃布拉 拉巴斯 纳塔尔	济南 高雄
自足	里士满 塔尔萨 帕罗奥图 拉斯维加斯 哈里斯堡 孟菲斯 伯明翰 圣克鲁斯 俄克拉荷马城 新奥尔良 路易斯维尔 奥马哈 得梅因 麦迪逊 普罗维登斯 火奴鲁鲁	渥太华 汉密尔顿 魁北克 哈利法克斯	贝洛奥里藏特 华雷斯 西班牙港 金斯敦 巴西利亚 圣佩得罗苏拉 阿瓜斯卡连特斯 累西腓 坎皮纳斯 梅里达 墨西卡利 拿骚 奇瓦瓦 罗萨里奥 瓦尔帕莱索 瓦伦西亚 萨尔瓦多 戈亚尼亚	昆明 福州 澳门 太原 长春 合肥 宁波 郑州 南京 哈尔滨 乌鲁木齐

资料来源：笔者根据 GaWC 的 “The World According to GaWC 2016” 报告制作而成。

自 1999 年起，GaWC 每隔四年发布一次关于世界一、二、三、四线城市的权威排名。最近发布的 2016 年世界级城市名册收录了全球 361 座城市。美洲地区共有110座城市入榜，接近总数的1/3。其中，美国55座、加拿大7座、拉美48座。毫无疑问，美国不仅是美洲地区世界级城市最多的国家，也是世界各地区和国家中世界级城市最多的国家。总体而言，拉美地区入选城市的层次和质量还无法与美国相比，但整体数量也不算少。中国共有33座城市入榜，香港、北京和上海这三座城市均被列入世界一线强市，与纽约这样的世界特级城市的差距在缩小。根据这份世界城市排行榜，郑州被评为世界城市中“自足性城市”，也表明作为中国国家级中心城市的郑州，与美洲的世界级城市，以及与同为国家级中心城市的北京、上海和广州等城市相比，还存在一定的差距。

表7－2　EIU关于全球城市竞争力排名关于美洲地区城市和中国城市的排名①

美国	加拿大	拉美	中国
纽约（1）	多伦多（10）	圣保罗（36）	香港（4）
芝加哥（9）	温哥华（28）	圣地亚哥（60）	台北（11）
华盛顿（14）	蒙特利尔（36）	巴拿马城（65）	上海（38）
洛杉矶（17）		布宜诺斯艾利斯（67）	北京（49）
旧金山（18）		墨西哥城（72）	深圳（69）
波士顿（19）		利马（75）	天津（81）
休斯敦（27）		里约热内卢（76）	青岛（82）
达拉斯（32）		波哥大（85）	大连（83）
亚特兰大（33）		麦德林（91）	苏州（83）
西雅图（35）		阿雷格里港（97）	成都（86）
迈阿密（40）		蒙特雷（101）	广州（89）
费城（48）		贝洛哈里桑塔（105）	杭州（93）
		瓜达拉哈拉（115）	重庆（98）

资料来源：笔者根据EIU的“Hotspots 2025：Benchmarking the Future Competitiveness of Cities”报告制作而成。括号中的数字是该城市在全球120座城市中的名次。

① EIU，“Hotspots 2025：Benchmarking the Future Competitiveness of Cities”，http：//www.citigroup.com/citi/citiforcities/pdfs/hotspots2025.pdf.

其次，英国著名智库《经济学家》杂志信息部（EIU）于2012年发布的“全球城市竞争力排名”也很有借鉴意义。其排名基于对全球120座城市在经济竞争力、人力资源、金融产业成熟度、机构效率、硬件建设、国际吸引力、社会与文化特质、环境与自然危害等31个指标的调查结果。

在该报告覆盖的全球120座城市中，美洲地区共有28座城市入榜，其中美国有12座，加拿大有3座，拉美地区有13座。尽管美国和加拿大与拉美地区入榜的城市数量相差不大，但美国和加拿大的城市排名远远领先于拉美地区的城市。在整个拉美地区，只有圣保罗的排名好于美国的迈阿密和费城，与加拿大的蒙特利尔并列，其他12座拉美城市均在美国和加拿大的城市之后。这表明，与北美的美国和加拿大相比，拉美地区主要城市的竞争力存在较大差距。中国的香港、台北、上海和北京这4座城市的竞争力基本达到了美国和加拿大的水平，但深圳、天津、青岛、大连、苏州、成都、广州、杭州、重庆这9座城市与拉美除圣保罗外的其余12座城市的竞争力相仿。遗憾的是，郑州并不在这份榜单所列的120座城市之内。

最后是由中国社科院与联合国人居署共同发布的《全球城市竞争力报告2017—2018》。这份报告发布于2017年10月底，由中国社会科学院财经战略研究院倪鹏飞研究员与联合国人居署首席城市经济学家马尔科·卡米亚（Marco Kamiya）牵头，数十家国内外著名高校、权威统计部门、企业研发机构的近百名专家参与，历经一年有余，进行理论和调查、计量和案例等经验研究而形成的成果。该报告从城市聚集度与联系度出发，使用聚类分类方法，将世界城市划分为A、B、C、D四个级别，其中A、B、C内部又分为三个段位，共四级十段。

在前200名中，美洲地区共有73座城市上榜，美国城市占了其中的大部分，计有58座城市，加拿大7座，而广大的拉美地区只有8座城市名列其中。显然，或许由于资料获取原因，这份排名对美洲城市的考察有失均衡。拉美地区的上榜城市不仅太少，而且拉美地区公认的一些中心城市，比如巴西的圣保罗和里约热内卢，都没有入选。根据这份报告，郑州在全球1000多座城市中排名第99名。

表7－3　　中国社科院与联合国人居署发布的全球城市竞争力指数 2017—2018年度排名（前200名）①

等级	美国	加拿大	拉美	中国
A＋	纽约			
A	洛杉矶 旧金山 圣何塞			香港
A－	达拉斯—佛尔沃斯堡 休斯敦 芝加哥 波士顿 明尼阿波利斯 华盛顿特区			上海 北京
B＋	迈阿密 费城 西雅图 亚特兰大	多伦多		广州
B	布里奇波特—斯坦福德 圣地亚哥 丹佛			深圳
B－	巴尔的摩 克利夫兰 纳什维尔—戴维森 夏洛特 奥斯汀 俄亥俄州哥伦布 印第安纳波利斯 辛辛那提	温哥华 卡尔卡里 汉密尔顿 蒙特利尔	墨西哥城	天津 南京 台北 澳门

① 倪鹏飞、马尔科·卡米亚、王海波等编著：《全球竞争力报告2017—2018（简版）》，http：//www. nbd. com. cn/articles/2017-10-30/1157325. html。

续表

等级	美国	加拿大	拉美	中国
C +	拉斯维加斯 罗利 密尔沃基 盐湖城 奥兰多 里士满 路易斯维尔 俄克拉荷马城 凤凰城 坦帕 圣安东尼亚 堪萨斯城 伯明翰 匹兹堡 普罗维登斯 伍斯特 火奴鲁鲁 奥马哈	渥太华	布宜诺斯艾利斯 圣地亚哥 利马 波哥大	苏州 武汉 成都 杭州 青岛 重庆
C	弗吉尼亚比奇 奥勒姆 哈特福德 北查尔斯顿市 伯利恒市艾伦镇 科泉市 河畔 激流市 纽黑文 戴顿 开普科勒尔 诺克斯维尔 亚克朗市 布法罗	埃德蒙顿	圣何塞 蒙得维的亚 巴拿马城	长沙 佛山 郑州排行第 99 位 宁波 常州 高雄 东莞 合肥 厦门 济南 西安 沈阳

续表

等级	美国	加拿大	拉美	中国
C－	奥格登—莱顿			无锡 大连 南通 镇江 泉州 福州 烟台 中山 扬州 徐州 珠海 绍兴 东营 泰州

资料来源：笔者根据倪鹏飞、马尔科·卡米亚、王海波等编著的《全球竞争力报告 2017—2018（简版）》制作而成。

上述三份智库报告为我们理解和确定美洲中心城市提供了大致的参考范围，各有优点，同时也存在一些问题。本章将其作为确定美洲中心城市的重要参考，但不完全将其作为依据。

第四节　作为郑州合作重点的美洲中心城市

本节根据郑州的具体情况，确定了若干美洲中心城市作为郑州今后一段时期合作的重点。

首先要了解一下郑州作为国家中心城市在中国具有哪些独特的优势。作为国家中心城市，郑州市具备全国层次的中心性和一定范围的国际性两大基本特征。具体而言，又体现在以下三个方面：其一，它是中国的交通枢纽之一，区位优势明显。郑州是中国公路、铁路、航空、通信兼具的综合交通枢纽，是中国普通铁路和高速铁路网中的“双十字”中心，拥有亚洲最大的列车编组站和中国最大的零担货物转运站。郑州还希望在未来建成“国际航空物流中心”。其二，它的文化资源十分丰沛，形成了独具特色的地区文化中心。郑州具有千年的文化积淀，具有深厚的中原文化底蕴，将“传承创新华夏历史文明”作为自己的战略定位之一。其三，郑州正在成为国家“一带一路”战略的重要节点城市。它还是新亚欧大陆桥的战略支点城市，被国家赋予建成连通境内外、辐射东中西的物流通道枢纽，实现“买全球、卖全球”的重任。

与郑州的优势相对应，作为郑州合作重点的美洲中心城市也应当具备类似的特征。其一，它必须是一个或多个层面的“中心”。它的城市化进程已经完成或即将完成，可以提供较好的城市化经验。毕竟，郑州的城市化进程尚未完成，需要借鉴域外的经验，也应当防范相关教训。其二，它必须形成有自己特色的丰厚的多元文化。文化是城市的亮丽名片，开放包容的多元文化为该城市与郑州的合作提供了软环境。其三，它有意愿和能力与郑州进行全方位的合作，特别是在基础设施合作、文化交流等方面有很大的空间。合作的能力和意愿既取决于该国整体制度和文化环境，也可以适当借助该地区和该城市华人华侨的力量。在选择作为合作重点的美洲中心城市时，华人华侨在当地的影响力是一项重要因素。

基于上述考虑，并考虑到美洲地区不同地域之间的平衡，本章建议选择下述 14 个美洲中心城市作为与郑州重点对接的对象。此外，还提供了若干备选城市。

1. 美国中心城市

（1）大西洋沿岸：波士顿

波士顿（Boston）是美国马萨诸塞州的首府和最大城市，也是美国东北部的新英格兰地区的最大城市，被认为是一座全球性城市或世界性城市。它的经济基础是科研、金融与技术——特别是生物工程，也是世界顶级金融城市之一。它是美国重要的交通运输枢纽，还是美国东北部高等教育和医疗保健的中心，是全美人口受教育程度最高的城市。波士顿的知名大学荟萃，有哈佛大学、麻省理工学院、东北大学、波士顿学院等顶级名校。波士顿创建于 1630 年，是美国最古老、最有文化价值的城市之一。波士顿的唐人街是美国第三大华人聚集区，同时也是波士顿人口密度最大的地区之一。

纽约、费城和华盛顿也是美国大西洋沿岸的美洲中心城市。

（2）中西部：芝加哥

芝加哥（Chicago）位于美国中西部密歇根湖的南部，是世界著名的国际金融中心之一，也是美国最大的商业中心区和最大的期货市场之一，其都市区新增的企业数一直位居美国第一，被评为美国发展最均衡的经济体。芝加哥交通运输业非常发达，被称为“美国的动脉”，是美国最大的空运中心和铁路枢纽，也是世界上最大的一个内陆港口。芝加哥还是美国最重要的文化科教中心之一，拥有世界顶级学府芝加哥大学、西北大学，芝加哥西郊的阿岗国家研究院、贝尔实验室、费米实验室的科研成就在全美以至世界都令人瞩目，有相当数目的华裔学者、工程技术人员在该些科研院室任职。

（3）南部：休斯敦

休斯敦（Houston）是美国得克萨斯州的第一大城，全美第四大城市，墨西哥湾沿岸最大的经济中心。休斯敦也是重要的国际金融、贸易中心。休斯敦港是世界第六大港口。休斯敦有三个飞机场，数十家航空公司经营客货运业务，是美南地区最大的国际空港。休斯敦是与墨西哥、加拿大和拉美地区众多快速增长市场进行贸易往来的门户。休斯敦是得克萨斯医疗中心的所在地，世界最大和最重要的研究和治疗机构的集中地。约翰逊航空中心位于休斯敦，因此它又有“太空城”美誉。

达拉斯（Dallas）是美国南部的医疗、教育和金融中心，也是一座重要的美洲中心城市。

（4）东南部：迈阿密

迈阿密（Miami）是南佛罗里达州都市圈中最大的城市，也是国际性的大都市，在金融、商业、媒体、娱乐、艺术和国际贸易等方面拥有重要的地位，也是许多公司、银行和电视台的总部所在地。迈阿密堪称多元文化的大熔炉，受庞大的拉美族群和加勒比海岛国居民的影响很大，与北美、南美、中美及加勒比地区在文化和语言上关系密切，还是古巴裔美国人的最大聚居地，素有“美洲的首都”之美誉。

（5）太平洋沿岸：洛杉矶

洛杉矶（Los Angeles）位于美国加利福尼亚州西南部，是美国第二大城市，也是美国西部最大的城市，常被称为“天使之城”（City of Angels）。洛杉矶是美国重要的工商业、国际贸易、科教、娱乐和体育中心之一，也是美国石油化工、海洋、航天工业和电子业的主要基地之一。洛杉矶拥有许多世界知名的高等教育机构，还是仅次于纽约的美国现代艺术作品第二大交易市场。好莱坞是洛杉矶的娱乐中心。洛杉矶曾主办了 1932 年和 1984 年奥运会，即将主办 2028 年奥运会。

位于美国西部太平洋沿岸地区的另一座美洲中心城市是旧金山（San Francisco）。旧金山是世界最重要的高新技术研发基地和美国西部最重要的金融中心，西半球华人人口密度最高的地区之一。

2. 加拿大中心城市

（1）多伦多

多伦多（Toronto）是加拿大最大的城市、安大略省的省会，也是加拿大的政治、经济、文化和交通中心，世界著名的国际大都市。在金融、商业服务、电信、宇航、交通运输、媒体、艺术、电影、电视制作、出版、软件、医药研究、教育、旅游和体育等产业具有领先地位。多伦多还是一座多元文化之城。当地居民来自 100 多个民族，讲 140 多种不同的语言。它拥有亚洲以外最大的华裔族群，中餐馆遍布全市，是北美华人主要聚居地之一。

（2）温哥华

温哥华（Vancouver）位于加拿大不列颠哥伦比亚省西南部太平洋沿岸，是加拿大的主要港口城市和重要经济中心，也是加拿大西部的政治、文化、旅游和交通中心。温哥华的制造业、高科技产业和服务业非常发达，而资源工业、食品业、初级制造业和农业也是温哥华经济的重要支柱。温哥华还是加拿大西部的工商业和金融中心。有加拿大国家铁路、加拿大太平洋铁路、跨越加拿大的不列颠哥伦比亚省铁路和伯灵顿铁路等四条铁路和多条公路线，可直接从温哥华港口码头温哥华港通向加拿大和美国的内陆腹地，港口旁边是温哥华国际机场。温哥华约有 1/3 的人口是亚裔，华人占其中的多数。中华文化成为温哥华多元文化的重要组成部分。

3. 拉美中心城市

（1）北美地区：墨西哥城

墨西哥城（Ciudad de México）是墨西哥的政治、经济和文化中心。

它集合了全国一半左右的工业和商业，超过一半的服务业，2/3 的金融业。它与郑州区位的契合之处有以下几点。其一，它是美洲地区人口最多、最多元化的都市区之一。2015 年人口已达到 2100 多万。居民中有来自墨西哥不同地区的土著居民，有来自世界各地区的移民，大多来自北美、南美洲、中美洲和加勒比地区、欧洲、中东，近年来自中国、日本、韩国等亚太地区的移民也在增加。其二，它是北美地区的一大交通枢纽。其三，它还是美洲地区的重要文化中心之一。墨西哥城是西半球最古老的城市，遍布古印第安人的文化遗迹。墨西哥城在 16 世纪时是中美洲印第安文明——阿兹特克帝国——的首都，西班牙人征服后成为新西班牙总督区的首都。

根据上一节相关智库的报告，墨西哥的瓜达拉哈拉（Guadalajara）也称得上是美洲的一座中心城市。瓜达拉哈拉地处墨西哥西太平洋地区，是墨西哥第二大城市，是墨西哥的经济、工业和文化重镇。

（2）南美大西洋沿岸：里约热内卢

里约热内卢（Rio de Janeiro）是巴西第二大城市，仅次于圣保罗，被称为巴西的第二首都。首先，它是巴西的经济中心，也是重要的交通枢纽，具有独特的区位优势。里约热内卢港是巴西最大进口港，也是世界三个天然良港之一，位于巴西东南部大西洋西岸。港口年吞吐量 3500 万吨以上。其次，里约热内卢被誉为“狂欢节之都”，也是世界著名旅游中心。一年一度举行盛大的桑巴舞游行，淋漓彰显巴西人热情奔放的民族性格。里约热内卢市内有 60 多家博物馆、79 多家图书馆、85 座大小剧场和 82 家俱乐部。曾于 1950 年和 2014 年两次举办世界杯。2016 年举办里约热内卢奥运会，成为奥运史上首个主办奥运会的南美洲城市，也是首个主办奥运会的葡萄牙语城市。

圣保罗（São Paulo）是巴西的又一座重量级的美洲中心城市，是巴西和拉美的金融中心之一。

（3）南美大西洋沿岸：布宜诺斯艾利斯市

选择布宜诺斯艾利斯市（Buenos Aires）作为与郑州合作的重点城市之一，基于以下理由。首先，布宜诺斯艾利斯市是阿根廷的首都，是阿根廷的政治中心，也是工业、商业、金融中心。全市的工业总产值占全国的 2/3，在国民经济中占有举足轻重的地位。其次，它是南美洲和阿根廷的重要交通枢纽。布宜诺斯艾利斯市是阿根廷最大的陆、海、空交通枢纽，公路呈放射状分布，并与阿根廷各地相连通。布宜诺斯艾利斯市建有两个国际机场，其中，埃塞萨皮斯塔里尼部长国际机场是阿根廷最大机场以及阿根廷航空的国际航线枢纽机场。布宜诺斯艾利斯港是阿根廷第一大港。最后，布宜诺斯艾利斯市也是阿根廷的文化中心，素有“南美巴黎”的美称。在城市化过程中，布宜诺斯艾利斯吸引了来自意大利、西班牙的大批移民，被称为南美最欧洲化的城市。风靡全球的阿根廷探戈舞蹈就是在布宜诺斯艾利斯的博卡地区发源的。

（4）南美太平洋沿岸：圣地亚哥

圣地亚哥（Santiago）是智利的首都和最大城市，全国政治、经济、文化和交通中心，也是智利工业和金融中心，贡献了全国近一半的国内生产总值（GDP）。一些重要的国际性机构，如联合国拉美经委会（CEPAL）的办公总部就设在圣地亚哥。圣地亚哥地铁是拉美最现代化的地铁。

（5）南美太平洋沿岸：利马

秘鲁首都利马（Lima）是秘鲁的交通枢纽。泛美公路从利马城东穿过。豪尔赫—查委斯国际机场是南美重要的航空港。文化方面，利马古城区是联合国世界遗产之一。秘鲁也是华人最早抵达和目前聚居数量最多的拉美国家之一。据称有1/10的秘鲁人有华人血统。利马街头中餐馆随处可见，秘鲁人也喜欢练习中国的太极拳和武术。秘鲁的华人华侨可以作为郑州与利马文化交流的使者。

（6）中美洲地区：巴拿马城

巴拿马城（Ciudad de Panamá）是进入中美洲、加勒比地区和南美洲的重要通道。作为名副其实的美洲中心城市，巴拿马城有如下特点。其一，它在整个美洲地区具有独特的区位优势，这是最重要的特点。巴拿马运河成为沟通大西洋和太平洋的“世界桥梁”。位于城东北部的托库门是巴拿马城和中美洲重要的航空港。两洋运河、两洋铁路、两洋公路、泛美公路，飞架在运河之上的美洲大桥，使巴拿马城四通八达，交通极为便利。其二，金融业发达举世闻名。包括中国多家银行在内的120多家世界著名银行落户巴拿马城。科隆自贸区是美洲最大的免税区，转口贸易覆盖南美和加勒比国家和地区，中国目前是该自贸区最大的商品供应国。巴拿马总统巴雷拉 2017 年访华时指出："巴拿马的竞争优势在于自贸区、巴拿马运河，以及独特的地理位置和金融物流服务体系。"① 其三，华人在该市具有很大影响力。华人来巴拿马已经有 160 年历史，曾参与修建巴拿马铁路和开凿巴拿马运河。官方统计数字显示，在巴拿马 300 多万人口中，华人占 5%，大约有 15 万人，而具有华人血统的则至少有 30 万人，占人口总数的 10%。其四，巴拿马政府具有强烈的参与"一带一路"倡议的意愿。作为美洲地区的战略要地，巴拿马希望成为"一带一路"倡议中的关键一点。② 在运河、基础设施项目、港口、航线以及从巴拿马城到哥斯达黎加接壤处的铁路运输项目等方面，巴拿马政府都希望能在"一带一路"框架下与中国合作。中国与巴拿马目前正在推进 50 亿美元的铁路项目。

位于中美洲的哥斯达黎加首都圣何塞（San José）也可以成为郑州与美洲地区合作的一个备选城市。

4. 加勒比地区：金斯敦

金斯敦（Kingston）是牙买加的首都，也是牙买加的首要港口。它是加勒比海地区较大的都会区之一。金斯敦不仅是牙买加的主要国际贸易口岸，也是加勒比地区贸易的重要中转站。金斯敦港是世界第七大深水良港，是运往中美洲和加勒比国家货物的一个重要转运港，也是通往北美、欧洲、远东国际航线的重要挂靠港。

加勒比海地区的另一个岛国格林纳达以香料和沙滩闻名，近年来邀请中国国家开发银行帮助制定一份国家发展战略规划。③ 它积极推动开通与中国的直航，希望中国企业投资格林纳达的基础设施、旅游、农业等项目，欢迎更多中国游客前往观光旅游。因此，格林纳达的首都圣乔治（Saint George）也可以作为郑州在美洲地区重点合作的城市之一。

---

① 《巴拿马总统：巴中关系惠及两国和中拉关系发展》，http：//news. 163. com/17/1119/12/D3JSTPVN00018AOQ. html。

② 《巴拿马驻华大使：巴拿马希望成为一带一路倡议中关键的一点》，http：//www. xinhuanet. com/world/2018-03/19/c_ 129831391. htm. 。

③ 《格林纳达邀中国帮助规划国家战略　国开行已交蓝图》，http：//news. 163. com/17/1221/15/D66L5S9U000187VE. html。

第五节　搭建郑州与美洲中心城市的合作平台：以世界中心城市论坛为中心

推进郑州与美洲中心城市的合作，既是中国提出的“一带一路”倡议的重要体现，也必须坚持在“一带一路”倡议的框架内进行。然而，如何寻找一个最佳的合作方式，特别是搭建一个良好的合作平台，考验着我们的治理能力和治理智慧。换言之，郑州与美洲中心城市的合作，需要一个关键的“抓手”。这个“抓手”是什么？这是本章的最后一个部分力图解决的问题，也是为推进郑州与美洲地区合作提出的主要对策建议之一。

一　中国目前平台搭建的成功实践

首先，从中国自己的三个成功实践中寻求智慧和教益。第一个成功实践是博鳌亚洲论坛。博鳌亚洲论坛本身是对达沃斯“世界经济论坛”的借鉴，但又形成了自己的特色。① 它至今已经举办了17届，在成立之初实际上填补了全球化背景下亚洲地区合作的一个重要空白：在21世纪初的亚洲缺乏一个真正由亚洲人主导、从亚洲利益和观点出发、专门讨论亚洲事务、增加亚洲各国之间及与世界其他地区交流与合作的论坛组织。亚洲论坛总部设在海南琼海市的博鳌镇，使博鳌这个曾经的无名小镇扬名全世界，已经成为海南和中国的一张亮丽名片，彰显了亚洲的影响力和中国的国际话语权。

第二个成功实践是乌镇世界互联网大会。乌镇世界互联网大会是中国在世界网络治理面临挑战的时代背景下首倡的，旨在搭建中国与世界互联互通的国际平台和国际互联网共享共治的中国平台。它已经成功举办了四届，提升了乌镇这个千年古镇的品牌，并把它推向国际层面。

第三个成功实践是“一带一路”国际高峰论坛。2017年是第一届，由北京市政府主办。下一届将于2019年由西安主办。“一带一路”国际

---

①　国家发展改革委国际合作中心课题组：《达沃斯论坛和博鳌亚洲论坛比较研究》，《全球化》2013年第6期。

合作高峰论坛是“一带一路”框架下最高规格的国际活动，也是新中国成立以来由中国首倡、中国主办的层级最高、规模最大的多边外交活动。

博鳌亚洲论坛、乌镇世界互联网大会和“一带一路”国际合作高峰论坛都已经产生了世界性的影响力，其经验值得认真总结。与乌镇世界互联网大会一样，博鳌亚洲论坛和“一带一路”国际合作高峰论坛也具有最高规格性、政府主导性、内容丰富性、传播立体性、反响热烈性和成效显著性等特点。[①] 但是，它们的举办模式有所不同。博鳌亚洲论坛为非官方、非营利性、定期、定址的国际组织，由博鳌亚洲论坛理事会秘书处负责筹办。乌镇世界互联网大会具有官方性质，由中国国家互联网信息办公室和浙江省人民政府共同主办，由浙江省网信办、浙江省经信委、桐乡市政府和中国互联网信息中心联合承办。“一带一路”国际合作高峰论坛由省市级人民政府主办。

二　现有的国内外城市合作平台

近年来，中国一些城市积极探索国内外城市之间的合作方式，取得了一些成效，但总体而言，这些城市还没有完全搭建好有全国乃至世界性影响的合作平台。

最近两三年来，全国一些城市举办了国际城市方面的论坛，有些论坛还置于“一带一路”倡议的合作框架下。比如，浙江省宁波市 2016 年举办国际城市和港口合作论坛，四川省成都市 2017 年举办国际城市可持续发展高层论坛，广东省深圳市 2017 年举办首届“一带一路”城市经贸合作论坛，陕西省西安市 2017 年举办“一带一路”城市旅游合作论坛，河南省洛阳市 2018 年举办新时代“一带一路”城市产融合作论坛，北京市商务委员会与俄罗斯方面 2017 年共同举办“一带一路”中国—俄罗斯城市合作论坛，等等。

坦率地说，上述这些城市论坛的举办还存在不少问题：其一，举办时间不够长。近一两年才开始举办，值得总结的成功经验不多。其二，规格不够高。举办主体通常是副省级城市的政府，不是省一级政府和国

① 关于乌镇世界互联网大会的特点，可以参见李新祥《论世界互联网大会的价值及其创新发展》，《浙江传媒学院学报》2017 年第 8 期。

家各部委。其三，主题碎片化，关注点分散。这些论坛主题各异，关注点分散，呈现多元化、碎片化的特点。其四，国内外影响相当有限。由于举办时间不长、规格不高、主题碎片化、关注点分散，这些城市论坛没有产生令国内外瞩目的重大影响力。

三　可以考虑举办“郑州世界中心城市合作论坛”

举办“郑州世界中心城市合作论坛”对郑州建设国家中心城市具有重要的推动作用。其一，它非常契合“一带一路”框架下“和平合作、开放包容、互学互鉴、互利共赢”为核心的新丝路精神。其二，它有利于将中国建设国家中心城市的经验推向全世界，也有利于汲取世界各国包括美洲地区建设中心城市的经验和教训。其三，它符合习近平总书记提出的建设“人类命运共同体”的要求，也可以以世界城市论坛为契机，推动建立超越民族国家的“世界城市命运共同体”。其四，它充分彰显郑州在建设国家中心城市方面敢为天下先的主动进取精神，有力提升郑州在国内和国外两个层面的知名度和影响力。

郑州世界中心城市合作论坛可以定位为中国国家中心城市与世界其他地区中心城市之间的合作桥梁，探讨世界各地区不同国家中心城市之间在投资、贸易、金融、基础设施建设、文化艺术、减贫、环境保护、互联网等多领域全方位的合作。

郑州世界中心城市合作论坛可以由国家有关部委和河南省人民政府联合举办，邀请中央领导人参加论坛并发表主旨演讲。可以建议将郑州设为论坛总部的永久所在地。该论坛可以一年举办一次。

郑州世界中心城市合作论坛可以将郑州与美洲中心城市的合作作为论坛的重点方向。可以举办郑州—美洲中心城市治理论坛、郑州—美洲中心城市经贸合作论坛、郑州—美洲中心城市互联网治理论坛、郑州—美洲中心城市智库合作论坛、郑州—美洲中心城市文明互鉴论坛等一系列分论坛，使这个新的论坛成为中国与美洲、中国国家中心城市与美洲中心城市之间寻求合作、共同发展的重要桥梁。

第八章

郑州与美洲地区合作方向

美洲地区集中了发达大国和新兴国家，对中国“一带一路”倡议的态度及对华合作的诉求有明显的多元化现象。在“一带一路”框架下，郑州与美洲国家的合作，不仅能够弥补其对外开放与联通格局的短板，还能形成示范，显示中国在“一带一路”共建方面的因地制宜特性。本章针对美国、加拿大及拉美同郑州合作的潜力与诉求，提出相应的合作领域，并针对郑州对美洲的合作的现有挑战，对保障机制的完善提出建议。

第一节　合作领域与合作模式

一　郑州与美国合作

基于郑州巨大的发展潜力和国家给予的政策支持，在深化对美经贸合作方面，提出以下具体建议。

一是积极与美国金融企业开展合作。习近平主席在2018年4月的博鳌亚洲论坛上提出，中国将加快金融业对外改革开放。郑州市人民政府办公厅2017年3月印发了《郑州市“十三五”金融业发展规划》，其中提出了郑州的定位升级至“全国重要”层面——成为“全国重要的商品期货交易与定价中心”“全国重要的航空金融服务中心”“全国重要的农村金融改革实验区”“全国重要的金融后台服务中心”“全国重要的区域性科技金融服务中心”。结合目前美国形势的变化，为上述目标提供了发展机遇。① 特朗普上台后，中美围绕贸易赤字问题展开谈判。美方借机要求中国加大金融市场开放。中美已经同意开放美国金融支付进入中国。此外，特朗普也在国内积极推动放松金融监管。目前，美国参议院已经通过方案，部分放松《多德—弗兰克金融监管法案》的限制。美国国内金融市场将迎来新的一波金融繁荣。面对这样的机遇，郑州可考虑加大对金融机构的参资入股比例，引入美国的金融服务机构到郑州设立分支机构，并开展业务，将郑州打造成中国外资金融服务在华开展业务的总部基地。

二是加强与美电子商务、物流企业合作。根据美国物流咨询公司 Armstrong & Associates 的评估，中国物流市场规模高达 2.2 万亿美元。② 2016 年中国物流量超过 310 亿件，数量是美国的 1.5 倍。③ 市场规模虽然巨大，但是尚未开发。根据世界银行 2016 年世界物流指数，中国在 160 个国家中排名第 27 位。④ 中国物流成本依然较高，占 GDP 的比重高达 15%，比世界平均 13% 的水平高 2 个百分点，还有下降的空间。⑤ 国务院已将降低物流成本作为拉动国内消费的重要手段。“十三五”规划明确提出了要发展国内物流产业。对此，美方认为其中蕴藏巨大商机，希望有机会参与其中。近年来，美国的 UPS、FedEx、DHL 是中国对外物流的重要承担方，占中国国际快递市场的 80%⑥，但是它们在国内物流市场的份额不足 1%。⑦ 随着中国对外经济交流的快速增加，中国“一带一路”产

① 《60 家银行，28 家证券期货，郑州十三五金融发展规划全文》，http：//www.sohu.com/a/128906065_158718。

② Louise Lucas，“China's Ecommerce Gold Rush is On, and Deliverymen Dig In”，*Financial Times*，January 30，2017.

③ Jill Mao，“Six Chinese Billionaires Spring Up with Delivery Fortunes Worth $47 Billion”，Bloomberg，February 28，2017；Elzio Barreto and Julie Zhu，“ZTO Spurs Huge China Valuations for Benefts of U. S. Listing”，Reuters，October 21，2016.

④ World Bank，“2016 Logistics Performance Index”，https：//lpi.worldbank.org/international/global/2016.

⑤ Bert Hofman，“Performance and Prospects of Global Logistics”，CaiNiao Global Smart Logistics Conference，Hangzhou，China，May 22，2017.

⑥ Fung Business Intelligence Center，“Logistics Industry in China”，August 2013.

⑦ Hau Lee et al.，“U. S. -to-China B2C E-Commerce：Improving Logistics to Grow Trade”，Stanford Graduate School of Business White Paper，August 2016，2017.

业的增加，中国的国际、国内物流需求都将大幅增加。郑州可以考虑本地物流企业和美国的物流公司建立合作关系，或者成立合资公司，共同开发这块新增的市场。可考虑增加对美航班航线。利用郑州国际航空港的发展优势，将郑州作为“一带一路”重要节点的作用与对美经济合作两者间进行“跳跃式”连接，打通路上合作和空中合作的连接点。

三是中美展开仓储领域的合作。中国仓储业发展落后，现代化仓储的标配是完全电子化存储系统和高级的零售科技。在中国，称得上是现代仓储的比例不足1/5。据估算，未来中国建立现代化仓储需要投入2.5亿美元，这是一个巨大的商机。美国大仓储企业，Prologis and Global Logistics Properties以及国际私募股权投资机构，如黑石集团（Blackstone）和凯雷集团（Carlyle Group），都看到了这其中的商机，摩拳擦掌，急于开拓中国市场。如果郑州能率先与美方企业展开合作，这将为双方带来双赢。

四是在郑州设立培训中心，为美国工人再就业提供培训。中国商务部、财政部已经颁布了《境外经贸合作区考核办法》，国家将重点支持在境外建立加工制造型、资源利用型、农业产业型、商贸物流型、科技研发型园区。2017年，河南省也相应出台了加快境外经贸合作区建设的实施意见，提出力争到2020年，全省省级境外经贸合作区达到25—30个，5个以上省级境外经贸合作区达到申报国家确认考核条件。① 郑州可考虑用好用足该项政策。2017年以来，特朗普政府正考虑推出大规模基础设施开发计划。按照其2017年发布的《购买美国货，雇佣美国人》总统行政令，美国基础设施开发项目将优先使用美国国内企业生产的基建产品。因此，建议鼓励郑州企业赴美设厂，在美国建立相应的配套园区，抓住美国的商机，就地生产，就地销售。

五是与美方加强能源环保领域合作。今天的中国更加强调在发展的同时，加强环境保护。习近平主席一再强调要牢固树立“绿水青山就是金山银山”的理念，用绿色发展理念引领经济发展方式创新，培育经济效益、生态效益、社会效益相统一的生态友好型产业模式。美国在能源

---

① 《河南省出台〈意见〉支持豫企建设境外经贸合作区》，《河南日报》2017年12月21日。

开发利用和环境保护方面拥有世界领先的技术。中美之间也一直保持着良好的合作关系，双方取得了一系列令人瞩目的成果，尤其是在清洁技术研发、核电、能源效率等方面。美国能源部国际事务办公室一直希望与中国在清洁能源合作方面深化合作伙伴关系。对此，郑州可考虑从两个方面探索与美方的合作：一是碳捕捉与封存。鼓励郑州当地高校、科研机构和科技企业与美方科研机构和科技企业研究更为先进的碳捕捉与封存技术，应用于大型化石能源设备中，以达到煤炭清洁化、减缓气候变化的目的。二是主办能源效率论坛（EEF）。当前，在中美能源效率行动计划（EEAP）组织下，每年都会举办中美能源效率论坛，这是美国能源部和中国同行与业界讨论能源效率市场和政策发展的主要平台，同时探讨能源贸易和投资机会。论坛展示了高性能设施中的先进产品和服务。自 2009 年第一期论坛举办以来，EEF 已经促成了数十个行业和政府的备忘录和合作伙伴关系，产生了数百万美元的贸易投资。建议郑州考虑与 EEAP 联系，成为中美能源效率论坛的常驻举办地。

二　郑州与加拿大合作

郑州与加拿大开展合作可谓潜力巨大。考虑到郑州自身禀赋和加拿大对华经贸关系目标和需求，双方未来可在目前已有合作项目基础上，着眼未来发展态势，可尝试在以下领域深挖潜力，寻求开展深度合作。

一是可就历史文化旅游资源及其相关产业开展合作。郑州市作为全国著名的历史文化名城、中国八大古都之一和世界历史都市联盟成员，有着丰富的历史和文化旅游资源，这也成为未来能与加拿大深入合作的重要领域之一。这具体包括：

（1）旅游业。随着中国持续崛起，世界想对中国有更多了解的需求开始不断提升，尤其是希望能够超越物质层面，深入到历史文化等精神层面去更加深入地了解中国，并以此作为未来与中国打交道的基础。具体到加拿大而言，随着中加双边关系的升温和经贸关系日益密切，加拿大民众希望到中国旅游或交流的念头也与日俱增。这种态势在加拿大赴中国旅游的人数上有具体表现，据统计，2017 年 1—11 月加拿大赴华游客总人数为 73.68 万人次，同比增长 8.7%。加拿大位列中国入境客源市场第 12 位。而 2017 年 1—10 月，中国赴加游客总人数为 61 万人次，同比增长10.8%，目前，中国已经取代英国并成为仅次于美国的加拿大第二大游客来源国，而郑州市在“中国出境旅游消费20大城市中”名列第12位，达到5320元/人次，预估每年出境游人数超过100万，展现出巨大的出境游发展潜力。①

加拿大高度重视并推动双方旅游市场的发展。2016年，中加两国政府一致同意2018年为“中加旅游年”。据加拿大的统计，2016年共在中国发放签证约60万张，并据此确立了在2021年之前把赴加旅游的中国游客数量翻一番的目标。加拿大为使欲赴加拿大的中国公民更便利地获得签证，在已有的北京、上海、广州、重庆及香港的签证服务中心基础上，自2017年11月17日以来，又在中国新增了南京、成都、杭州、济南、昆明、沈阳和武汉7个新签证服务中心。加拿大在其政府网站开设了同时面向中国游客与加拿大赴华旅游公民的中英文双语的专门网站，指出加拿大180万以上的就业职位是旅游业相关，外国游客2016年为加拿大经济增加了200亿加元，其积极开拓中国市场的意愿由此可见一斑。②

河南作为中华文化的发源地之一，郑州可以充分发挥作为省会以及自身拥有良好历史文化旅游资源的优势，通过与加拿大相关政府机构、地方、企业签订旅游协议的方式，或者发挥在加拿大的郑州籍或河南籍华人愿意发挥两国“文化使者”的积极作用，精心设计旅游路线和项目，吸引加拿大游客光顾郑州以及河南其他地市。

（2）历史遗产保护和城市建设。加拿大作为西方发达国家，历史虽然不够悠久，但是高度重视历史文化遗产保护工作，尤其在推进城市建设和保护历史文化遗产之间找到了相对较好的平衡点。加拿大早在1909年就在联邦政府成立了传统保护委员会，“二战”后为因城市快速发展引发的城市建设、老城新城关系、历史文化遗迹保护等方面的问题，通过充分调动城市、非政府组织、普通公民的积极性，通过立法、精心设计方案等多种方式，就如何处理城市建设和历史文化遗产保护的关系，以

① 《河南出境游持续火热　郑州人是中外旅行商眼中的“金主”》，《大河日报》2017年8月10日。

② “Canada-China Year of Tourism 2018”, https://www.ic.gc.ca/eic/site/100.nsf/eng/home.

及城市治理等方面积累了丰富经验和不少成功做法。[①] 当前，郑州市正处于快速发展过程中，城市规模不断扩大，在此过程中，无论是在城市建设和治理还是历史文化遗产保护等领域，都遇到不少加拿大当年曾面临的问题和挑战。为此，郑州可就此与加拿大有关城市和地方建立政府对政府、政府对学界、学界对学界等合作关系，就此相互加强学习并借鉴对方的历史经验和成功做法，对郑州市更好地建成具有发展活力、人文魅力、生态智慧、开放包容的国家中心城市大有裨益。

（3）文化创意产业。加拿大不仅希望能推进与中国的经贸关系，也希望能在文化创意产业加强对华合作。加拿大在演艺、娱乐、动漫、游戏、影视、出版、会展、装备、产业咨询等领域等较为发达。郑州市则作为有丰富的中华文化底蕴和国家重点支持建设的国家中心城市，无论是在传统文化领域，还是在新兴的文化创意产业上，不仅有基础而且有发展的实力，因此可以充分利用中加关系良好的大环境，以及加拿大重视郑州市作为中国中部地区的领头羊角色，尝试与加拿大开展合作。2018 年 2 月 3 日，中加文化联委会首次会议在加拿大渥太华成功举行，并发布了《中加文化联委会首次会议纪要》。郑州市既可以尝试通过中加政府途径寻找合作项目，也可以充分调动以企业为代表的民间利用，主动对接加拿大相关企业和产业，最终实现双赢。

二是可在农林渔业资源与加拿大深入合作。加拿大国土广阔，农林渔业资源极其丰富，在世界消费市场上保持着较好口碑，被公认为是这些领域的优质供货方。加拿大的农作物及食品主要包括：小麦、大麦、燕麦、大豆、油菜籽、红肉类（牛肉、猪肉和羊肉）、水果、蔬菜、烟草、饮料、酒类等。加拿大拥有 3. 48 亿公顷的森林资源，占全球森林面积的 10%，是世界排名第一的林业资源出口国，每年出口木材价值超过 333 亿加元。加拿大渔业和海鲜资源也非常丰富，是该国食品类出口中最主要的组成部分。随着中国收入水平的提高，人民群众对原产自加拿大等国的高质量的农林渔业等资源的需求开始不断上升。截至 2018 年，中国已经成为加拿大第二大农产品出口市场。即使如此，加拿大还是希望

① 郭璇、冯百权：《加拿大城市遗产保护理念与策略探析——以蒙特利尔市为例》，《室内设计》2012 年第 3 期。

能尽可能地增加对华出口，为此通过官方、商界、民间等各种渠道积极拓展中国市场。

郑州可以充分发挥自身的特殊地理位置和全国的交通和物流枢纽优势，尤其是可以主要面向中西部广大省份民众需求，继而辐射全国，有针对性地从加拿大进口一些在国内市场前景好、销量好、口碑佳的产品。当前，郑州利用国家“一带一路”倡议提供的发展机遇以及自身优势，已经初步形成了成规模的多式联运体系，郑州也因此成为该体系的境内境外双枢纽。其中境内以郑州为枢纽，货物集疏范围覆盖1500公里半径，辐射2000公里，全国22个省、自治区和直辖市；境外以德国汉堡为枢纽，业务覆盖整个欧洲、俄罗斯和中亚地区，合作伙伴分布于24个国家121个城市。在此基础上，依靠铁集运输的郑欧班列2017年共开行501班，货值27.38亿美元，货重26.16万吨。据不完全统计，2013年7月至2017年12月，中欧班列（郑州）总累计开行1008班，总累计货值52.24亿美元，货重50.05万吨。[①] 与此同时，河南作为传统农业大省和新兴经济大省，还有较强烈的技术和产业升级需求，加拿大在相关领域都处于先进水平，其不列颠哥伦比亚省、西部草原省（阿尔伯塔省、萨斯卡彻温省和曼尼托巴省）、安大略省和魁北克省，以及大西洋省（新不伦瑞克、诺娃斯科舍、纽芬兰和爱德华王子岛）等各有自身优势产业和拳头产品。郑州未来可根据自身定位及未来产业发展需求，有针对性地与加拿大相关省市开展合作。

三是可在高新产业领域与加拿大开展深入合作。近年来，郑州在高新产业领域获得长足发展，形成了汽车及装备制造、电子信息、新材料、生物医药、铝及铝精深加工、现代食品制造、家具和品牌服装制造等主导产业，每个产业领域都有数个在国内乃至世界上都有一定知名度的龙头企业。郑州还在高新产业领域具有政策和资源优势，尤其是被确定为国家级中心城市，建设以郑州为龙头的中原城市群，以及大力发展郑州自贸区，再加上河南作为人口大省、人力资源丰富等优势条件，决定了郑州未来有条件能在高新产业领域实现更大发展。

---

① 《货物集疏辐射2000公里　多式联运郑州标准引瞩目》，https：//news.dahe.cn/2018/05-29/316252.html。

加拿大在高新产业领域也有自身优势，其研发优势明显，如最大城市多伦多市素有“北方小硅谷”之称，该市拥有3000多家各种规模的公司，IBM等全球著名科技巨头在多伦多设有科研中心。在该地区，大量的公司从事软件开发、计算机硬件生产，提供网络服务，并有300多家从事新型媒体开发的公司，是继美国洛杉矶市之后全球第二大多媒体开发城市。加拿大在公务飞机和铁路及轨道交通工具制造及医药研发等领域也居于世界领先地位，这以全球闻名的庞巴迪公司为典型代表，等等。此外，加拿大在生物医药、医疗器械、清洁能源、节能环保、信息通信、新材料、航空航天、先进制造等都高科技领域都有明显的领先优势和特色产业。加拿大希望能与中国在高科技领域开展合作，一方面是希望能在相关领域与中国签署合作协议，增加对华相关技术和产品的出口；另一方面是希望中国能够赴加投资相关领域。

郑州与加拿大在高科技领域有很强的互补性，未来可以结合自身以及整个河南，甚至中国中部地区的发展需求，根据发展规划和现实需求，有针对性地通过中国政府、加拿大驻华使馆、中国驻加拿大大使馆以及高校、民间等多种途径与加拿大寻找合作项目和领域，既可以引进所需的技术、产品和服务，也可以推动郑州市资本走入加拿大，并通过加拿大进入更加广阔的世界舞台。尤其是在环境保护和清洁能源领域，郑州可以结合本市市情和中国国情，有针对性地加强与加拿大的合作，可以尝试共同办理合资企业，就治理大气污染、实现绿色可持续发展、保护水资源、科学建设国家公园和自然保护区等跟加拿大开展合作，设立中加合资的企业或科技园区，通过引进加拿大的先进技术、理念和管理方式，把在这方面的工作走在全国前列，争取成为全国绿色发展的新高地。

四是可在教育与职业培训领域与加拿大开展合作。加拿大的教育在国际处于领先水平，也是中国留学生热门留学目的地之一。教育合作已经成为中加关系的重要内容，中国是加拿大最大的海外学生来源国，近年来在加拿大留学的中国学生人数呈现明显的逐年增长态势，2016年在加拿大的中国留学生人数达到近14万人，十年中增长幅度翻两番还多，中国留学生已经成为加拿大最大海外学生群体。与此同时，中加两国还积极推动加拿大学生来华留学。据统计，2015年，有3846名加拿大学生在中国留学。为鼓励更多加拿大学生赴华留学，2015年8月，加拿大阿尔伯塔大学提出倡议，由加拿大研究型大学联盟与中国教育部、中国高校合作设立“加拿大留学中国项目”（The Canada Learning Initiative in China），由加拿大研究型大学选拔优秀学生到中国留学。目前，加拿大6所研究型大学积极响应并参与项目实施。2016年夏季开始，选派加拿大学生赴华留学。项目将逐渐扩大到其他加拿大研究型大学，选派规模将达到每年800人，进一步拓展双方的学生互派和教育交流。①

加拿大非常重视与郑州市开展教育合作，希望能吸引中学、高校等优秀学生赴加留学，为此除与郑州市有关学校建立合作关系外，也多次派教育部门的官员访问郑州，希望能在合作办学、赴加留学等领域开展合作。

根据中国教育部2016年统计数据，共有来自205个国家和地区的442773名各类外国留学人员在31个省、自治区、直辖市的829所高等学校、科研院所和其他教学机构中学习。其中，来自美洲国家的留学生总数约38077人，占在华海外留学生总数的8.60%，比2015年度增加3143人，同比增加9.00%。② 另根据上文已有统计，加拿大籍在华学生在其中所占比例虽然不是很高，但也应呈现出人数逐渐增加的态势。尤其随着中国国际影响力的持续扩大，加拿大来华留学还呈现出加拿大籍华人子女来华留学日渐热门的发展趋势。尽管当前海外来华留学生多倾向于在北京、上海、江苏、浙江和广东等发达省市求学，但郑州市与河南省可已充分利用历史文化优势，通过积极运用中国政府奖学金等途径吸引加拿大学生前来留学。

此外，郑州市可尽快与本拿比、埃德蒙顿等城市建立友好城市关系，先有针对性地与这些地方开展深度合作，然后向加拿大全国辐射。郑州市还可以充分利用中加有关教育、科技等合作协议或谅解备忘录，根据自身发展需求，推动本市所属中小学、高校与加拿大伙伴开展积极合作，推动合作办学，鼓励相互留学，共同开展科研项目，互派中小学或高校

---

① 中华人民共和国驻温哥华总领事馆教育组：《中加教育交流情况（2017版）》，http://www.chinaeduvan.org/publish/portal67/tab4309/info135586.htm。

② 中华人民共和国教育部：《2016年度我国来华留学生情况统计》，http://www.moe.edu.cn/jyb_xwfb/xw_fbh/moe_2069/xwfbh_2017n/xwfb170301/170301_sjtj/201703/t20170301_297677.html。

夏令营、冬令营，或由郑州大学等重点高校在加拿大设立孔子学院等等；也可以就农业、医学、科技、警务、职业教育或培训等有利于郑州市发展所需的领域与加拿大开展合作，或派遣各级官员赴加拿大相关院校进修，培养国际视野的同时，学习加拿大在城市管理等领域的成熟做法和先进理念，为未来郑州市进一步成为国际化都市打下基础，等等。

总之，郑州市可以借鉴中国其他省市在教育与职业培训等领域与加拿大合作的成熟经验和做法，继而发展出有郑州特色的中加教育合作模式，兼顾实际效果与经济效益，争取走在全国前列。

三　郑州与拉美合作

郑州与拉美的合作尚处于起步阶段，双方具有较大的经贸和政治文化交往拓展空间，未来合作应基于双方的共同关切，建立互利合作机制。建议双方在如下领域开展务实合作。

一是依托航空港和多式联运冷链专列，将丝绸之路延伸至拉美，推动郑州成为拉美农产品进口的集散地。拉美国家希望扩大水果、大豆、咖啡、鲜花、肉类和海鲜等优势农产品的出口，其农产品多样化程度高，能够反季节弥补中国的需求。郑州新郑国际机场是国家一类航空口岸，拥有水果、冰鲜水产品、食用水生动物、冰鲜肉类、澳洲活牛进口以及国际邮件经转等多个特种商品进口指定口岸，是指定口岸功能最全的内陆省份空港。同时，从 2017 年 12 月起，郑州已启动了多式联运跨境生鲜运输，使用河南鲜易供应链有限公司提供的温控一体化解决方案进口肉类。借助其航空港、全口岸及冷链多式联运优势，郑州有条件扩大自拉美进口生鲜农产品的需求，并利用其国家中心城市的地位，向周边及全国辐射。

二是推动投资和金融合作，带动郑州与拉美产能合作，推动双方产业结构提升与贸易结构优化。截至 2018 年，拉美是中国对外投资的第二大目的地，中拉金融合作也已在多个层面有序开展，人民币国际化在拉美也取得了一定的进展。基于“资源红利”而固守初级产品专业化以及持续维持低技术含量的生产结构已经使拉美地区难以摆脱自 2009 年以来最暗淡的国际经济环境。因此，拉美产业升级势在必行。郑州在先进制造业方面具有一定优势。随着供给侧改革全面铺开，以及拉美实施再工业化战略，郑州可鼓励有条件、有实力的当地企业前往拉美进行投资，发挥政策导向作用，支持电力、通信、工程机械及汽车等装备“走出去”，促进建材、纺织等优势产能转移，支持企业在拉进行投资和推进重大并购项目。同时，古巴和巴西等拉美国家在生物医药和支线飞机制造等方面具有优势，郑州具有发展相关产业的规划与政策红利，可以加大对拉产业合作，促进拉美现金技术落地郑州。在产业的互动进程中，郑州应充分发挥其区位优势及其在河南省的经济发展带头优势，利用新郑国际机场和新政保税区在运输、区位、税收、外汇等方面的政策红利，及时根据自身发展需求调整对拉进出口结构，在对拉贸易中，逐步扩大科技密集型的加工产品的贸易比例，改善双方贸易以大宗商品进口和低附加值制成品出口为主的模式。

三是推动“网络丝绸之路”建设，利用跨境电商，缩小两地空间距离。电子商务是拉美当前着力推进的新模式，也是解决中拉距离遥远客观障碍的重要方案。郑州在国内首批设立了跨境电子商务综合试验区，已经拥有了线上—线下无缝对接的成熟平台。未来，郑州有条件融合线上跨境电商平台、本地展厅及拉美展厅，推动中拉互相了解和购买对方优势产品，将郑州“买全球、卖全球”的成功经验推广至拉美，并切实帮助拉美提高电子商务水平，解决其发展的迫切需求。

四是推动基础设施互联互通，急拉美发展所需。拉美的物流成本过高，因此提高基础设施投资有利于降低物流成本、促进人口和货物流动、改善地区发展的不平衡以及纠正过度城市化的倾向。拉美经委会预计，2006—2020 年拉美地区应该每年拿出占 GDP 5.2% 的投资用于满足经济增长所引发的基础设施需求。如果到 2020 年要实现消除人均基础设施存量与东亚高增长经济体之间的差距，拉美地区在 2006—2020 年要使年均投资额占 GDP 的比例达到 7.9%，即为 2007—2008 年平均支出的四倍。面对拉美规模如此巨大的投资需求，已在基建领域积累了先进技术和丰富经验的郑州企业，可以通过积极参与拉美的基础设施建设，寻求海外市场，帮助解决拉美的现实困难。

五是推动大宗商品期货市场成熟，提升郑州的国际金融地位。郑州商品交易所（以下简称“郑交所”）成立于 1990 年 10 月 12 日，是经国务院批准成立的国内首家期货市场试点单位，也是全国四家期货交易所之一，制定了第一部规范化的粮食现货交易规则和第一部商品期货交易规则，在中国期货市场的发展中发挥了重要作用。但是，证交所目前仍存在品种较少①、规模较小、对国际商品定价影响力有限等问题，除了要学习借鉴发达国家期货市场发展的经验外，还应加强同供应端的联系。拉美是全球大宗商品最重要的出口地之一，通过与拉美合作，能够有利于郑交所吸引全球供应商和批发商进入交易市场，更好地利用其中心地缘优势和中国大宗商品进出口的规模优势，提升在国际市场价格“话语权”和“定价权”，助力郑州在建设国家中心城市的同时，提升在全球金融和期货市场中的地位。

六是推动劳动力与人文交流，促进民心相通。由于郑州和拉美现阶段合作尚处于起步阶段，教育、人文方面往来很少，这对双方未来的合作有一定的阻碍作用。随着中拉全面合作进入深水区，双方在劳动力培训、人员交往、人文交流等领域存在的巨大的潜力亟待挖掘。郑州市可依靠丰富的人文资源优势和深厚的交易资源优势，加大对西葡语人才的培养、积极承接拉美劳动力培训项目，将郑州打造成中拉人文交流的重点城市、核心平台。

第二节　保障机制

一　郑州与美洲合作的当前挑战

郑州在与美国、加拿大和拉美的合作中，存在着巨大发展潜力，也具有较大的创新空间。但是，当前合作也显示，郑州在对美洲合作中存在一些瓶颈性因素，需要着力消除与解决。

一是郑州对外合作整体水平有待提升。在对外经贸合作中，近年来，郑州市进出口贸易规模及外商直接投资规模迅速发展，外贸规模增速达66% 以上，外向度水平明显提升。但整体看，郑州市的对外合作水平与中部六省省会城市的主要经济指标相比，除了国际贸易规模外，郑州市的多项指标位于第三位或第四位；而在出口中，郑州 70% 以上的外贸贡

① 交易品种有小麦、精对苯二甲酸（PTA）、棉花、白糖、菜籽油、早籼稻、玻璃、菜籽、菜粕、甲醇、苹果、动力煤等 18 个期货品种和 1 个期权品种。

献度来自富士康智能手机项目，出口的多元化明显不足。

在对外政治和文化交往中，郑州相比其他城市，国际性与全国性的平台偏少，承办的有影响力的国际会议也相对有限，而落地领馆的数量和国际友好城市①的数量等指标也相对偏少，这使得郑州所发挥的中心城市国际性功能相对有限，对远距离的美洲更是合作不足。

二是跨境电商平台遭遇美方质疑。美国国会“美中经济安全评估委员会”2017 年 11 月发布年度报告中，在其第三章第五节中明确提到了目前中国的跨境电商平台问题，指出中国目前在郑州、杭州、天津、上海、合肥等 15 个城市建立了跨境电商服务区（Pilot Cross-Border E-Commerce Zones）。这一模式让外国公司可以绕开中国烦琐的法律程序，将商品从它们在国内的仓库或在中国的仓库直接进入当地分销商手中。在其看来，这种模式对美国的电子商务构成了挑战。但报告也指出这种模式存在的风险或可能问题：一是这一模式让传统的中国监管方式面临失效的危险；二是需要进一步加强电子商务领域的知识产权保护问题；三是电子数据本地化问题。2016 年 12 月，中国政府起草的电子商务法律要求中国消费者电子商务数据必须本地化。不仅中国的电子商务企业必须遵守此项法律，外国企业在此开展电子商务活动，也需遵守此项规定。②美方提出的上述三项风险，其实正是未来中美展开合作的潜在领域。

对于作为跨境电商平台试点的郑州来说，虽然有些可能属于国家层面的法律法规，在事权上不属于郑州权责范围，但如果郑州能在上述问题上给出一些让美国投资者更加“放心”的地方性政策法规，这势必会增加郑州对美资的吸引力。

三是特朗普“美国优先”政策增加郑州与美合作难度。特朗普上台后，通过减税、增加进口壁垒等方式推动美国企业回流美国，外国企业赴美设厂生产。iPhone 智能手机的主要生产商富士康已经加大了在美国的投资力度。2018 年 6 月 15 日，美国政府宣布将对从中国进口的约 500

---

① 九大国家中心城市国际友好城市的数量分别是：北京（74）、上海（81）、天津（27）、重庆（43）、成都（30）、武汉（26）、西安（29）和郑州（11）。

② USCC 2017 Annual Report to Congress, U. S. Government Publishing Office, November, 2017.

亿美元商品加征25%的关税；6月19日，特朗普政府再次宣布计划对额外2000亿美元的中国商品加征10%的关税；有报道称，美方可能启动《国际紧急状态经济权力法案》，限制中国对美国高科技产业投资。2017年第四季度，苹果180亿美元的营业收入来自中国市场，在该公司的总销售额中所占比重为20%。如果中美之间贸易摩擦加剧，对对方科技公司进行选择性执法，这势必会让郑州与美经贸合作承受更大压力。因此，应密切特朗普政府政策，尤其是经贸政策动向，及时客观地评估其对郑州的经济影响。面对复杂形势，要头脑清醒，既看到挑战，也要看到郑州与美合作地区潜力，积极探索保持郑州外贸增长的方式和措施，确保郑州外贸关系的稳定。

四是郑州金融基础仍待加强。根据2017年发布的第9期《中国金融中心指数报告》，在全国31个金融中心城市中，郑州金融中心综合竞争力的得分39.11分，排在全国第13位，在28个区域金融中心中排名第10，年度指数增长情况排名全国第一。[①] 但是郑州的竞争力还远远落后于全国性金融中心，综合竞争力、金融产业绩效、金融机构实力、金融市场规模和金融生态环境指标的得分分别相当于后者平均水平的1/4、1/2、1/8、1/10和1/2。这与郑州国家中心城市的地位不符，仍有较大提升空间。

五是外部人才来郑州工作意愿不强，人才培养体系亟须提高。先进制造业中心城市建设必须坚持“创新驱动、质量为先、绿色发展、结构优化、人才为本”的发展理念，必须健全多层次人才培养体系：优秀企业家和高水平经营管理人才群体、高端创新创业人才群体、规模宏大的“工匠型”技术技能人才。截至2016年年底，河南省拥有专业技术人员361万人，其中具有高级职称者28.3万人，仅占专业技术人员总数的7.8%；在职顶尖人才、领军人才和拔尖人才仅3600余人。河南出台人才新政，2020年高层次人才要达45万人。郑州市是河南省各类人才集聚区域，2016年末，郑州市常住人口972.39万人，研究生培养单位9个，招生8265人，但即便如此，郑州仍缺乏国内国际一流高校，在郑两院院士、

---

① 《中国金融中心指数：上海蝉联榜首　郑州增速最快达15%》，http://finance.sina.com.cn/roll/2017-09-12/doc-ifyktzim9723493.shtml。

长江学者、杰青、千人计划等高端科技人才规模远落后于国内一线城市。高层次人才不足成为制约郑州市建设制造强市的一大短板。

六是通关流程有再提速的空间。2017 年 7 月 1 日，全国海关通关一体化全面推开，郑州海关主动融入国家和地方发展大局，从通关流程“去繁就简”入手，全面压缩通关时间，12 月，郑州海关进口、出口货物平均海关通关时间分别为 4.91 小时、0.39 小时，分别较 2016 年全年缩短 70.97%、86.73%，进一步提高了郑州乃至河南的贸易便利化水平。① 但相比较其他海关关口，仍有进一步简化的空间。2017 年 12 月北京海关进出口环节海关平均通关时间分别比 2016 年大幅压缩 42% 和 25%，再次刷新“北京速度”。② 青岛海关下属的烟台海关申报进口电机零配件，从申报到网上缴税、报关单放行，仅需 5 分钟。在其他海关口岸纷纷加快通关速度的竞争环境下，郑州海关要想吸引更多外贸企业在本口岸申报、缴费，则必须继续精细化操作流程，进一步提高通关速度，提高自身竞争力。

七是对美洲联通渠道相对有限。近年来，郑州积极拓展海外航线，但目前海外航线在美洲方向的延伸还是相对稀缺，尚未对拉美开通客运直航与全货运航线。郑州与美洲之间的旅游业的发展的障碍，主要是受限于直飞航班较少，双方来往游客多经北京等地中转，这在一定程度上影响了双方游客之间的互访。同时，郑州与美洲之间的航空货运联系也受航线影响，数量相对有限。

二 保障机制建设

为了提升对美洲国家的多领域合作，郑州可以从平台建设、营商环境提升、人才培育、互联互通改善和联系网络拓展等多方面入手，消除目前阻碍与美洲合作的不利因素。本节对此提出如下保障机制建设方向与方案。

---

① 郑州海关：《2018 年 1 月 16 日郑州海关一季度新闻发布会》，http：//zhengzhou. customs. gov. cn/publish/portal106/tab62845/module161229/info879399. htm。

② 《北京海关进口平均通关时间压缩四成》，http：//www. beijing. gov. cn/lqfw/gggs/t1502504. htm。

1. 培育国际性平台

国际性平台通过组织会展、会议、培训和交易等多种模式，能够促进地区间交流，为全球性的政府、企业、智库等提供交流互动平台，有助于对外宣介郑州，打造郑州的国际化名片，对于消除郑州与美洲之间的地理和文化距离具有实质性意义。对美洲合作的国际性平台可以包括以下四种形式。

一是会展平台。郑州会展业发展迅速，在第八届中外会展项目合作洽谈会上，郑州荣获“2018 年度金五星优秀会展城市奖”，郑州国际会展中心荣获“2018 年度金五星优秀会展场馆奖”。借助其丰富的会展经验，郑州可以举行美洲产品、技术和服务贸易等专业展会，并在条件成熟的美洲主要城市设立永久性或临时性的郑州（河南）展厅，促进郑州和美洲品牌的认可度，为扩大合作创造条件。

二是对外交往的平台。领事馆是实现城市外交功能的重要门户，将有效提高周边区域涉外事务的办事效率，同时也会带动人流、物流、资金流的流动。郑州已完成对领事馆区的规划和公示流程，未来可着力吸引美国、加拿大和拉美国家设立领馆，为郑州—美洲合作提供便利化条件。

三是国际辐射性的会议平台。除了本书第七章建议的“郑州世界中心城市合作论坛”外，郑州还可以结合自身重点扶持的业态，继续做大做强“全球跨境电商大会”，争取举办物流、商品期货和金融领域的高峰论坛。并针对美洲特色，争取中美企业投资合作论坛、中加经贸论坛、中拉企业家高峰会、美洲开发银行年会、中拉青年政治家论坛等中国对美洲地区合作的高层级会议，提升郑州在美洲国家中的认知度。

四是文化交流平台。河南是中华文明的重要发祥地与海外“根亲圣地”，郑州则是国家历史文化名城和少林武术的发源地，在对外文化交流中具有先天优势。在对美洲国家的合作中，应通过文化交流带动全面合作的提升，因此，除了当前的国际旅游城市市长论坛外，郑州还可以通过多种形式的文化交流平台，促进与美洲国家之间的相互认知。

2. 改善贸易与投资便利化条件

郑州在内陆地区的空运和陆运口岸方面具有绝对优势，提升对美洲货物口岸吸引力的关键在于推进针对来自该地区特色产品的口岸建设。

一方面是建设符合郑州特色并针对美洲产品的指定口岸。如进口药品指定口岸。药品量轻价高，适于航空运输，而美国、加拿大和古巴等拉美国家在医药领域具有领先性，可以通过药品口岸的建设，形成郑州和美洲之间的特定合作。又如进口期货大豆指定口岸。美国和巴西、阿根廷等拉美国家是中国进口大豆的主要来源国，郑交所在粮食期货中发挥着龙头作用，促进发展大宗商品国际贸易是其重要的发展目标。鉴于大豆进口的重要地位、郑州（河南）在全国粮食和食品加工中的重要地位，郑州可以推动建设期货大豆指定口岸，以此带动同美洲贸易规模扩大，并促进郑交所交易品种多元化。

另一方面是提升口岸的增值配套服务。除了物流等配套服务外，郑州航空港经济综合实验区集口岸、综合保税区、航空经济体和航空都市区于一体，有条件将航空运输所高附加值精密零部件与产业相结合，发掘美洲国家的技术优势，形成跨境一体化生产。

3. 提升人文综合环境

郑州必须优化软环境，注重人才培养，提升开放吸引力度，吸引更多国际化人才来郑发展。衡量一个城市的发展水平，不仅要看地标建筑支撑起的天际线，更要看万家忧乐拼成的地平线；不仅要看经济总量，还要看城市居民的获得感和幸福程度。要将城市提质和生态环境综合来考量，着力构建主城区的绿色生活圈、城市周边的生态隔离圈、外部森林的保护圈，突出西部山区、黄河沿岸生态景观功能，完善城市水系建设，彰显绿城的特色，做到以绿荫城，以水润城，以文化城，演出自然与人文的协奏曲，提升“绿色郑州”的价值和引力。同时，制定更有吸引力的人才落户政策。积极从美国引进高层次人才和创新领军人物，构建创新国际人才高地。

4. 建设互联互通基础设施

“一带一路”框架下，郑州与美洲合作的重心之一是发展“空中丝绸之路”，而郑州与美洲国家之间的直飞航班有限。为此，在客运方面，可以在条件许可的前提下，考虑适当申请开通或增加郑州与加拿大、拉美热门地区之间的直飞航班，或是经加拿大和美国中转拉美的往返航班，为郑州市民及美洲游客来往创造便利的交通条件。同时，郑州市也可以其优越的地理位置，充分开发中部乃至西部地区的中国客源经郑州前往美洲国家旅行，以及美洲游客经郑州前往这些地区的市场资源。在货运方面，郑州应着力发展通达美洲主要货运集散中心的货运航线，促进与美洲之间的空中物流效率提升。

5. 构建对外联系网络

郑州在建设国家中心城市和“一带一路”节点城市的双重使命中，提升其“中心性”和“国际性”的关键是不断扩大“朋友圈”，构建符合自身发展需要的对外联系网络。

在城市对外联系中，郑州需要扩大国际友好城市的范围。在美洲区域，郑州可基于本书第七章遴选的美洲中心城市，发展友好城市关系，通过城市外交，推动对外合作的深化。

在功能对接方面，郑州的远期目标是建设“国际商都”，为此应加强与在郑州外国商会，尤其是美洲国家商会（如美国商会）的联系。通过了解在华商会的诉求，郑州市政府有关部门有针对性地提供便利化服务。

后　　记

本书成稿之际，中国所处的国际环境和外交局面正面临转变，对国际问题的研究要求也随之发生变化。一是中国外交目标正在发生变化。2018 年 6 月下旬举行的中央外事工作会议上，习近平主席提出，“打造更加完善的全球伙伴关系网络，努力开创中国特色大国外交新局面”，并对发展不同地区之间的关系进行了定位，“要运筹好大国关系，推动构建总体稳定、均衡发展的大国关系框架”“要深化同发展中国家团结合作，推动形成携手共进、共同发展新局面”。发达国家和发展中国家在中国外交中的定位和合作目标有所差异，对外交往的多元性和策略的多元化研究要求正在提升。

二是中美贸易摩擦正在进行，美国甚至出现了以抑制中国发展为所谓“政治正确”的势头。当国家层面的外交面临困难时，城市外交可以充当缓冲手段，确保两国交往的持续性和常态化，这对研究城市的国际性功能提出了要求。同时，如何处理对美合作、如何规避摩擦可能升级的风险以及如何寻求替代国，对于深入研究美国及第三国都提出了要求。

三是“一带一路”国际合作步入实质建设阶段。建设主体的实体化和合作形式的多样化都要求研究对象的更加具体化，需要完成对节点城市的对内辐射功能和执行能力的中观和微观分析。

我和我的同事们见证了这种变化和新要求的出现，也意识到本书研究的重要性与时效性。在当前背景下，对美洲合作的研究提供了中国与包括美国在内的不同国家进行差异化合作的思路；而对郑州的研究提供了中国开展不同层次城市外交的思路。我们希望借此书，呈献中观视角下，以郑州为样本的城市对外交往策略与方向，并为郑州建设国家中心城市和“一带一路”节点城市双重目标下拓展同美洲地区的合作提供思路。

我们也尝试因此而进行转变。研究视角由国家外交向城市外交下沉，研究方法由理论化的高度假设抽象向田野调查和经验分析转变，研究关切从美洲转向郑州与美洲协同发展。我们在讨论中形成了本书提纲，并最终完成了我们以郑州为研究对象的成果。尽管书中还留有不少遗憾和不圆满，但我们期待能通过成书后的交流，推动我们未来研究的更加深入。

最后，谨代表本书的研究团队，我要借此机会表达我们最真诚的谢意。感谢郑州研究院，感谢蔡昉院长、郑秉文副院长和林立老师对项目的精心策划和悉心指导，感谢各位老师对我个人及团队的信任与支持！感谢郑州市发改委，杨东方主任所率领的团队不仅为项目研究提供了大量咨询和数据、调研工作的全程协调和陪同，还亲身参与了郑州在“一带一路”框架下建设国家中心城市伟大工作，他们的使命感、责任感和荣誉感一直在鼓舞着我们。感谢河南省、郑州市与受访机构的领导和同行们，他们的批评和建议帮助我们完善了此书的内容。

感谢研究团队的所有成员，各位的支持和付出，使得本书最终成稿。感谢中国社会科学出版社喻苗副主任与郭枭编辑的辛勤付出，使本书得以顺利出版。

岳云霞

2018 年 7 月，于北京

各章作者

导　言：岳云霞　中国社会科学院拉丁美洲研究所研究员
第一章：谢文泽　中国社会科学院拉丁美洲研究所研究员
第二章：周志伟　中国社会科学院拉丁美洲研究所研究员
第三章：王　飞　中国社会科学院拉丁美洲研究所助理研究员
第四章：张　勇　中国社会科学院拉丁美洲研究所副研究员
　　　　郑　猛　中国社会科学院拉丁美洲研究所博士后
第五章：余　翔　中国现代国际关系研究院美国研究所副研究员
　　　　程宏亮　中国现代国际关系研究院美国研究所副研究员
　　　　王　飞　中国社会科学院拉丁美洲研究所助理研究员
第六章：史沛然　中国社会科学院拉丁美洲研究所助理研究员
　　　　余　翔　中国现代国际关系研究院美国研究所副研究员
　　　　程宏亮　中国现代国际关系研究院美国研究所副研究员
　　　　岳云霞　中国社会科学院拉丁美洲研究所研究员
第七章：谭道明　中国社会科学院拉丁美洲研究所副研究员
第八章：岳云霞　中国社会科学院拉丁美洲研究所研究员
　　　　严　波　中国社会科学院郑州市人民政府郑州研究院副院长
　　　　余　翔　中国现代国际关系研究院美国研究所副研究员
　　　　程宏亮　中国现代国际关系研究院美国研究所副研究员

郑州研究院简介

郑州研究院是中国社会科学院和郑州市人民政府共同建设的研究机构。旨在充分发挥中国社会科学院作为国家级智库和郑州作为国家内陆地区开放创新前沿阵地，建设高水平、国际化的中国特色新型智库。2017 年 9 月 15 日，中国社会科学院与郑州市人民政府正式签署战略合作框架协议，成立郑州研究院。揭牌仪式暨第一次工作会议当日举行。郑州研究院院长由中国社会科学院副院长、党组成员蔡昉担任。郑州研究院的建设和发展全面依托中国社科院科研局及相关研究所、郑州市人民政府。本着“优势互补、注重实效、合作共赢”的原则，在合作期内，中国社会科学院在社科研究、人才培养、智库建设等方面与郑州市人民政府开展全面、实质性合作。郑州市人民政府为郑州研究院提供双方约定的办公场所、研究经费等资源。郑州研究院丛书的出版是在郑州市人民政府提供优质的政务服务、郑州市发展和改革委员会为郑州研究院的发展保驾护航的大背景下产生的。本丛书中各篇章作者本着文责自负原则，对各自内容负责。由于经验不足，本丛书存在的缺点和瑕疵，欢迎并感谢各位读者和专家予以指导。